여자아이의
사춘기는 다르다

UNTANGLED by Lisa Damour
Copyright © 2016 by Lisa Damour
All rights reserved.

Korean Translation Copyright © 2016 by Sigongsa Co., Ltd.
This Korean translation edition is published by arrangement with The Ross Yoon Agency through Milkwood Agency.

이 책의 한국어판 저작권은 밀크우드 에이전시를 통해 The Ross Yoon Agency와 독점 계약한 ㈜시공사에 있습니다.
저작권법에 의해 한국 내에서 보호를 받는 저작물이므로 무단 전재와 무단 복제를 금합니다.

여자아이의
사춘기는 다르다

리사 다무르 지음 | 고상숙 옮김

시공사

사춘기 아이들은 어디로 튈지 예측할 수가 없다. 아이들은 고통스러운 시간을 보내겠지만 사실 그들에게 특별한 치료가 필요한 것 같지는 않다. 그런 것보다는 아이가 <u>스스로</u> 해결책을 찾도록 기다려주어야 한다고 생각한다. 어떻게 보면 오히려 도움을 받아야 할 사람, 길 안내가 필요한 사람은 바로 이 사춘기 아이들을 곁에서 지켜보아야 하는 부모들일지도 모른다. 사춘기에 접어들어 독립적으로 변해가는 아이를 감내하는 시기만큼 인생에서 힘든 때는 거의 없을 것이다.[1]

_안나 프로이트

프롤로그

_부모가 꼭 알아야 할 10대 여자아이의 7가지 발달 과정상의 특징 10

아동기와 결별하는 단계   19

갑자기 부모에게 냉정해지는 딸   26
부모의 질문에 질색하기 시작하다   35
10대 딸이 부모에게 빈정거리는 이유   39
아이의 수영장이 되어줘라   44
이상한 고집을 부리기 시작하는 아이   48
마지못해 피는 사춘기라는 꽃   51
노출을 즐기는 딸, 걱정해야 할까?   59
부모가 나서야 할 때   64

'10대라는 새로운 부족'에 합류하는 단계   75

'인기'라고 하는 허상에 끌리는 아이들   81
10대 부족 내의 싸움   88
친구이자 적, '친적'   92
친구와 함께일 때 더 무모하게 행동하는 아이들   96
친구의 고민은 곧 모두의 고민   101
요즘 아이들의 사회생활   108
부모가 나서야 할 때   114

감정 조절에 어려움을 겪는 단계　123

부모, 아이의 감정 쓰레기통이 되다　131
이제 엄마 아빠가 기분 나쁠 차례　137
괴로움에서 아이가 얻는 것　146
나쁜 감정에 빠져 허우적거리는 딸　151
SNS가 아이의 감정 조절 능력을 저하시킨다　156
미성숙한 딸의 감정이 만들어내는 '매니저 엄마'　163
부모가 나서야 할 때　167

어른의 권위에 도전하는 단계　173

아이, 어른의 민낯에 눈뜨다　176
"하라는 대로 해"의 종말　180
모험을 강행하는 아이들　189
부모와의 갈등에서 오는 성장　194
딸이 부모의 단점을 지적하는 이유　202
미성숙한 어른을 상대해야 하는 아이들　208
선을 넘기 시작하나　213
부모가 나서야 할 때　220

미래에 대한 계획을 세우는 단계 227

인터넷 때문에 미래를 위협받는 아이들 232
누가 학교 성적을 주도할 것인가? 238
시험불안증에 떠는 아이 252
도무지 고쳐지지 않는 '미루는 습관' 259
좌절감을 극복하지 못하는 아이 263
부모가 나서야 할 때 268

연애 세계에 입문하는 단계 275

아이들에게 연애가 의미하는 것 279
연예인을 쫓는 10대 286
미디어가 10대 딸에게 보내는 메시지 289
남자 친구에게 휘둘리는 아이들 298
동성애자로 산다는 것 304
부모가 나서야 할 때 315

제7장

자기 관리를 시작하는 단계 323

어른의 조언을 흘려듣는 10대 326
'외모'라는 수렁에 빠지다 330
휴대전화 때문에 밤잠을 포기하는 아이들 339
음주에 눈뜨기 시작하다 343
아이에게 해줄 수 있는 최고의 성교육 348
부모가 나서야 할 때 356

에필로그
_10대 여자아이의 발달 과정을 알면
아이와의 엉킨 관계를 회복할 수 있다 361

주석 364

프롤로그

부모가 꼭 알아야 할 10대 여자아이의 7가지 발달 과정상의 특징

10대 여자아이를 바라보는 어른들의 관점에는 변화가 필요하다. 주변 어른들이 10대에 대해 날리는 언사는 아이들 입장에서 볼 때 부당하며 10대 아이를 둔 부모에게도 전혀 도움이 되지 않기 때문이다. 이 책을 읽고 있는 독자들은 "아이가 10대가 될 때까지만 한 번 기다려봐라"라는 말을 적어도 한 번쯤은 들어보았을 것이다. 물론 사람들이 좋은 뜻에서 이런 말을 하는 경우는 거의 없다. 10대 여자아이들에 대해 다룬 책을 좀 읽어본 독자라면 보통 이런 책들은 사춘기 아이들 본인은 물론 그 옆에 있는 사람이 어떤 고통을 당하는지 등 결코 밝지 않은 이야기들로 가득 차 있다는 사실을 이미 알고 있을 것이다. 사춘기 여자아이들이 스스로 힘든 시간을 자초하기도 하고, 또 남을 힘들게 만들기도 하는 것은 사실이다. 본인은 최선을 다한다고 해도 지켜보는 사람 입장에서 10대란 감정적이고 종종 어떤 짓을 할지 예측하기가 어려운 존재다. 흔히 "사춘기는 괴로울 수밖에 없는 격변의 시기이며 10대 아이를 기르는 건 롤러코스터를 타는 일과 비슷하다"라고 일축해버리곤 한다. 모든 가족이 함께 롤러코스터에 올라타 온몸이 오그라들도록 소리를 지르고, 그 끔찍한 주행이 끝나면 아이들이 건강하고 행복한 성인으로 다시 태어나리라 기대하는 것이다.

나는 집에 10대 여자아이가 있다고 해서 인생이 꼬여버린 기분으로 살아갈 필요가 없다는 말을 부모들에게 해주기 위해 이 책을 쓰고 있다. 10대의 발달 과정에는 우리가 예측할 수 있는 패턴이 있으며 그 과정에는 나름대로 목표하는 청사진이 있기 때문이다. 부모의 머릿속에 사춘기의 발달 과정이 지도처럼 쫙 펼쳐지면 아이를 이끌어주기가 훨씬 수월할 것이다.

나는 10대 여자아이들의 행동을 새로운 관점에서 바라볼 수 있도록 사춘기에 일어나는 발달 과정상의 특징을 총 일곱 가지로 분류해보았다. 이 책에서는 각각의 과정들을 하나의 장으로 꾸며 차근차근 살펴볼 계획이다. 이를 이해하면 부모들은 딸이 이상하고 무모해 보이는 행동을 하더라도 이는 정상적인 발달 과정 중 하나이며 아이가 잘 자라고 있음을 보여주는 증거라는 사실을 인지하게 될 것이다.

이 책의 전반부에서는 중학생에게서 도드라지게 드러나는 발달 과정상의 특징을 살펴볼 것이며, 후반부에서는 고등학생이 되면 흔히 나타나는 특징들을 다루겠다.¹ 각각의 과정을 거치는 속도는 아이들마다 다르며, 여자아이들은 여러 과정을 한꺼번에 거치기 때문에 본인 스스로나 자기를 사랑하는 주변 어른들에게 힘든 시간을 안겨준다.

나는 10대 여자아이들과 그 부모를 대상으로 심리 치료를 하고 있으며, 케이스웨스턴리저브대학의 심리과학부에서 10대와 씨름하고 있는 대학원생을 지도하고 있다. 그리고 유치원부터 초·중·고등학교에 이르는 학과 과정을 운영하고 있는 로럴학교 상담실에서 상담심리학자로 일하면서 동시에 로럴학교 여학생연구센터의 소장을 겸하고 있다. 또한 나는 두 딸을 둔 엄마이기도 하다.

이렇게 다양한 입장에서 여러 가지 렌즈를 통해 10대 여자아이들을 지켜보면서 나는 어른이 되어간다는 과정 자체를 의미 있는 범주로 분류할 수 있겠다는 생각이 들었다. 그리고 각각이 발달 과정상의 특징들이 아이들의 성장 정도를 체크할 수 있는 좋은 도구가 될 수 있다는 사실도 깨닫게 되었다. '발달 과정상의 특징'이란 새로운 개념이 아니다. 이 개념은 지그문트 프로이트Sigmund Freud의 딸이자 존경받는 심리분석자로 우뚝 선 안나 프로이트Anna Freud가 아이의 발달 과정을 일목요연하게 정리하는 방법으로 1965년에 처음 제안했다. 그녀는 어린이들이 여러 가지 측면에서 성장한다고 지적했다. 어린이들은 어른에게 의존했던 상태에서 자립하는 상태로, 자기중심적인 마음 상태에서 친구와의 동료애를 중시하는 상태로 옮아간다고 하며, 이러한 특징을 토대로 아동이 잘 발달하고 있는지 그 상태를 정확하게 분석할 수 있다고 했다.[2]

안나 프로이트 외에도 인간의 심리학적 성장 단계를 분석한 사상가들이 있었다. 1950년 에릭 에릭슨Eric Ericson은 유아기부터 노년기까지 인간이 살아가면서 단계별로 터득해야 하는 존재론적인 도전 상황을 분석한 발달 모델을 제시했다.[3] 현대 심리학자들은 발달 과정을 심리적·감정적·인지적·사회적 측면으로 살펴보는 전통적인 방식을 아직도 고수하고 있다. 즉, 인간의 성장을 단계별로 나누어 보는 학구적인 방식이 전통을 형성하고 있으며 이것이 연구의 큰 줄기를 이루고 있는 것이다. 나는 이렇게 거장들의 어깨에 기대어 여자아이들이 10대를 성공적으로 보내기 위해서 달성해야 하는 것들을 구체적이면서도 포괄적인 모델로 제시하고자 한다.

나는 이 모델을 이용해 내가 지금까지 목격한 수많은 사례를 설명할 수 있음을 깨닫게 되었다. 그래서 내가 지도하는 대학원생들이 직면하는 어렵고도 복잡한 10대의 문제에도 서광이 비치기를 기대하는 마음으로 제자들에게도 이 모델을 제공했다. 정상적인 발달 과정을 거치고 있는 10대는 충동적이고 반항적 모습을 띠며, 어른의 시각에서 보았을 때 때로는 터무니없이 이상해 보이기도 한다. 따라서 임상심리전문가가 되기를 꿈꾸는 대학원생들에게는 심리치료를 받고자 하는 10대의 정신 건강 상태를 평가할 수 있는 잣대가 필요하다.

'10대의 발달 과정상의 특징'이라는 잣대는 10대를 다루는 전문가들에게도 도움이 되는 것은 물론 갈피를 잡을 수 없는 아이의 행동을 이해할 수 없었던 부모들에게도 큰 도움이 될 것이다. 작년에는 놀이터에서 다른 아이들과 열심히 놀던 딸이 올해에는 어른들 틈에 끼어 앉아 저런 놀이는 시시하다고 말한다면 아마 아이는 아동기와 결별하는 작업(제1장 참조)에 착수한 것일 수 있다. 또, 학교 숙제로 주어진 UN 연구 보고서를 훌륭히 작성하기 위해 〈이코노미스트 The Economist〉 잡지를 구매하며 동시에 가장 좋아하는 아이돌 밴드의 기사가 실린 잡지를 세 권이나 사는 아이는 지금 연애 세계에 입문하는 단계(제6장 참조)에 접어든 것일 수 있다. 이렇듯 아이가 지금 거쳐가고 있는 발달 과정에 대해 이해하면 아이가 어안이 벙벙해질 수도 있는 행동을 해도 그나마 덜 안달복달하게 될 것이다.

'발달 과정상의 특징'이라는 렌즈를 통해 아이를 보기 시작하면 쓸데없는 곳에 들이는 시간 낭비를 줄이고 중요한 곳에 에너지를 쏟을 수 있다. 예를 들어 아이가 절친한 친구들을 사귀며 '10대 부족'과의 생활을 행복하게 즐기고 있지만(제2장 참조) 숙제를 등한시하고 장래 계획을 세우지 않는다면(제5장 참조) 부모가 적절한 도움을 줄 수 있다. 또 아이가 대학에서 소프트볼 선수로 뛰고 싶어 하지만 코치의 조언을 무시하고 있을 수도 있고, 목표를 향해 착실히 노력하고 있지만 어른에게 공격적인 태도를 보이는 경우도 있다(제4장 참조). 아이의 발달 과정의 여러 측면에 관심을 기울이면 아이가 어떤 한 가지 측면에 심취해 다른 부분에서 어려움을 겪고 있는 것을 못 보고 놓치는 사태를 막을 수 있다.

또한 10대 여자아이의 일상 중 특정 순간을 '발달 과정상의 특징'이라는 틀 속에 적용해보면 아이가 지금 얼마나 성장했는지 파악할 수 있다. 학교 임원 선거에서 졌다고 세상이 무너진 것처럼 구는 아이에 대해 걱정하는 게 마땅할까? 평소 아이가 넘어져도 훌훌 털고 잘 일어나는 성격인지, 감정 조절을 잘 못 하는 편인지에 따라 답은 달라질 것이다(제3장 참조). 또 아이가 추운 날 외투를 입지 않고 나간다면 자기 자신을 챙기는 데 어려움을 겪고 있다는 신호로 봐야 할까(제7장 참조)? 이렇듯 그냥 지켜봐야 할 때와 부모가 개입해야 할 때를 구분할 수 있다면 큰 도움이 될 것이다.

사춘기가 흔히 비정상적인 행동을 하는 시기라면, 진짜 뭔가가 잘못 돌아가고 있을 때 부모는 어떻게 이를 알아차릴 수 있을까? 나는 정상적인 10대의 행동과 부모가 걱정해야만 하는 아이의 잘못된 행동을 구분하기 위해 각 장 끝머리에 '부모가 나서야 할 때'라는 코너를 실었다. 이 코너에는 정상 범위를 벗어난 10대의 행동들을 다루었으므로 당신의 자녀가 이에 해당한다면 당신은 아이를 대하는 방식을 크게 바꾸거나 전문가에게 상담을 받아야 할 것이다.

이 책에는 아이들의 보편적 발달 과정에서 볼 수 있는 특징들도 기술해두었다. 이러한 보편적 특성은 성별과 문화권을 불문하고 이 시기의 아이들에게서 공통적으로 볼 수 있는 시대 불변적인 특징을 말한다. 물론 이 책을 읽는 독자도 나도 이러한 과정을 거치며 자라왔지만 우리가 기억하는 그 시절의 10대와 오늘날 경쟁 압박이 심하고 24시간 내내 디지털 기기로 연결된 세상에서 하루하루를 보내는 10대는 생활 양상이 전혀 다르다. 이 책에서는 동서고금을 막론하고 찾아볼 수 있는 공통적인 사춘기의 특징에 대해 살펴보고, 동시에 이 시대나 문화가 10대 아이들의 현실을 어떻게 구성해나가고 있는지, 또 그에 따라 우리 부모들이 직면한 현실이 어떻게 달라져 있는지를 살펴보고자 한다.

기본적으로 10대 여자아이와 남자아이 사이에는 차이점보다 공통점이 더 많다. 따라서 이 책에 기술한 아이의 사례나 그에 따른 조언이 당신의 아들이나 이웃의 10대 남자아이 이야기처럼 들리더라도 놀랄 것 없다. 하지만 10대 여자아이들에게는 여자아이들만이 경험할 수 있는 상황이 있기 때문에 이 책에서는 10대 여자아이를 키우는 부모들이 알고 있어야 할 첨단 연구에 대해 심층적으로 살펴보고자 한다. 이 책에서 제시하는 발달 과정상의 특징은 인종이나 경제적인 상황을 불문하고 적용 가능하며 사춘기 발달 과정의 내적·심리학적인 측면의 미묘한 변화도 중점적으로 다루고 있다. 또한 10대의 발달 과정상 특징을 보여주기 위해 여러 가지 일화를 소개할 텐데 이는 내가 수년 동안 10대와 그 부모를 상담하며 겪었던 경험담을 응집한 것이라 할 수 있다. 사건 자체가 특정인을 드러낼 수 있는 성격이 강한 경우 이러한 부분은 최대한 수정하면서 동시에 그 사건이 갖는 느낌이나 교육적인 가치는 온전히 유지하려 애썼다.

나는 이 책을 통해 특정 양육법을 제시하기보다 독자들이 자녀를 잘 이해하도록 도와줄 수 있는 새로운 방식을 제시하려 노력했다. 이 책 전반에 걸쳐서 나는 부모들이 자녀를 키우면서 당황스러운 상황에 처할 때 어떻게 대응해야 할지에 대해 제안해두었는데 이 방법을 꼭 따라야 한다는 뜻은 아니다. 아이를 키우는 방법은 여러 가지가 있을 수 있다. 이 가족에게는 효과가 있었던 방법이 저 가족에게는 소용이 없을 수도 있다. 당신의 딸과 가족의 역학 관계에 대해서 가장 잘 아는 사람은 바로 당신 자신이다. 당신의 10대 딸이 뭔가 이상한 행동을 하는 것 같다면 당신이 알고 있는 지식과 이 책에서 제시한 틀을 결합하고 내가 제시한 사례들을 활용하여 지금 당신의 아이가 특정 단계에서 뭔가를 달성하기 위해 노력하고 있다고 생각해주기를 바란다.

사춘기에 대한 청사진을 제공하는 이 책을 통해 당신이 딸에 대한 고민을 덜고, 딸에 대해 더 이해하게 되기를 바란다. 그리고 아이가 사춘기라는 여행길을 거쳐갈 때 필요한 지원을 해주고, 10대로서 얼마나 많은 발달 과정을 거치고 있는지를 경이에 찬 눈으로 바라봐주기를 바란다.

이 책은 당신이 10대 딸을 키우면서 겪게 될 모든 어려움에 대해 다루고 있지는 않으며 또 그럴 수도 없다. 나는 10대 여자아이를 전반적인 관점에서 묘사하였기 때문에 당신의 딸과는 잘 맞지 않는 부분이 있을 수도 있다. 하지만 10대 여자아이의 행동에는 공통적인 경향이 있으며 이러한 경향을 알면 10대 여자아이를 이끌어가는 데 도움이 될 것이다. 나는 10대 여자아이들을 좋아하는 만큼이나 10대 여자아이를 딸로 둔 사람들도 좋아한다. 다시 한 번 말하지만 나는 당신이 딸을 잘 챙겨줄 수 있도록 도와주기 위해 이 책을 집필했다. 이 점을 잊지 마시기를 바란다.

아동기와 결별하는 단계

　카미유의 엄마를 처음 만난 것은 상담 대기실에서였다. 갈색 머리에 이제 막 흰머리가 희끗희끗하게 나기 시작한 그녀는 다리가 길었고 몸짓에는 여유가 넘쳤다. 카미유 엄마는 내가 나타나자 자리에서 일어나 눈인사를 건넨 뒤 읽고 있던 잡지를 우아한 몸짓으로 제자리에 놓고 나를 따라 상담실로 들어왔다. 그날은 청량하고 맑은 10월 말의 어느 날이었고 그녀는 가벼운 재킷 차림이었다. 그녀는 다리를 꼬고 앉아 양손을 깍지 끼고 내 쪽으로 몸을 숙인 자세로 나와 대화를 나누었다.

　사전에 상담 예약을 할 때, 그녀는 수화기 너머에서 열세 살짜리 딸 카미유가 딴사람이 된 것처럼 행동하기 시작해 걱정이라고 운을 떼었다. 두 달 전까지만 해도 카미유는 정말 재미있고 활발한 아이였다. 도서관이든 식료품 가게든 엄마가 가는 곳은 어디든 따라

다니는 애교 많은 딸이었는데 그런 아이가 중학교에 올라가자마자 갑자기 돌변했다. 학교에서 돌아오면 곧장 자기 방으로 들어가서는 문을 닫아버리고 친구들과 문자메시지로 수다를 떨어대다가 저녁 시간이 되면 마지못해 식탁으로 불려 나온다고 했다. 그날 하루가 어땠느냐는 질문에도 단답형으로 일관하고 이렇게 같이 식탁에 앉아 있는 게 너무나 싫다는 마음을 대놓고 표현했다.

아이가 때로 옛날 모습을 보일 때도 있었다. 그런 달콤했던 순간들을 회상하는 엄마의 눈에는 눈물이 그렁그렁했다. 하지만 엄마에게는 그런 애틋한 감정보다는 성깔만 부리는 아이를 향한 섭섭함이 훨씬 큰 듯했고, 때로는 애정과 분노가 동시에 교차하는 복잡한 심정을 드러내기도 했다. 주변 엄마들은 "10대가 되면 아이들은 부모와 결별하게 마련이다. 카미유는 지극히 정상적인 10대의 행동을 보이고 있다"라는 말로 그녀를 위로했지만 별 소용이 없었다. 그녀는 뭔가가 잘못 돌아가고 있는 것 같다며 나를 찾아왔으니까.

다른 엄마들의 말은 틀린 게 없었다. 하지만 그들의 견해는 다소 협소하며 지극히 개인적이었다. 그들은 큰 그림을 놓치고 있었다. 이 시기의 아이들은 아무 이유 없이 부모에게 등을 돌리지 않는다. 아이들은 사춘기의 일곱 가지 발달 과정 중에서 '아동기와 결별하는 단계'를 지나고 있기 때문에 부모에게서 멀어지는 것이다. 열세 살 무렵이 되면 아이들은 유치하게 보이는 모든 것으로부터 멀어지고자 하는 내적 압박을 느끼게 된다. 그것도 아주 갑자기. 따라서 아이들과 친근했던 부모들이 가장 먼저 다치는 부상자가 된다. 사춘기에 들어선 모든 아이가 아동기와 결별하는 단계부터 거치는 것은 아니지만 언젠가 한 번은 거쳐야 할 과정인 것만은 틀림없다. 아이들이 부모와 멀어지는 것은 "혹시 엄마 아빠가 눈치 못 채셨을까 봐 알려드리는 건데요, 전 이제 어린애가 아니에요. 이제 10대랍니다"라는 선언과 같다.

아이한테서 거부당했다는 느낌에서 한 발짝만 뒤로 물러서면 부모는 아이가 지금 아동기와의 결별이라는 엄청난 발달 단계를 거치고 있음을 직시할 수 있다. 엄마 아빠 손을 붙잡고 사람들 앞에서 바보처럼 굴던 어린 시절에서 벗어나 어엿한 소녀로서 자립성을 주장하는 단계에 다다른 것이다. 이 단계를 지나는 아이는 비밀이 생겨도 부모에게 말하지 않고, 애칭을 부르면 성을 내며, 가족 여행을 가거나 가족사진이라도 찍을라치면 선심이라도 쓰는 것처럼 생색을 낼 것이다. 또 화장도 해보고 친구들과 있을 때는 욕도 하기 시작한다.

이렇게 아동기와 결별을 고하는 과정에서는 의식적인 과정과 무의식적인 과정이 동시에 진행된다. 이제 갓 10대에 접어든 풋내기 10대는 노련한 10대를 우러러보며 이들과 똑같아지려고 애를 쓴다. 내가 중학교 3학년이던 1980년대, 나는 고등학교 3학년 언니들이 마돈나 의상을 차려입고 '보더라인Borderline'을 립싱크하며 춤을 추던 모습을 정신없이 바라보곤 했다. 그 언니들에게는 '멋지다'라는 말 이상의 무언가가 있었다. 그때 나는 그 레이스 장갑을 낀 언니들과 어쭙잖은 나와의 간극을 좁히고 말겠다고 굳게 결심했다. 동시에 내 무의식 세계에서도 큰 변화가 발생했다. 의식적으로 깨닫지 못했을 수도 있지만 모든 게 계획대로만 진행된다면 나는 5, 6년 후에는 집을 떠나 독립을 해야 했다. 따라서 어린 시절의 흔적을 모두 지워버리고 독립할 준비를 해야 한다는 압박감을 무의식중에 느꼈을 것이다.

나는 카미유의 행동 중 무엇이 이상한 것 같으냐고 그녀에게 질문을 던졌다. 아이가 모든 어른에게 버릇없이 구는지, 아니면 엄마 아빠에게만 그런 것인지? 학교생활이나 친구 관계는 어떤지? 주변 사람들에게 관심을 보이고 잠은 잘 자는지? 여름 방학에 하고 싶은 일 또는 내년에는 하고 싶은 일에 대해 이야기는 하는지 등. 이에 대한 엄마의 답변을 정리해보면 다음과 같았다.

"선생님들은 카미유가 친절하고, 성실하며, 착한 아이라고 입이 마르게 칭찬해요. 동네 사람들도 모두 이구동성으로 카미유를 칭찬해요. 이웃집 개도 잘 돌봐준다면서요. 학교생활도 잘하고 친구들과의 관계도 좋아요. 때로는 자기 방에서 친구들과 오래 통화를 하는 것 같지만 대체로 잠도 잘 자고 여름 방학 때마다 가는 캠프를 손꼽아 기다려요. 앞으로 선생님이나 과학자가 되고 싶다고 하더군요."

이 말을 듣고 나는 카미유가 정상이라는 다른 엄마들의 말이 맞는 것 같다고 의견을 전했다. 그리고 카미유의 행동을 새로운 시각에서 바라보라고 권했다. 즉, 아이들은 어른이 되기 위해 일곱 가지의 발달 과정을 거치는데 카미유는 이제 아동기와 결별하는 단계를 지나는 중이라고 했다. 카미유는 지금 우리가 예상하는 그 길로 잘 가고 있으며 오히려 그렇지 않은 아이들을 걱정해야 한다고 말이다. 적어도 1958년 안나 프로이트가 '정상적인 10대 아이들은 집에서 마치 하숙생처럼 사는데 그 하숙생 같은 태도는 같이 사는 가족들 눈에는 무척 배려 없는 행동으로 보인다'[1]라고 기술한 이후 모든 10대는 동일한 태도를 보여왔다. 10대가 사춘기에 들어서 부모를 멀리하는 것은 과거나 지금이나 마찬가지이지만 막상 이를 당하는 부모들은 마치 지진이라도 난 것처럼 딸의 변화를 충격적으로 받아들인다.

본 책에는 안나 프로이트의 지혜가 곳곳에 등장하는데 이에는 한 가지 이유가 있다. 안나 프로이트는 사춘기 동안 10대 청소년에게서 볼 수 있는 예상 가능한 어려움들을 짚어내 기술하고, 이를 '전형적인 행동'이라고 정리한 최초의 심리학자 중 한 명이기 때문이다. 나는 이 책을 통해 안나 프로이트가 이루어놓은 토대 위에 뼈와 살을 덧붙여나가고자 한다.

♥ 갑자기 부모에게 냉정해지는 딸

아이가 부모를 밀어내는 이유

부모는 딸이 5, 6년에 걸쳐 독립적인 성인으로 서서히 변해갈 것이라 생각하겠지만 아이의 입장에서는 카미유처럼 갑자기 부모에게서 멀어지는 것이 완벽한 해결책이다. 엄마가 제공하는 안전망과 편안함을 누리면서 동시에 자기 침실을 기숙사로 삼아 혼자 살아가는 연습을 하는 것이다. 이는 보조 바퀴를 달고 자전거를 타는 것과 동일하다.

그렇다고 아이가 부모에게서 멀어지고자 하는 본인의 행동을 충분히 인지하고 있다고 오해해서는 안 된다. 부모에게서 멀어지고자 하는 충동은 무의식에서 나오는 것이며 아이가 느끼는 것은 같이 있으면 즐거웠던 부모가 이제는 그냥 짜증이 나는 존재로 변해버렸다는 것뿐이다. 재미있게 느껴졌던 부모의 농담이 언제부터인가 진부하게 들리기 시작하는데 특히 친구들 앞에서라면 더 황당하게 느껴진다. 부모의 조언은 항상 도움이 되는 영양가 있는 말뿐이었는데 이제 부모가 하는 충고는 아예 말도 안 되는 헛소리처럼 들린다. 이러한 딸의 변화를 지켜보는 부모 입장에서는 젤리처럼 말랑했던 아이가 갑자기 가시 돋친 밤송이처럼 변해버린 것같이 느껴질 것이다. 당신은 좋은 의도로 아이에게 다가가는데 아이는 모든 수단과 방법을 강구해 당신을 피하려고만 하니 말이다.

충분히 이해한다. 이런 말이 위로가 될지 모르겠지만 실은 밤송이가 되어가는 아이도 힘들기는 마찬가지이다. 나는 밤송이와 10대의 유사점에 대해 내 몸으로 직접 부딪쳐 알아내기 훨씬 전부터 임상심리전문가로 일하기 시작했다. 당시 나는 아직 아이가 없는 상태에서 부모들에게 심리 상담을 해주었는데 여기에는 장점(내 아이를 상담 대상 아이와 비교하지 않는 점)도 있고 단점(새벽 2시에 토하는 아이 때문에 일어나야 하는 게 도대체 어떤 것인지에 대해 알지 못하는 점)도 있었다. 내가 카리스마 넘치는 열일곱 살 여자아이 에린의 부모와 상담하고 있을 당시, 우리 딸은 네 살이었다. 에린의 아빠는 말이 잘 통하는 사람으로 우리는 딸에 대한 이야기를 나누면서 즐거운 시간을 보냈고, 에린이 엄마와 사이가 안 좋다는 이야기를 할 때는 같이 걱정을 나누곤 했다. 당시 나는 에린 엄마의 태도에 공감하기가 어려웠다. 에린 엄마는 딸이 하고 다니는 차림새에 대해 심하게 비평했고, 자기가 희생하며 키워주었는데 그 점에 대해 아이가 전혀 고마워하지 않는다며 그 배은망덕한 태도에 마음이 상해 있었다.

에린의 엄마가 딸의 어떤 면에 실망을 했는지 열심히 토로할 때 내 머릿속에는 돼지 꼬랑지처럼 묶은 머리를 흔들며 나를 향해 돌진해오는 우리 딸의 모습이 섬광처럼 지나갔다. 그때 나는 비로소 깨달았다.

'마트에서 만나는 엄마들마다 우리를 부러운 듯 쳐다보며 지금이 딱 좋을 때라고 말한 게 바로 이런 이유에서였나 보다. 아이가 사방에 흘린 소스를 치우러 다니던 때가 좋다는 게 아니라 딸이 나를 더는 멋진 엄마라고 생각하지 않게 될 때가 되면 엄마를 차지하지 못해 안달을 내던 그때가 그리울 거란 말이었어.'

이런 늦은 깨달음을 잠시 뒤로하고 나는 에린의 부모에게 이렇게 말했다.

"사랑하는 딸한테 거부당한다는 느낌 때문에 괴로운 심정, 짐작하고도 남습니다. 특히 서로 관계가 돈독했고 함께 좋은 시간을 보냈다면 더욱 힘들겠지요."

임상심리전문가들은 자신이 하는 말이 내담자의 마음 한가운데를 찔러서 내담자들이 이에 반응하기를 바라곤 하는데, 바로 그 순간 난 그걸 보았다. 에린 엄마가 눈물을 흘리기 시작한 것이다. 에린 아빠는 아내의 어깨 위로 팔을 두르며 위로했고 우리 세 사람은 엄마가 딸에 대해 서운한 감정에 빠져 있는 한 과거의 사랑스럽고 행복했던 딸과의 관계와 결별 의식을 치를 수 없다는 것을 깨달았다. 일단 엄마 아빠 모두 지나간 시절이 얼마나 그리운지에 대해 부드럽게 대화를 나눌 수 있게 될 때쯤에야 현재의 딸과 감정적으로 다시 교류할 수 있는 새로운 방법을 찾아볼 수 있기 때문이다.

딸의 성역을 인정하라

친구들이나 임상심리전문가가 "10대 때에는 다 그래"라고 아무리 위로해도 부모들 마음에 박힌 못을 빼기에는 역부족이다. 아이가 여전히 대부분의 시간을 부모와 같이 보내는 걸 즐긴다 하더라도 친구들과 대화를 나누는 도중 방에 들어온 부모에게 차가운 태도를 보인다면 그 순간 마음이 아파오는 것은 어쩔 수 없는 일이다. 게다가 아이들은 새로운 위험에 직면했을 때나 중대한 결정을 내려야 할 시기에 부모와 거리를 둔다. 아이에게 퇴짜를 맞는 것도 참기 어려운데 부모가 도움을 주어야 할 때조차 접근을 거부당한다는 것은 부모 입장에서는 더욱 감내하기 어려운 일이다.

아이가 자기 방에만 틀어박혀 있고 불러야만 억지로 나오는 경우에는 어떻게 해야 할까? 엄마 아빠 숨소리에도 거부감을 보이는 아이와 어떻게 하면 다시 가까워질 수 있을까? 먼저 부모는 지금까지보다 아이의 사생활을 더 많이 존중해주어야 한다. 이와 관련해서 흥미로운 연구가 진행되었는데, 부모가 10대 자녀에 대해 얼마나 알고자 하는지, 또 10대가 부모에게 얼마나 자기 마음을 털어놓는지에 대해 조사한 끝에 부모들은 딸보다 아들의 사생활을 훨씬 존중해준다는 결과가 나왔다.[2] 다시 말해 부모들은 "방문을 닫고 안에서 무얼 했느냐"라고 아들보다 딸에게 물어볼 가능성이 훨씬 높고, 딸들은 이런 질문에 답을 해줄 확률이 아들보다 더 높다는 것이다. 수많은 부모가 10대 아들에 대해서는 수수께끼 같은 존재라고 인정하는 반면("알잖아요. 남자아이들은 원래 부모한테 말 잘 안 해요") 10대 딸이 말문을 닫으면 걱정에 걱정을 거듭하는 것만 보아도 이 연구 결과는 신빙성이 있다. 이중 잣대를 들이댄다는 표현 대신

10대 여자아이들도 10대 남자아이들만큼이나 사생활을 존중받기를 원한다는 것을 명심하면 부모 자식 관계에 도움이 될 듯하다. 부모들은 딸이 문을 닫아버리면 뭔가 큰일이 생긴 거라고 지레짐작해버린다. 하지만 아이들이 문을 닫아걸고 하는 짓은 문을 열어놓고 하는 짓과 대부분 같다.

이 대목에서 "아이가 하는 짓이 의심스럽다"라며 나를 찾아왔던 애슐리의 부모가 떠오른다. 아이가 의심스럽다고 이야기하는 근거가 무엇이냐는 나의 질문에 그들은 지금 딸이 열다섯 살인데 열세 살 때부터 갑자기 방문을 닫기 시작했다고 답했다. 어렸을 때 한 번도 방문을 닫고 지낸 적이 없었던 아이가 갑자기 방문을 닫기 시작하자 아빠는 딸이 마약 같은 걸 하는 게 아닌가 의심하기 시작했다. 그래서 아빠는 불안을 덜기 위해 딸에게 아주 조금만 방문을 열어두라고 요구했고, 애슐리기 친구 집에 가서 자고 오기로 한 날 딸의 방을 구석구석 수색한 끝에 옷장 뒤에 몰래 숨겨둔 작은 금고를 찾아냈다(물론 부모는 아이가 금고를 산 사실도 몰랐다). 애슐리가 집에 돌아오자 아빠는 딸에게 금고를 열어보라고 요구했고 아이는 이를 거부했다. 아빠는 딸이 뭔가 큰 비행을 저지른 게 분명하다고 확신하게 되었다. 결국 아빠는 강제로 금고를 열었고 그 안에서 애슐리가 1년 동안 쓴 일기장이 발견되었다. 애슐리는 아빠가 자신의 사생활을 지켜주지 않으리라는 것을 알고 있었기에 최후의 방법으로 금고를 택했던 것이다. 딸에게 '자기 방'이라고 하는 피난처조차 허용하지 않았던 아빠는 그 덕분에 딸과 멀어지게 되었고 심지어 딸을 모욕하는 일까지 저지르고 말았다.

딸을 방 밖으로 유도해내는 효과적인 방법

부모 입장에서는 딸에게 '자기 방'이라고 하는 성역을 허용한다면 아이가 돈이 필요하거나 배고플 때에만 자기 방에서 나오지 않을까 걱정이 될 수도 있다. 어떤 집에서는 바로 이러한 이유로 일주일에 한 번씩 가족 행사를 열기도 한다. 같이 모여 게임을 하거나, 영화를 보거나, 외식을 하거나, 우리 가족에게 맞는 것이라면 무엇이든 좋다. 아이가 10대가 되기 전에 이런 정기적인 가족 행사를 만들어놓는다면 아이가 10대가 된 이후에도 모임에 계속 참여하도록 유도하기가 훨씬 용이할 것이다. 어린 시절부터 계속 이런 가족 모임을 가지는 것과 사춘기 때 느닷없이 시작하는 것은 전혀 다르다. 사춘기 딸에게 갑자기 이런 시간을 갖자고 하는 경우 아이는 '몇 주 동안 부모에게 5분도 얼굴을 안 비친 대가로 벌을 받나 보다' 하는 피해 의식을 가질지도 모르므로 이런 모임은 아이가 어릴 때부터 시작하는 게 좋다. 모두가 차례대로 돌아가며 그 시간에 어떤 게임을 할지, 어떤 영화를 볼지, 뭘 먹을지를 선택하거나, 시간대를 일찍 잡아서 아이가 가족 행사 후에 친구들과 놀 수 있도록 배려해준다면 아이들은 가족 모임을 조금 더 매력적으로 느낄 것이다.

아이가 가족 행사에 의무적으로 참여해야 하는 것에 대해 불평을 하거나 아이가 10대가 되기 이전에 이러한 모임을 미처 만들어놓지 못한 경우에도 대안은 있다. 10대 여자아이들은 부모 중에 한 사람과 함께 시간을 보내는 것을 의외로 즐기는 경향이 있다. 엄마 또는 아빠와 단둘이서 외식을 하거나 외출하는 것은 온 가족이 한데 모이는 것보다 세련된 느낌을 주기 때문이다. 시끄럽고 정신없는 동생들이 섞여 있는 가족이라면 더욱 그럴 것이다. 또한 부모 중 한쪽과 단둘이 시간을 보낼 때는 가족 간의 역학 관계가 살짝 달라지는 효과도 볼 수 있다.

"부모님 두 분과 함께 있을 때는 아빠가 저한테 짜증 나는 질문을 연달아 해대는 바람에 엄마한테 좀 말려달라고 하는데 아빠랑 단둘이 있으면 왠지 괜찮아요."

가족과 함께 식사하는 것의 중요성

가족과 함께 식사를 하는 것이 아이들의 신체적·정신적 건강 및 학업 성적에 도움이 된다는 연구 결과에 대해서는 들어본 적이 있을 것이다.[3] 이러한 연구 결과에 대해 "그래요? 하지만……"이라고 말하는 사람들을 위해 가족끼리 시간을 보낼 수 없는 경우에 대한 대안을 알려주겠다.

심리학자인 수니야 루서Suniya Luther와 숀 라텐드레세Shawn Latendresse는 가족끼리 저녁 식사를 하는 횟수와 함께 10대가 부모에 대해 느끼는 친밀도 및 부모가 자기에 대해 얼마나 비평을 한다고 생각하는지 등 관계 변수를 측정해보았다. 그리고 연구진은 가족과의 저녁 식사 등식에서 가족 간의 관계 데이터를 모두 제거하였는데 그럼에도 불구하고 여전히 가족과 함께 식사를 하는 것이 아이들의 정신 건강과 학업 성적에 도움이 된다는 결과가 도출되었다.[4] 즉, 부모와 잘 지내지 못한다고 답한 아이들도 부모와 함께 식사를 하면 긍정적인 영향을 받는다는 것이다. 이 연구에서는 부모 중 한 명과만 식사를 하는 경우도 계산했는데 이 역시 모임 자체를 갖지 않는 것보다 훨씬 도움이 된다는 점을 발견했다.

가족과 함께하는 저녁 식사에 대한 연구는 많이 이루어져왔다. 하지만 위 연구는 내게 직업적으로나 개인적으로 모두 특별하게 다가왔던 연구라고 할 수 있다. 심리학자로서 나는 아이들이 비록 부모와 잘 지내지 못한다 해도 부모와 함께 식사를 함으로써 긍정적인 영향을 받는다는 연구 결과를 대대적으로 환영한다. 부모 입장에서는 방 안에 박혀 있고자 하는 아이를 겨우 불러내 저녁 식사 자리에 앉혔는데 오히려 집 안 공기가 싸늘해졌다면 같이 식사를 하기 위해 이렇게까지 애를 쓸 필요가 있을지를 자문할 것이다. 카미유 엄마 또한 카미유와 식사를 하며 이런 의문을 품었다고 한다. 나는 이러한 연구 결과를 이렇게 해석한다. 가족들과 거리를 느끼는 아이들이야말로 부모의 관심과 배려를 필요로 한다고, 그래서 분위기가 냉랭하더라도 아침이든 점심이든 저녁이든, 평일이든 주말이든 노력해서 아이와 식사를 해야 한다고 말이다.

또 한 사람의 엄마로서 나는 이 연구 결과에 대해 감사한다. 서로 너무 바빠서 매일 밤 같이 모여 저녁 식사를 하는 것이 거의 불가능한 가족이 비단 우리만은 아닐 것이다. 이 연구 결과 덕에 나는 우리 딸들이 나 없이 아빠하고만 저녁을 먹는 날에도 의기소침하지 않을 수 있었다. 그리고 온 가족이 한데 모이기라도 하면 마치 복권에라도 당첨된 기분이 들었다(앞으로 연구를 하시는 분들은 이런 점도 살펴봐주셨으면 한다. 식사는 꼭 갓 조리한 따뜻한 음식이어야 하는지, 효과를 보기 위해서는 최소한 몇 분 동안 식사를 해야 하는지, 식사 예절에 대해 잔소리를 늘어놓더라도 아이들에게 긍정적인 영향을 미치려면 잔소리 횟수는 어느 정도로 제한해야 할지 등에 대해 말이다. 이렇게 중요한 연구들이 진행되어야 할 과제로 남아 있다).

차로 이동하는 시간을 노려라

딸과 신성으로 가까워지고 싶다면 자동차로 이동하는 시간을 잘 활용할 것을 권한다. 운전하고 있는 부모의 얼굴을 마주 볼 필요가 없고, 자동차에서 내리면 대화도 끝난다는 한계 때문에 10대 여자아이들은 비교적 차 안에서 쉽게 마음을 연다. 친구들하고 같이 타기라도 하면 그 효과는 몇 배로 커진다. 아이의 생활이 어떤지 그 생생한 현장을 살펴보고 싶으면 학교 행사가 끝났을 때 아이 친구들을 집으로 데려다주는 역할을 자청하는 것이 좋다. 10대 여자아이들은 운전사의 존재를 곧잘 잊고 자기들끼리 있었던 일을 신나서 떠들곤 한다. 이런 기사 역할을 자청하면 시간도 기름값도 투자해야 하지만 이 시간 동안 채집하는 정보는 3주 동안 아이에게 입 아프게 물어봐서 얻는 정보보다 훨씬 많을 것이다. 또 현명한 기사는 철저히 기사로 남는 것이 최선이라는 사실을 잊지 않는다. 대화에 끼어들거나 질문을 해대면 아이들만의 공간이 깨지고 대화는 썰렁하게 소강상태로 접어든다. 그러면 아이들은 집에 도착할 때까지 입을 닫아걸고 나중에 휴대전화를 통해 대화를 이어나갈 것이다.

마지막으로 부모가 가장 좋아하는 일이라 하더라도 아이의 취향에 맞추어서 바꿔보는 지혜도 필요하다. 딸과 함께 크리스마스트리를 장식하며 과거의 달콤한 추억을 되살리고 싶더라도 조금만 참자. 딸과 양질의 시간을 보내고 싶으면 소파에 앉아 영화를 보고 있는 아이 옆에 팝콘을 들고 가 함께 영화를 보기를 권한다. 지금 딸이 보고 있는 영화가 그저 그런 내용이어도 말이다.

♥ 부모의 질문에 질색하기 시작하다

왜 아이들은 부모가 질문하면 짜증을 낼까?

가족들이 함께 모인 저녁 시간, 10대 딸이 부모의 질문에 알레르기 반응을 보이지는 않는가? 작년까지만 해도 부모가 관심을 보여주면 좋아하던 아이가 이제는 질문 하나만 해도 대놓고 싫어하는 표정을 짓는 이유는 바로 딸이 아동기와 결별하는 수순을 밟고 있기 때문이다. 이럴 때 부모는 항상 숨죽인 기사 노릇만 할 필요는 없다. 때로는 단도직입적으로 질문을 던져야 한다. 나는 10대 여자아이들과 상담하며 왜 부모의 질문에 성을 내는지를 물었는데 대부분의 아이는 고개를 흔들며 이렇게 말했다.

"휴, 질문 자체가 짜증이 나는 걸 어떻게 해요."

그러면 나는 또 이렇게 질문한다.

"질문이 짜증 나는 이유가 뭔데? 어떻게 하면 짜증 나지 않게 질문할 수 있을까? 부모님이 너희들과 이야기를 나누고 싶을 때는 어떻게 말을 거는 게 좋을까?"

이렇게 솔직하게 질문을 던지면 아이들은 또 솔직하게 답을 해온다. 아이들의 입장을 정리해보자면 다음과 같다. 부모가 때와 장소를 가리지 못하고 질문하면 아이들은 짜증이 난다. 한창 숙제에 몰두해 있을 때, 이미 반쯤 현관문을 나섰는데 질문하며 붙잡을 때, 어느 조용한 오후 소파에 앉아서 좀 쉬려고 눈을 감았을 때, 또 정말 궁금해서라기보다는 그냥 말을 걸기 위해 질문을 하는 거라 느낄 때 답을 하기 싫어진다고 한다. 그리고 뭔가 캐내려고 하는 듯한 질문을 싫어한다. 어제 갔던 모임이 어땠는지는 질문해도 좋지만 뭔가 의심하는 듯 꼬치꼬치 캐묻는 건 피해야 한다. 가장 나쁜 것은 질문거리를 한 아름 마련해둔 뒤 아이가 원하는 방향으로 대화가 흘러가는 것을 절대 허용하지 않고 연신 일방적으로 질문을 해대는 것이다. 여자아이들은 진심에서 우러나오는 질문을 좋아한다. 일반적으로 대화를 시작하기 위해 쉽게 던지는 질문("오늘 하루는 어땠니?" 같은 질문)은 앞으로 되도록 하지 않기를 바란다. 대신 정말 알고 싶은 것에 대해 구체적으로 물어보자. 아이가 지난주에 수학 때문에 미치겠다고 말했다면 "수학은 어떻게 돼가니? 지난주에는 수학 때문에 골치를 썩는 거 같더니" 이렇게 솔직하게 질문을 던지면 솔직한 답이 돌아온다. 또 아이들은 자기가 던진 주제에 대해서 대화를 이어나가고 싶어 한다. 따라서 아이가 던진 주제를 다듬어서 미리 솔직한 질문을 장전해두기를 바란다. 아이가 특별 활동 선생님이 화만 낸다고 불평하면 "정말? 어떻게 화를 내는데? 혹시 선생님한테 무슨 일이 있는 건 아닐까?"라고 물어보자. 부모가 질문을 하지 않고 가만히 있는 것을 고마워하는 아이들도 있다. 차를 타고 갈 때 수다를 떠는 대신 그냥 음악이나 같이 들었으면 좋겠다고 말한 아이들도 있었다.

아이가 무례하게 반응할 때 부모가 취해야 할 태도

만약 좋은 타이밍을 잡아 솔직한 질문을 던지고, 딸이 던져준 주제에 대해 질문을 하는데도 여전히 아이가 당신을 쎄려본다면? 질문을 해도 대답이 없거나 무뚝뚝한 단답형 대답만 돌아온다면? 그럴 때는 최소한 부모의 질문에 대해 예의 바르게 대답해야 한다고 가르쳐야 한다.

"내 질문이 네 마음에 안 들 수는 있어. 하지만 적어도 예의 바르게 답은 해주어야 하지 않겠니?"

물론 질문을 하는 사람이 예의 바른 자세로 말해야 이러한 충고도 먹힐 것이다.

원칙적으로 나는 아이가 부모에게 무례하게 굴 때는 그냥 내버려두어서는 안 된다고 생각한다. 야단까지 치면 아이와 더 멀어질까 봐 그냥 넘어가고 싶을 수도 있지만(특히 부모한테만 사납게 굴고 다른 어른들한테는 싹싹하게 행동한다면 더더욱) 아이들은 자기가 잘못을 저지를 때 잘못하고 있다는 것을 안다. 그리고 잘못을 했는데도 아무 일이 없으면 마음이 불편해진다. 따라서 아이가 무례하게 굴 때는 이를 지적해주어야 한다.

부모는 아이가 무례하게 굴면 이에 대한 대가가 따를 수 있다는 것을 여러 가지 방식으로 보여줄 수 있다. 매일 엄마에게 불쾌하게 굴던 딸이 어느 날 급하게 살 게 있다고 아쉬운 소리를 할 때 냉큼 아이를 백화점에 데려가거나 물건을 사다 주어서는 안 된다. 이건 감정적인 공갈 협박이 아니다. 세상은 원래 그런 곳이다. 자신에게 못되게 구는 사람한테 잘해주고 싶은 사람은 세상 어디에도 없다. 아이가 독립하여 혼자 인생을 꾸려나가기 전에 이러한 세상의 이치를 배우는 게 아이를 위해서도 좋은 일이다. 엄마를 참견하기 좋아하는 집주인이나 운전기사처럼 대하더니 어느 날 뭔가가 아쉬워 부탁을 한다면 이렇게 타이르는 것이 좋다.

"진짜 어떻게 해야 할지 모르겠다. 엄마는 널 사랑하고 모든 방법을 동원해 너를 돕고 싶어. 하지만 요 며칠 동안 그렇게 고약하게 굴어놓고는……. 네가 그렇게 굴면 그걸 당한 사람이 너를 위해 뭘 해주고 싶을까? 자, 네가 그런 입장이라면 어떻게 하는 게 좋겠니?"

아니면 상황에 따라, 기분에 따라 이런 대사도 먹히지 않을까?

"그동안 엄마한테 그렇게 대해놓고 그런 걸 바라니? 일단 네 태도를 좀 고쳐보렴. 네가 하는 거 보고 다시 생각해볼게."

♥ 10대 딸이 부모에게 빈정거리는 이유

어린 시절과 결별하기 위한 딸의 몸부림

캐시는 약속 시각보다 일찍 상담실에 도착했다. 그녀는 불안증을 앓고 있는 열여섯 살짜리 딸 크리스틴 때문에 나를 찾아왔다.

"이번 주에 크리스틴한테 한 방 먹었어요."

캐시는 당시 상황을 설명했다. 그녀는 직장에서 해야 할 중요한 발표 준비를 하느라 한 달 동안 애를 써왔다. 드디어 발표 당일, 가장 좋아하는 니트를 차려입고 막 집을 나서려는 순간 아이가 2층에서 내려왔다. 캐시는 중요한 발표가 있는 날이라는 것을 다시 한 번 들먹이며 자기 옷차림새가 보기 괜찮으냐고 딸에게 물어보았다. 캐시는 크리스틴이 그때 뱉은 대사를 내게 재현해주었다. 캐시는 목을 뒤로 빼고 눈썹을 치켜세우고서 이렇게 말했다.

"음…… 괜찮아 보여요. 도서관 숏다리 사서처럼 보인다는 점만 빼면."

캐시는 이렇게 말하며 웃었고, 나도 따라 웃었지만 딸의 말에 캐시가 마음이 상했다는 것은 분명히 느낄 수 있었다.

동료이자 현명한 심리학자인 러네이 스펜서Renée Spencer의 표현에 따르면 여자아이들은 자기가 잘 아는 어른과 '아주 정교하게 조율'되어 있다고 한다.[5] 그래서 때로는 그 사람의 최측근으로서의 지식을 활용하여 잔인하게 굴 수도 있는 것이다. 사춘기를 보내는 10대의 시각에서 보았을 때 크리스틴은 유치한 어린 시절과 결별하기 위한 몸부림의 일부로 엄마에게 고약하게 굴었을 것이다. 고약하게 군다는 것은 냉정한 태도에서 한 걸음 더 나아가는 것을 의미한다. 엄마가 자신의 곁에 오지 못하도록 장막을 칠 뿐 아니라 적극적으로 밀어내는 것이다.

대담하게, 때로는 교묘하게

크리스틴의 언사에서 볼 수 있는 것처럼 여자아이가 부모에게 고약하게 구는 행동에는 두 가지 특징이 있다. 첫째, 상대의 약점을 파고든다. 딸은 부모의 마음을 아프게 하거나 부모를 거부할 때 어떻게 해야 효과가 있는지를 잘 알고 있다. 내가 알던 어떤 여자아이는 발목을 삐었을 때 변호사이자 전직 운동선수였던 아빠에게만 발목을 보여주고 방사선과 의사인 엄마에게는 절대 보여주지 않았다. 또 다른 아이는 엄마가 준비한 추수감사절 요리가 요상하다고 말하며(참고로 엄마는 재능 있고 성실한 요리사였다) 식구들이 모두 모인 식사 자리에서 혼자 마카로니 앤드 치즈를 차려놓고 먹기도 했다. 딸들은 엄마와 친하면 친할수록 10대가 되었을 때 엄마에게 고약하게 구는 경향이 있다. 그렇다고 아빠는 예외인가 하면 절대 그렇지 않다. 직장에 지각할 줄 뻔히 알면서도 아이를 학교에 데려다주는 헌신적인 아빠를 두고 "아빠는 무슨 로봇인가 봐. 그냥 우리랑 동거하는, 텔레비전 보는 기계 같아"라고 대놓고 말하는 아이도 있다.

둘째, 대부분의 10대 여자아이는 욕을 하는 등 뻔한 방법은 쓰지 않고 벌을 받지 않을 만한 선에서 놀랍도록 교묘하게 남을 괴롭히는 데 능하다. 이들은 공격적이지만 딱히 꼬집어 야단치거나 보복하기 어렵게 딱 그 선에 맞춰서 움직인다. 크리스틴처럼 부모에게 재기가 넘치면서도 상처를 입히는 그런 언사를 날리는 것이다. 큰일을 앞두고 긴장하고 있는 상황에서는 상대가 중요하게 생각하는 것에 대해 도움이 될 만한 충고라도 해주는 척하며 더 고약하게 군다.

또 10대 여자아이들은 때로 부모를 가까이 다가오게 했다가 동시에 밀어내기도 한다. 언젠가 고등학교 동창인 앤디가 덴버에 있는 우리 고향 집을 찾아왔던 그 여름에 나는 이런 역학 관계를 목격했다. 나는 앤디와 그의 부인 샤론과 모여 뒷마당에서 수다를 떨고 있는데 당시 열일곱 살이 된 앤디의 딸 그레이스가 우리 쪽으로 다가

왔다.

마침 우리는 앤디가 직장 때문에 인도네시아와 가나로 돌아다녀야 했던 상황에 대해 이야기하고 있었다. 다른 나라로 출장을 떠날 때 가족들도 같이 간 적이 있는지를 묻자 앤디는 항상 회사 측에서 촉박하게 출장 일정을 통보했기 때문에 가족과 같이 간 적은 한 번도 없다고 했다. 하지만 출장 덕분에 비행기 마일리지가 꽤 쌓여 그걸로 가족 여행을 갈 수 있을 정도는 되었다고 덧붙였다. 그러자 그레이스가 한마디 거들었다.

"와, 아빠는 멀리 출장 다닐 때가 우리 옆에 있을 때보다 훨씬 쓸모가 있네요. 그리고 아빠가 없으면 집 안 냄새도 더 좋아요."

앤디는 딸의 말에 키득거리며 "고맙다. 우리 딸"이라고 말했다. 우리는 아무 일도 없었던 듯 대화를 계속 이어갔다. 앤디는 딸의 말에 기분 나빠하지 않았다. 앤니는 딸이 더는 아빠 품에서 안겨 놀던 어린아이가 아니라는 걸 잘 받아들이는 것 같았고 여전히 부녀 관계는 가까워 보였다(사실 웬만큼 친근한 관계가 아니면 체취에 대한 농담을 주고받기란 쉽지 않지 않은가?). 그레이스의 어조에 조금 더 가시가 돋쳐 있었더라면 아이의 농담은 선을 넘은 것처럼 들렸을 수도 있다. 하지만 그날 앤디는 아이의 일격에 즐거워했고, 딸은 가볍고 재미있는 어조로 아빠와의 친근한 관계를 과시했다.

당신이 도저히 참기 어려운 상황이라면

만약 당신이 힘들고 예민할 때 딸이 선을 넘어 도저히 그 순간을 그냥 넘기기 힘들 경우에는 무조건 참고 있을 필요가 없다. "와, 그 말은 너무 심한데", "가족들끼리 꼭 그렇게 이야기해야겠니?"라고 한마디 해보고 이에 대해 딸이 방어적으로 나온다면 정색을 하고 딸을 쳐다보는 등 부모로서 할 일을 해야 한다. 자기에게 함부로 대하는 사람과 같이 있기를 좋아할 사람은 한 명도 없다는 사실을 알려주는 일 말이다.

이런 말을 건네기 위해서는 냉정함을 되찾을 시간이 좀 필요할 것이다. 먼저 마음을 추스른 후에 딸에게 다음과 같은 요지의 말을 해주자.

"너의 말을 듣고 엄마는 마음이 아팠어. 너는 농담 삼아 한 말인지 모르지만 엄마는 정말 마음이 아프네."

만약 남편이나 아내가 딸의 공격을 받은 상황이라면 상대 배우자가 끼어들어 이렇게 말해줄 수도 있다.

"엄마가 추수감사절 저녁을 준비하느라 애 많이 쓰셨는데 네가 그러면 쓰니. 마카로니 앤드 치즈는 이제 그만 치워라."

10대 여자아이들은 선을 넘는 행동을 했을 때 자신이 무슨 짓을 했는지 잘 안다. 그런데 이에 대해 아무도 지적하지 않으면 이상하게 생각한다. 지금까지 나는 쌀쌀맞고, 부모와 거리를 두며, 때로는 아주 고약한 행동을 하는 존재로 10대를 묘사해왔다. 하지만 사춘기 딸이 이처럼 고약하게만 구는 것은 아니다. 10대 여자아이를 키우는 일이 훨씬 복잡하고 까다로운 이유는 이렇게 부모에게 거리를 두는 쌀쌀한 날들 사이사이에 무척 따뜻하고 살가운 순간들도 끼어들기 때문이다.

♥ 아이의 수영장이 되어줘라

부모에게 다가왔다가 이내 멀어지는 아이

이런 은유는 어떨까? 10대 딸은 수영을 하는 사람, 부모는 그 아이가 수영을 하는 수영장, 수영장에 가득 찬 물은 그 아이 앞에 놓인 커다란 세상. 수영장 안에 들어간 당신의 딸은 물에서 놀고, 다이빙하고, 첨벙거리며 시간을 보내다가 숨을 고르기 위해 수영장 모서리를 붙들 것이다.

현실적으로 예를 들어보자. 딸은 친구들과 어울리느라, 숙제하고 공부하느라, 이것저것 쫓아다니느라 너무 바쁘다. 그러던 차에 뭔가가 꼬였는지 아이가 자기에게 닥친 불행에 대해 꼬치꼬치 설명하더니 글쎄 부모에게 안기기까지 한다. 물속에서 힘든 시간을 보내고 이제 좀 쉬기 위해 수영장 모서리를 찾은 것이다. 부모는 천국에 온 듯하다. 딸이 드디어 돌아왔으니까. 내 품으로 다시 돌아온 아이와 함께 보내게 될 멋진 시간들이 섬광처럼 스쳐간다.

그러나 얼마 못 가 딸은 부모를 다시 밀어낸다. 충분히 휴식을 취한 수영 선수처럼 다시 물속으로 나가고 싶어 하는 것이다. 세상으로 나가기 위해서는 수영장 모서리를 힘차게 박차야 하는데 이것은 때로 아주 멍청한 싸움의 형태를 띠기도 하고, 아주 사소하지만 고통스러운 방식으로 펼쳐지기도 한다("엄마, 오늘 또 그 티셔츠랑 신발 신고 나가려는 건 아니죠?"). 부모의 머릿속에서 추억의 노래가 끝없이 재생되고 있을 때 딸은 이미 숨을 고르고 수영장 가운데 제일 깊은 곳으로 헤엄쳐갈 생각에 빠져 있는 것이다. 아이는 왜 부모 곁에 좀 더 머물러주지 않는 것일까? 아동기와 결별하는 단계에 접어든 딸은 부모 곁에서 알짱거리는 것은 아주 유치해서 절대 참을 수 없는 일로 생각한다. 부모에게는 달콤한 과거의 향수를 불러일으키는 그 순간이 딸에게는 아주 불편한 순간이 되어버린 것이다.

아이를 놓아주는 연습을 하라

딸과의 달콤한 순간이 빨리 끝나고 또 관계가 쉽게 냉랭해지는 건 슬픈 일이다. 이렇게 냉탕과 온탕을 왔다 갔다 하는 상황을 예방할 수 있는 방법은 없다. 하지만 딸의 입장에서는 이렇게 하는 데에 수많은 장점이 따른다. 이왕 말이 나왔으니 버려진 부모의 고통을 덜 수 있는 방법에 대해 한번 살펴보자. 먼저 딸이 부모를 밀어내리라는 것을 예상하고 마음의 준비를 해두자. 그리고 딸이 부모에게로 헤엄쳐 오면 그 순간은 그대로 만끽하되 아이가 부모의 사랑과 지혜의 가치를 다시는 잊어버리지 않을 것이라는 기대는 아예 접어야 한다. 그러나 아이가 고약하게 굴도록 내버려두어서도 안 된다. 아이가 무례하게 굴 때는 그 점을 지적해주어야 한다. 아이가 사과를 하든 말든 "그렇게 말하니 정말 엄마 마음이 아프다"라고 꼭 알려주어야 한다.

그리고 부모 스스로 단단해져야 한다. 딸에게는 수영을 하다가 지쳤을 때 기대어 쉴 수 있는 벽이 필요하고, 그 든든한 벽은 부모여야 한다. 다가왔다가 차갑게 돌아서는 아이에게 너무 깊이 상처 받아서 딸이 다시 다가오는 것을 막아버리는 부모들이 가끔 있다. 물론 이렇게 하면 부모 자신은 편할 수 있다. 하지만 여기에는 대가가 따른다. 부모는 아주 가끔이나마 딸과 보낼 수 있는 따듯한 순간까지도 다 놓치게 될 것이며 딸은 혼자 내버려져서 쉬지도 못하고 위험한 물속에서 계속 버둥거릴 수밖에 없다.

마지막으로 부모에게 힘이 될 만한 지원군을 모아야 한다. 이 책의 서두에서 내가 정말 좋아하는 안나 프로이트의 말을 인용했는데 그 글은 당시 1958년뿐 아니라 오늘날에도 딱 들어맞는다.

> 사춘기에 접어들어 독립적으로 변해가는 아이를 감내하는 시기만큼 인생에서 힘든 때는 거의 없을 것이다.

부모가 나약한 상태에서는 10대 아이를 잘 키울 수 없다. 아이가 자기 길을 잘 가고 모든 게 순조롭게 돌아갈 때도 마찬가지이다. 아이에게 거부당해 더는 견딜 수 없을 것 같을 때는 옆에서 힘이 되어줄 배우자와 친구들이 필요하다. 부모가 안전하고 믿을 수 있는 베이스캠프 역할을 잘해주어야 아이는 세계로 나가 모험을 할 수 있다. 그러므로 딸이 달려왔다가 금방 다시 뛰쳐나가더라도 다시 아이를 받아줄 여유를 유지하기 위해서는 부모 옆에 든든한 지원군들이 있어야 한다.

나는 이 수영장 은유를 수년 동안 사용해왔다. 보통 내가 쓰는 은유법은 이 수영장보다는 좀 단순한데 수영장 은유가 도움이 되었다고 말해주는 부모들이 많아 계속 쓰게 되었다. 어느 날은 한 학부모가 바로 그날 오후 자기가 아이에게 수영장 역할을 했다는 말을 해준 적이 있다. 사연인즉 매우 내성적인 딸이 졸업식이 끝나고 나서 눈물이 그렁그렁해서는 집에 돌아왔더란다. 딸은 졸업식 앨범을 가져와서는 엄마 옆에 들러붙어 앉아 그때까지 엄마에게 한 번도 해주지 않았던 재미난 이야기를 쏟아놓기 시작했다. 한바탕 친구들과의 일화들을 쏟아놓은 뒤 아이는 옷을 갈아입겠다고 방에 들어갔다. 엄마는 딸이 다시 나와 조금 전처럼 재미난 이야기를 계속해줄 것으로 기대했으나 약 20분 후 아이는 제대로 눈인사도 하지 않고 파티가 열리고 있는 친구 집으로 떠나버렸다. 10대를 키우는 부모라면 누구든 딸의 발달 과정에서 냉탕과 온탕을 오가는 경험을 수없이 했다고 한마디씩 증언할 수 있을 것이다.

♥ 이상한 고집을 부리기 시작하는 아이

야무진 아이도 예외는 아니다

점심 식사 중에 한 친구가 이런 이야기를 꺼냈다.

"우리 딸 이야기 하나 할게. 글쎄 트레이시가 자기 혼자 콘택트렌즈를 못 끼겠대."

트레이시는 열네 살 된 여자아이로 뭐든 혼자서 씩씩하게 잘해냈다. 기타도 잘 치며, 귀에 쏙 들어오는 음악도 작곡하고, 여자아이들로만 된 밴드를 구성하기 위해 드럼 연주자와 보컬을 뽑는 오디션을 개최하는 중이라고도 했다. 부모가 일 때문에 늦게 오는 날에는 알아서 숙제도 다 해놓고, 남동생 숙제까지 봐주며 저녁 식사도 차려놓았다. 한마디로 트레이시는 뭐든 잘하는 똑똑한 아이였다.

그 친구는 이야기를 계속 이어갔다.

"아침마다 정말 이런 야단법석이 없어. 내가 껴보라고 하면 자긴 못 한대. 그렇게 옥신각신하다가 결국은 학교 늦겠다고 신경질을 내면서 가버리는 거야. 안경은 바보 같아 보인다고 싫다고 하고. 콘택트렌즈 때문에 이 난리를 치르게 될 줄은 상상도 못 했어."

이 친구만 이런 상황을 겪는 것이 아니다. 혀를 내두를 정도로 이것저것 야무지게 잘 해내는 아이가 일단 못 하겠다고 고집을 부리는 상황에서는 부모도 어쩔 도리가 없다. 희귀병을 앓고 있는 친구를 위해 모금 활동을 시작할 정도로 적극적인 성격의 아이가 도서관 사서와 마주치는 게 싫다면서 대출 기간이 지나도록 책을 반납할 생각도 안 하는 경우도 있고, 전동 기구를 사용하여 정교한 목조 작품을 만들 정도로 기계를 잘 다루는 아이가 가스레인지가 무섭다며 저녁 식사 준비는 못 하겠다고 하는 경우도 있다. 이렇듯 대부분의 가정에서 '우리 딸이라면 당연히 할 수 있는 일'이라고 주장하는 부모와 '절대로 하지 못하겠다'고 버티는 딸 사이에서 전쟁이 벌어진다.

딸이 성장 중이라는 사실을 잊지 마라

아이들은 어린 시절과 단번에 결별하지 않는다. 하루아침에 부모가 필요 없어지는 '완전 독립 상태'로 변하는 것이 아니란 뜻이다. 아이들의 능력과 그 능력에 대한 자신감은 불균등한 속도로 발달한다. 나는 10대를 상대하는 일을 하면서 의외로 아이들이 썩 잘 해내지 못하는 분야를 한 가지 발견했다. 바로 '가족'이라는 경계 밖에 존재하는 어른들과 접촉하는 일이었다. 예를 들어 미용실에 갔다가 돈을 내거나 치과에 예약 전화를 해야 할 때 아이들은 굳어버린다. 어른들과 맞닥뜨리거나 그들을 실망시키게 되는 상황을 미치도록 싫어하는 아이들도 있다. 잘못된 채점을 정정해달라고 선생님에게 말하는 일, 이웃집 동생과 놀아주기로 한 일을 못 하게 되었다고 아주머니에게 말하는 게 싫어서 뒤집어지는 아이들도 있다.

이런 상황에 처한 딸을 도와줄 방법은 많다. 탁상 톱을 사용할 줄 아니 당연히 가스레인지를 사용해 요리도 할 줄 알아야 한다는 논리적인 생각에 사로잡혀 아이에게 화를 내보았자 좋을 게 하나도 없다. 그럴 때는 딸이 아장아장 걸어 다니던 때처럼 아이가 불균형적으로 발달하던 시기를 회상해보기를 바란다. 그때 당신은 "리모컨을 사용할 줄 알면 당연히 신발 끈도 맬 줄 알아야지!"라며 혈압을 올리지는 않았을 것이다. 지금도 마찬가지다. 이럴 때는 심리학자들이 아장아장 걸어 다니던 유아를 키울 때 해주었던 조언과 각 단계를 떠올려보기를 바란다. 아이를 위해 부모가 무엇인가를 해주었던 단계, 아이와 함께하는 단계, 아이가 주로 행동하고 부모는 옆에서 칭찬하는 단계, 마지막으로 아이 스스로 하도록 내버려두고 지켜보는 단계, 이렇게 각각의 단계로 옮겨갔던 과정을 꼭 기억해내기를 바란다.6

나는 트레이시 엄마에게 주말에 시간을 내어 딸에게 콘택트렌즈를 끼워주고, 그 단계가 익숙해지면 같이 렌즈를 끼워보는 단계로 넘어가라고 제안해주었다. 진척이 매우 느릴 수도 있고 생각보다 빠를 수도 있다. 중요한 것은 아이가 혼자 렌즈를 낄 수 있는 단계에 이를 때까지는 단계적으로 성장할 수밖에 없다는 사실을 부모가 명심하는 것이다.

아이가 전화를 거는 것을 두려워하면 부모가 먼저 전화를 거는 시범을 보여주자. 그리고 나서 다음번에는 딸이 직접 전화를 걸어보도록 옆에서 도와주자. 이때도 마찬가지로 비평은 삼가야 한다. 요새 아이들은 전화로 어른과 통화하는 것을 말도 못하게 싫어한다.

10대 시절 전화기를 붙들고 몇 시간씩 수다를 떨던 우리 세대와 달리 아이들은 휴대전화를 전화하는 데는 거의 사용하지 않는다. 그리고 어른들이 전화하는 걸 들으면서 전화 예절을 익힐 기회도 많지 않은 것이 사실이다. 부모들도 전화하는 대신 문자메시지를 더 많이 사용하는 시대가 되었으니까.

아이들은 아동기와의 결별을 한 번에 해내지 않고 점진적으로 해낸다는 것을 받아들이고, 아이를 위해 무엇인가를 해주고, 아이가 스스로 알아서 하도록 이끌어주며, 옆에서 칭찬하는 등 이 모든 기회를 즐기기를 바란다.

♥ 마지못해 피는 사춘기라는 꽃

아이들은 사춘기가 못마땅하다

내가 매주 시간을 쪼개 상담 서비스를 제공하는 로럴학교는 정말 훌륭한 곳이다. 하지만 나는 우리 딸들을 이 학교에 보내는 건 환영받지 못할 일이라고 생각했다. 아이들은 적어도 엄마가 일거수일투족을 감시할 수 없는 학교에 마음 편히 다닐 수 있어야 하며, 심리상담을 받으러 오는 아이들이 '상담사가 누구누구 엄마인데 어쩌지?' 하는 부담을 가져서는 안 된다고 생각했다. 그런 사정으로 우리 아이들은 셰이커하이츠공립학교에 다니게 되었다. 이 셰이커하

이츠공립학교에서는 5학년 여학생들을 대상으로 하루 날을 잡아 학부모나 친척 등 성인 여성과 함께 참석하는 특별한 방과 후 행사를 시행하고 있었고 나도 우리 딸과 함께 그 행사에 참여했다. 그날 밤 행사에 등장한 친절한 소아청소년과 의사는 아이들이 사춘기에 거쳐야 하는 통과 의례에 대해 설명하기 시작했는데 그 자리에 모인 사람들의 반응은 너무도 극명하게 갈렸다. 학부모들은 서로 "와, 우리 딸이 이런 걸 알아야 할 때가 된 거야? 벌써?"라고 즐거워하는 반면 아이들은 체육관에 줄지어 놓은 철제 베이지색 의자에 몸을 깊숙이 파묻어버렸다. 소아청소년과 의사가 사춘기에 대해 과장된 연설을 늘어놓자 아이들은 더더욱 깊숙이 의자 속으로 몸을 움츠렸다. 그러고는 바닥만 쳐다보다가 가끔 '야, 이게 말이 되냐?'라는 눈빛을 서로 교환했다. 한마디로 아이들은 집에 돌아가고 싶다는 표현을 온몸으로 하고 있었다.

어른들은 사춘기를 여성성이 꽃피는 즐거운 시기라고 떠들어대지만 10대 아이들은 속지 않는다. 속을 이유가 없다. 어른들이 사춘기에 대해 최대한 근사한 단어를 써가며 묘사하는 말들은 아이들에게 "얘들아, 마음의 준비 단단히 해. 지금까지 거의 아무런 문제를 일으키지 않았던 너의 몸이 이제부터는 달라질 거야. 겨드랑이에서 냄새가 나기 시작해서 탈취제를 써야 하고, 털이 자라 면도기가 필요해질 것이며, 얼굴에는 여드름이 더덕더덕 올라오고, 가슴도 커져서 결국에는 친구들과 서로 비교하게 될걸? 아, 그리고 혹시 자궁에서 피가 흘러나온다는 얘긴 했나?"라고 들릴 것이다.

사춘기에 시작되는 육체적 변화는 많은 여학생에게 정말 끔찍한 일로 다가온다. 자기 몸이 아동기와 결별하는 시기를 아이 자신이 선택할 수 있는 것도 아니고, 오히려 오지 않았으면 하는 시점에 덜컥 올 수도 있다. 설상가상으로 사춘기가 진행되는 속도 역시 조절할 수 없다.

외설적인 가사의 노래들을 다운로드하게 해달라고 조르던 아이가 바로 다음 순간에는 일곱 살 때와 똑같은 자세로 소파에 자리 잡고 앉아서 아홉 살 때 읽던 책을 읽기 시작하는 모습을 본 적이 있는가? 이렇게 겉으로 보기에 모순된 것처럼 보이는 행동은 아동기와 결별하는 속도를 아이가 조절하고 있다는 증거이다. 한쪽 군대는 전방에 보내어 새로운 영역(장난처럼 연애하기, 철학적인 질문 고민하기 등)을 정복하게 하는 반면 다른 한쪽 군대는 휴식도 취하게 하고 재편성을 위해 안전한 베이스캠프(인형과 놀기, 어릴 때 보던 책 읽기)에 머무르게 하는 것이다. 그런데 사춘기의 육체 변화라는 현실이 불쑥 끼어든다. 게다가 이 군대는 리더를 무시하고 자기 마음대로 앞으로 가버리기까지 한다. 우리 어른들이 즐겁고 찬란하게 피는 꽃으로 묘사하는 것이 사춘기 아이들에게는 공공연한 폭동으로 느껴지는 것은 당연한 일이다.[7]

무심한 척 딸에게 조언하라

추수감사절 직전, 카미유 엄마가 다시 한 번 상담을 받고 싶다며 내게 전화를 걸어왔다. 엄마는 딸의 냉랭함을 사춘기 발달 과정의 일부로 받아들이고 지금 딸이 아동기와 결별하는 단계를 지나고 있는 듯하다고 인정하면서도 계속 나를 만나 상담을 받고 싶다고 했다. 딸이 사춘기를 지나는 동안 솔직하게 모든 것을 이야기할 상대가 필요했던 것이다. 사실 사춘기를 겪는 딸을 둔 부모들의 말을 들어주는 건 내가 이 직업에서 가장 마음에 들어 하는 부분이기도 하다. 아이가 어렸을 때 엄마들은 놀이터 주위에 모여 앉아 누가 기저귀를 뗐는지 스스럼없이 이야기하곤 했지만 시간이 흘러 서로의 딸이 생리를 잘 관리하고 있는지, 친구들과는 잘 지내는지, 대학 생활을 어떻게 하고 있는지에 대해서는 물어보기가 쉽지 않다. 딸의 사생활 보호, 이웃과의 경쟁심 같은 요인들이 작용하여 10대를 키우면서 부딪히게 되는 수만 가지 어려움을 함께 토로하기가 힘들어진 것이다.

나를 찾아온 카미유 엄마는 딸이 사춘기 발달 과정을 잘 거쳐가고는 있지만 생리에 대한 이야기를 더 해주려고만 하면(탈취제를 쓰는 등의 이야기) 아이가 이야기 주제를 곧 다른 걸로 바꾸어버리려 한다고 했다. 엄마는 학교 보건 시간에 사춘기의 발달 과정을 다루지만 카미유 같은 아이가 그런 시간에 손을 들고 적극적으로 질문하지는 않았을 거라고 생각하고 있었다. 그녀는 딸이 어색해하거나 부끄러워할 상황을 만드는 것은 싫었지만 문제가 있는데도 혼자 끙끙 앓고 있게 놔두기도 싫었다. 하지만 순식간에 일어나는 사춘기의 신체 변화에 대한 대화를 어떻게 성공적으로 이끌어나갈 수 있을지 알 수가 없어 답답해했다.

모든 여자아이가 사춘기를 불편해하는 것은 아니다. 신이 나서 이것저것 물어보며 조언을 구하는 적극적인 아이들도 더러 있다. 만약 당신의 딸이 카미유처럼 그런 대화 자체를 어색해하고 싫어한다면 사춘기에 대해 다룬 적절한 책을 사다 주는 것을 고려해보기를 바란다. 이때 요란하게 책에 대해 떠들거나 책을 읽고 난 소감 같은 걸 이야기하라고 강요해서는 안 된다. 그냥 본인이 겪고 있는 과정에 대해 배워나갈 방법을 하나 제공해준 것으로 만족해야 한다. 카미유 엄마는 이러한 제안을 듣고 책을 몇 권 구매한 후 쪽지를 붙여 아이 방에 놓아두었다.

    책방에서 구경하다 이런 책을 발견했어.
                                      사랑하는 엄마가

부모에게 적극적으로 조언을 구하는 아이의 경우에도 책을 사주는 것은 좋은 방법이다. 본인이 원하는 주제에 대한 부분을 읽은 후에 더 깊은 대화를 원하는 경우 이를 들먹일 테니까.

책을 가져다준 지 며칠 지나지 않은 어느 날 저녁, 카미유는 엄마에게 언제 처음 생리를 시작했고 탐폰을 쓰기 시작했느냐고 물어보았다. 이 같은 딸의 질문을 받은 엄마는 내심 놀랍고도 기뻤지만 질문에 대해 사실에 기반한 답변만 해주고 주제를 넓혀가는 것을 삼갔다. 내가 수년 동안 임상심리전문가로 일하면서 터득한 것을 그녀는 직관적으로 알아차린 것이다. 예민한 주제에 대해 10대와 대화를 나누는 것은 마치 방문을 사이에 두고 대화하는 것과 같다는 사실을 말이다. 카미유는 엄마에게 방문을 아주 약간 열어주었을 뿐이고 엄마는 딸이 허용해준 그 작은 공간만을 활용했다. 만약 엄마가 이때다 하고 딸이 물어보지도 않은 온갖 정보를 이것저것 쏟아냈다면 카미유는 문을 꽝 닫아버리고 다시 열기를 주저했을 것이다.

사춘기에 겪는 육체적 변화에 대해 엄마와 터놓고 이야기하기 껄끄러워하는 아이들은 중립적인 입장의 제3자가 해주는 조언을 환영할 수도 있다. 사업체를 운영하는 여성 사업가로 10대 딸을 둔 어떤 엄마는 동네 백화점에 정찰을 나가 상냥하고 친절한 브래지어 판매원의 업무 시간을 알아보고 미리 도움을 청한 후 그 판매원이 일하는 시간에 맞추어 딸과 백화점에 갔다. 엄마는 혼자 쇼핑을 하고 그 사이 딸은 판매원의 도움을 받아 자기 몸에 맞는 브래지어를 구입한 것이다. 이렇듯 아이가 본인의 몸에 나타나는 변화에 대해 프라이버시를 지키고 싶어 하면 이를 지켜주고 도움을 줄 수 있는 곳과 연결해주는 것도 좋은 방법이다.

딸이 사춘기를 외면하려 한다면

때로 사춘기에 겪는 육체적 변화가 두려운 나머지 이미 시작된 상황을 부인하고 아무 일도 없는 것처럼 행동하는 아이들도 있다. 이러한 아이들의 경우 브래지어나 데오드란트, 샤워, 여드름 관리, 심지어 생리에 필요한 물품을 구비하는 것조차 최소화하거나 거부하는 경우도 있다. 만약 당신의 아이가 사춘기를 무시하면 사춘기와 관련된 주제에 대해 길게 이야기하지 않고자 하는 아이의 바람을 존중하면서 동시에 이 문제를 해결할 방법을 찾아야 한다. 이렇게 한번 이야기해보자.

"지금까지는 엄마가 너를 돌봐왔는데 이제 우리 딸이 스스로 자기 몸을 돌볼 때가 된 것 같네. 여드름이나 생리 같은 게 귀찮은 거 잘 알아. 하지만 피하지 말고 정면 돌파해 하나씩 헤쳐 나가면 훨씬 좋을 텐데."

나는 딸이 다니는 초등학교의 체육관을 돌아보던 중 체육관에서 운동을 하고 있는 열 살, 열한 살 아이들 중에 이미 신체적 변화를 겪고 있는 아이들이 꽤 눈에 띈다는 것을 발견했다. 미 전역에 걸쳐 전문가들이 실시한 대규모 연구 결과에 따르면 가슴 발달로 시작되는 사춘기의 첫 번째 징후가 예전보다 훨씬 더 일찍 나타난다고 한다. 흑인계 미국 아이들의 경우 여덟 살만 되어도 24퍼센트 정도는 가슴이 부풀기 시작하며, 이 비율은 스페인계의 경우 15퍼센트, 백인이 10퍼센트, 아시아계는 2퍼센트라고 한다. 아홉 살이 되면 이 수치는 각각 43퍼센트, 31퍼센트, 18퍼센트, 13퍼센트로 껑충 뛴다.[8] 초경이 시작되는 시기도 마찬가지로 빨라지고 있지만 그리 급격한 양상은 아니다.[9] 어쨌든 100년 전에 초경은 열다섯 살경에 찾아왔지만 이제는 열세 살에게도 흔한 일이 되어버렸다.

내과 의사인 루이즈 그린스펀Louise Greenspan과 심리학자인 줄리아나 디어도프Julianna Deardorff가 쓴 훌륭한 저서 《새로운 사춘기The New Puberty》라는 책에서는 사춘기가 일찍 도래하게 된 요인들에 대해 기술하고 있다.[10] 소아 비만, 호르몬 교란, 화학 물질, 사회적 스트레스 요인 및 심리적 스트레스가 바로 그것이다. 이들은 또한 가난한 지역일수록 이러한 위험 요인들이 더 두드러진다고 했는데 미국 내 소수 민족이 더 사춘기를 빨리 맞는 이유 역시 동일한 것으로 보인다.

내가 아는 한, 정신적 변화보다 신체가 더 빨리 발달하는 경우 당사자는 당황한다. 만약 우리 아이가 자기 몸에서 일어나는 신체적 변화에 대해 당황하며 많은 변화가 너무 빨리 일어난다고 생각하는 것으로 보일 때는 문제를 새로운 시각에서 볼 수 있도록 부모가 도와주어야 한다.

"우리 딸 몸이 이제 성숙해지고 있다는 걸 적극적으로 보여주는 것 같네. 그렇다고 네가 억지로 그것에 따라갈 필요는 없어. 그냥 지금까지 하던 대로 하면 돼. 나중에 천천히 몸과 마음의 박자가 들어맞게 될 거야."

♥ 노출을 즐기는 딸, 걱정해야 할까?

딸이 갑자기 노출을 즐기게 된 이유

고등학교 2학년 때 나는 마빈 게이의 노래 '성적 치유$^{Sexual\ Healing}$'에 빠져 있던 시기가 있었다. 수영 연습을 하러 갈 때와 올 때 나와 친구 낸시는 15분 내내 차 안에서 그 노래만 듣기도 했다. 우리는 그 노래를 열정적으로 좋아했지만 노래에 대한 열정과 실제 성에 대한 우리의 모험심은 아무런 상관관계가 없었다. 수영장으로 오고 가는 차 안에서 우리는 남아돌던 에너지를 노래로 분출시킨 것뿐이다. 그 가수 덕분에 우리는 성적인 성숙 과정에 빠져들어 노래를 통해 어린 시절과의 결별 의식을 무사히 치를 수 있었다.

아동기에서 빠져나오고 싶어 애를 쓰는 여자아이들은 '나이가 드는 것'을 '성에 대한 관심을 갖는 것'과 동일시한다. 낸시와 나처럼 성인들의 성적 취향을 잘 모방하면서 말이다. 이렇게 도발적인 노래를 부르지 않는 경우에는 아주 뇌쇄적인 옷을 입고, 두꺼운 화장을 하고, 남자를 유혹하는 듯한 춤을 추기도 한다. 딸들이 학교에 짧은 옷을 입고 간다고 불만을 쏟아놓는 부모가 드물지 않으며, 행여 나이에 어울리는 옷을 입고 나가더라도 집에서 멀어졌을 때쯤 아이가 치마를 걷어 올리거나, 아예 다른 옷으로 갈아입을지도 모른다고 불안해하는 부모도 많다. 하지만 10대 여자아이들이 섹시한 성인처럼 차려입는다 해도 아이들이 옷차림을 통해 사람들에게 어떤 메시지를 전달하고 있다는 생각은 잘못된 판단이다. 어린 여자아이가 립스틱을 발랐다고 해서 이게 어른처럼 행동하고 싶다는 뜻은 아닌 것처럼, 노출이 심한 옷을 입은 10대 아이들이 본인의 외모에서 보이는 바대로 행동에 옮기겠다는 뜻은 아니다. 여자아이와 10대 여학생은 모두 그저 더 나이 들어 보이는 놀이를 하고 있을 뿐이다.

아니 땐 굴뚝에 난 연기인지 확인하라

딸이 저속하고 성적인 모습을 하고 나타나면 부모는 충격을 받고 심지어 분노가 치밀어 오를지도 모른다. 하지만 성급하게 반응하기 전에 먼저 이렇게 자문해보기를 바란다.

"이거 그냥 연기만 나는 거지? 정말 불까지 난 걸까?"

그냥 연기만 폴폴 나는 것이라는 생각이 들면 애슐리의 사례를 상기해보기를 바란다. 애슐리의 아빠는 딸이 문을 닫기 시작한 행동에 대해 과잉 해석을 하다가 아이에게 상처를 주고 부녀 관계도 망쳐버렸다. 만약 당신의 딸이 옷을 천박해 보이게 입는 데에 탁월한 소질을 발휘했다면 "정말 싸구려 같아 보인다"라고 딸을 쏘아붙이고 싶은 강렬한 충동을 느낄지도 모른다. 부모의 입장에서는 딸을 위해 이런 말을 해주는 것일 수 있지만 대부분의 아이는 부모의 그 같은 언사가 자기를 위한 말이라고 받아들이지 않는다. 아이는 단지 성숙한 어른의 분위기를 풍기고 싶어 그렇게 차려입었을 수도 있고, 잡지나 온라인에서 본 모습을 모방한 것일 수도 있다. 그러니 대신 이렇게 말해보면 어떨까?

"우리 딸이 어른처럼 보이려고 그렇게 입었나 보네. 하지만 그런 옷차림은 열네 살에게는 어울리지 않아."

만약 딸이 항의를 표한다면(십중팔구 뭐라고 반박할 것이다) 한마디 덧붙일 수도 있다.

"그런 차림새로 나가면 사람들이 너에게 성적인 관심을 보여줄 거야. 하지만 우리 가족 누구도 아직 그런 관심을 받아들일 만한 준비가 되어 있지는 않은 것 같은데."

딸의 사생활에 대해 조언하는 방법

여자아이들은 온라인에서 본 이미지들을 본떠 흉내 내기도 하고 온라인상에 외설적인 말이나 이미지를 올려놓고 어린 시절과 결별하는 연습을 하기도 한다.[11] 부모들은 우리 아이는 절대 온라인상에서 그런 언사를 할 애가 아니라는 식으로 말하지만 정말 매력적인 아이가 인터넷상에서는 욕을 입에 달고 살기도 한다.

아이가 온라인상에서 보여주는 행동이 내가 아는 딸의 모습과 다르더라도 인터넷 공간에서 아이가 떠든 내용을 아이의 본모습이라고 지레짐작해서는 안 된다. 그렇다고 손 놓고 가만히 앉아만 있어서도 안 된다. 그럴 때는 온라인상에서 발견한 내용에 대해 아이에게 이야기하고 어떻게 된 것인지 자초지종을 물어보는 것이 좋다.

아이가 있지도 않은 이야기를 떠들어대고 있다는 것을 직접 확인하거나 느낌으로 그렇다는 것을 알게 되면 그러한 부적절한 포스팅을 통해 얻고자 하는 것이 무엇인지 물어보고 대화를 시도하자.

아니 땐 굴뚝에 연기가 나는 건지 아닌지 하는 문제를 넘어서 여자아이들은 일단 온라인상에 들어가면 부모가 허용하지 않을 방식으로 자기를 과시하는 경향이 있다. 만약 당신의 아이가 이러고 있는 것이 발견되거든 디지털 공간에서 수용할 수 있는 것과 아닌 것을 명확하게 설정하여 합의를 도출해야 한다. 10대 아이들은 자신이 올린 글이 어떤 결과를 낳을지 잘 모르기 때문에 온라인상에서 해도 되는 것과 안 되는 것에 대한 분명한 규칙을 부모가 제시해주어야 한다. 또한 이를 위반했을 때에 그에 상응하는 대가를 치르도록 효과적인 벌칙도 강구하는 것이 좋다. 우선 '할머니 법칙'을 적용하도록 한다. "할머니가 보셔도 될까?"라고 자문했을 때 "예"라고 답을 할 수 없으면 올려서는 안 된다. 이 기준을 어기고 자기 멋대로 한 경우에는 한동안 휴대전화 없이 생활해야 한다.

당신의 딸은 외모나 차림새도 그렇고 온라인상에 올리는 글들도 평범할지 모르지만 아이의 친구들 중에는 나이에 맞지 않는 과한 행동을 하는 아이가 있을 수 있다. 그런 친구를 보았을 때는 기회를 놓치지 말고 우리 아이에게 이러한 성인식의 징후가 언제 어디에서 나타날지를 미리 계산해보기를 바란다. 딸 옆에 하이힐을 신은 아이나, 겨우 속옷만 가릴 정도로 짧은 치마를 입은 10대 아이들을 보게 되면 당신은 이렇게 말해도 좋다.

"저 아이들은 정말 섹시하구나. 하지만 엄마는 우리 딸이 이렇게 편한 옷을 입고 있는 게 좋아."

아이 친구들 중 온라인상에서 스물다섯 살처럼 구는 아이가 있거든 이렇게 말한다.

"메건은 정말 이렇게 많은 남자아이와 사귀는 거야? 사실은 아니겠지? 얘 괜찮은 건지 모르겠다. 그리고 이렇게 온라인상에 다 떠들어도 되는 걸까?"

아이에게 엄마는 누구를 판단하려는 것이 아니라 염려하고 걱정한다는 것을 분명히 보여주기를 바란다. 이렇게 하면 아이의 친구들이 연관된 상황을 통해 딸과 여러 가지 대화를 할 수 있는 창을 열어둘 수 있다.

10대 아이의 부모라면 디지털 기기가 사춘기 아이들의 삶에 중요한 역할을 하며 이 덕분에 10대 아이를 키우는 게 더없이 복잡하게 되어버렸다는 사실을 잘 알고 있을 것이다. 디지털 기술이 아이들의 생활과 부모의 역할에 어떤 영향을 미치고 있는지에 대해서는 앞으로 사춘기의 나머지 여섯 가지 특징을 다루면서 계속 살펴보고자 한다.

♥ 부모가 나서야 할 때

성인이 되는 것을 거부할 때

정상적인 10대가 보이는 행동은 타인에게 비정상적으로 보이게 마련이다. 따라서 부모 입장에서는 아이가 진짜 잘못되어가고 있는 것인지 아닌지를 구분하기가 어려울 수밖에 없다. 만약 다 자란 성인이 갑자기 혼자만 있으려 하고, 사랑하는 사람 곁에 딱 붙어 있다가도 바로 다음 순간 상대를 거부하며, 개인위생에 신경을 써야 하는데 이를 무시하고, 새로운 패션을 찾아 끊임없이 시도해본다면 당연히 걱정해야 한다. 하지만 이러한 행동을 10대가 한다면 이는 아동기와 결별하는 과정에서 자연스럽게 나타나는 전형적인 모습으로 볼 수 있다.

그러면 부모들은 10대가 어떤 행동을 할 때 걱정해야 할까? 역설적이지만 아이들이 지나치게 한곳에 집착을 보일 때, 즉 아동기와의 결별 측면에서 보았을 때 성인이 되어가는 것을 지나치게 싫어하는 아이들을 보면 걱정해야 한다.

유독 어린 시절에 집착하며 그 시절에서 벗어나지 않으려는 아이들이 있다. 이런 아이들은 애교도 많고, 붙임성이 있으며, 가족의 품에 폭 안겨 벗어나려 하지 않고, 부모의 말도 잘 듣는다. 상담을 하다 보면 이러한 아이들은 "제길" 같은 욕을 대신 "치"라는 완곡한 표현을 주로 쓰며 엄마에게 모든 일을 다 털어놓는다고 한다.

그러면 나는 아이에게 "그러니?", " 정말?", "왜?"라고 물어보는데 이 "왜?"라는 물음에 대한 답은 여러 가지 형태로 돌아온다. 어떤 아이는 부모가 안고 있는 문제가 너무 커서 자기가 무엇인가를 거부할 수 없는 경우도 있고, 싱글 맘·싱글 대디와 살거나 불행한 결혼 생활을 유지하는 부모와 살면서 한쪽 부모의 모든 고민을 들어주는 창구 역할을 하는 아이도 있다. 이런 경우에는 부모에 대한 아이의 충성심이 압도적으로 커진다. 또 좀 더 극단적인 경우에는 부모가 아이의 성장을 받아들이지 않기도 한다. 이러한 부모들은 아이가 10대가 되었는데도 불구하고 모든 것을 다 해주어 아이의 의존성을 적극적으로 발달시킨다. 심한 경우 대학 졸업 선물로 딸에게 어린 시절 방을 그대로 재현해준 부모도 있었다.

 이러한 유형의 아이들은 나를 찾아올 때 불안, 우울증 중 적어도 한 가지를 호소한다. 불안은 아이가 무의식적으로 분노에 차 있기 때문에 찾아온다. 이런 아이들은 사춘기를 도둑맞은 상태로 살고 있고 이 사실을 인지하고 있으며, 겉으로 보기에 외부 세계를 두려워하고 있는 것으로 보이지만 잘 보면 실은 내부 세계를 두려워하고 있다는 것을 명백하게 알 수 있다. 이 아이들도 친구들처럼 건방을 떨고, 부모를 거부하고 싶은 충동을 느끼지만 이렇게 하면 부모에게 사랑받을 수 없을까 봐 두려워한다. 또 부모와 껄끄러운 관계를 유지해도 될 만큼의 작은 여유도 없이 자란 아이들은 자신에 대해 못마땅하게 생각한다. 즉, "우리 부모님은 힘들어"가 "난 힘들어"로 전환되고, 이러한 우울 성향에 따른 현실 왜곡이 이들에게 현실보다 안전한 도피처가 되어주는 것이다.

이들은 놓치는 것이 있기 때문에 슬퍼한다. 영원히 아동기에 고착된 아이들에게는 청소년기 친구가 거의 없다. 친구들이 이들을 너무 유치하거나 너무 성숙한 아이로 취급하기 때문이다. 아동기와 열심히 결별 중인 아이들은 유치해 보이는 친구와 같이 있고 싶어 하지 않는다. 또한 부모와 애착 관계가 유별난 아이들은 발달 단계에 있는 친구들의 행동을 어른처럼 경직된 시각에서 보기 쉽고, 보통 10대 아이들 입장에서는 이런 친구가 구식으로 느껴질 수 있다. 이러한 아이들은 음주를 경멸하고, 어떤 형태로든 표출되는 10대의 성적인 호기심에 대해 질색한다. 이러니 또래 친구들과 잘 어울리기 힘든 것이다.

만약 딸이 이런 성향을 보인다면 한 발짝 뒤로 물러서서 왜 우리 아이가 아동기에 집착하는지 그 원인을 생각해보기를 바란다. 건강한 사춘기를 보내기 위해서는 충족되어야 할 조건이 있는데 그중 하나가 '자식의 거부를 감당할 수 있는 부모'이다. 콘크리트 수영장처럼 부모가 단단해야 하는 것은 아니지만 어느 정도의 견고함은 필요하다. 딸에게 감정적으로 의지하며 사는 엄마나 아빠는 이제부터라도 딸 대신 믿고 의지할 수 있는 친구나 어른을 찾아보기를 바란다. 심리치료사도 좋다. 아이가 부모에게 어느 정도로 조율되어 있느냐에 따라 다르지만 부모가 따로 의지할 수 있는 사람을 찾으면 아이도 이제 엄마가 다른 지원군을 찾았다는 것을 감지하고 조금씩 자유로워질 수 있다.

'내가 엄마에게 의존하는 걸 엄마가 좋아하고 엄마는 이걸 필요로 해'라고 아이가 생각하고 있다고 의심되는 경우, 부모는 아이의 이런 생각을 바꾸어주어야 한다. 아이가 독립적으로 성장해가면 축하와 격려를 해주고, 자꾸 부모에게 의존하려 할 때는 왜 그러는지 물어보아야 한다. 또 부모 자신이 아이가 자라는 걸 받아들이지 못하는 건 아닌지 생각해보고 이 때문에 아이가 희생되는 것은 아닌지 판단해보아야 한다. 무슨 짓을 해도 계속 아이가 엄마에게 집착하는 경우에는 전문가를 찾아가 도움을 받기를 바란다.

톨스토이가 말한 대로 행복한 가정은 비슷비슷하지만 불행한 가정은 다 나름의 이유가 있다.[12] 큰 고통을 받고 있는 아이들의 경우에는 이들이 처한 각각의 특수한 상황에 맞는 치료가 필요하다. 본 책에서는 평범한 10대 아이들과 그 부모들이 겪는 평범한 사춘기 발달 과정에 대한 문제를 다루고자 한다.

서둘러 어른이 되려고 할 때

우리는 너무 빨리 어른이 되려고 하는 아이들에 대해서도 관심을 기울여야 한다. 여기에서 너무 빨리 어른이 되려고 하는 아이들이란 열네다섯 살짜리 아이가 성관계를 맺거나 술이나 담배를 해보는 경우를 의미한다. 불행히도 10대 아이들은 빨리 어른으로 가는 길에 들어선 친구들에게 압도당하거나 현혹되기 때문에 전문가들이 소위 '가짜 성숙pseudomature'이라고 부르는 행동을 하는 아이들이 친구들 사이에서는 일종의 인정을 받는 게 현실이다. 하지만 연구 결과를 보면 이렇게 앞서가는 아이들은 결국 천천히 성장하는 친구들보다 법에 저촉되는 짓을 할 확률이 훨씬 높다.[13]

그러면 어린 나이에 성관계와 마약, 음주를 시도해볼 가능성이 높은 아이들은 어떤 아이들일까? 심리학에서는 집안에 문제가 많거나 부모 중 어느 한쪽과도 친밀한 관계를 형성하지 못한 아이들을 꼽는다.[14] 어려운 가정에서 자란 아이일수록 어릴 때 위험한 행동을 하게 될 가능성이 높다는 상관관계는 부모의 관리와 관심 부족에 기인한다. 가난에 허덕이는 부모, 개인적인 문제로 힘들어하는 부모, 기타 주요 스트레스 요인들로 인해 방과 후 딸의 시간을 체계적으로 채워주지 못하거나 아예 옆에 있어주지 못하는 부모들이 이에 속한다. 이렇게 혼자 남은 아이는 종종 외로움을 느끼고, 따라서 자극을 찾아 나서게 되는 것이다.

중학교 2학년 여학생 에이바는 바로 이렇게 부모와의 연결 고리가 끊긴 가정에서 웃자란 아이의 표본이었다. 어느 날 평상시처럼 늦게까지 일하고 돌아온 에이바의 부모는 아이가 화장실에서 변기를 붙잡고 토하고 있는 모습을 보았다. 바로 옆 바닥에는 딸의 친구가 널브러져 있었다. 엄마 아빠가 늦게 들어온다는 것을 알고 아이가 친구를 불러 폭탄주를 만들어 마신 것이다.

상담실에서 처음 만났을 때 에이바는 부모가 앉은 소파에서 멀찍이 떨어져 혼자 앉아 있었다. 나는 화가 나서 아무 말도 못 하고 씩씩거리는 아이의 부모와 같은 소파에 앉았다. 에이바는 눈썹을 아치 모양으로 아주 예쁘게 정리한 아름다운 여자아이였다. 에이바의 부모는 머리에 끼고 있던 선글라스를 벗어서 안경다리 한쪽 끝을 질경질경 씹고 있는 딸을 째려보고 있었고, 에이바도 부모를 마주 째려보고 있었다.

우리 네 사람 사이에 흐르는 침묵을 깨고 에이바의 아빠가 어떻게 나를 찾아오게 되었는지 상황을 설명하기 시작했다. 말을 마치기 직전에 그는 이렇게 덧붙였다.

"글쎄 그 친구는 거의 죽을 뻔했어요."

에이바의 엄마도 이렇게 거들었다.

"우리는 쟤를 위해서 이렇게 열심히 일하는데, 쟤 하는 짓 좀 보세요."

그러자 에이바도 지지 않고 비이성적이고 자기중심적인 논리를 펼쳤다.

"엄마 아빠가 정말 나를 위한다면 내가 원하는 걸 하도록 내버려두세요."

화가 나고 기가 막힌 에이바의 아빠는 내 쪽으로 몸을 돌리더니 이렇게 말했다.

"글쎄, 쟤가 우리한테 고등학생들이 하는 파티에 데려다 달라는 거예요."

에이바의 엄마는 아무 말 없이 딸을 쳐다보고 있었는데 나는 그때 부부의 모습에서 모든 것을 읽을 수 있었다. 부모는 가정을 위해 장시간 힘들게 일하느라 미처 딸을 돌보지 못했고, 에이바는 그 형편에 다시 살 수 없는 선글라스를 지근지근 씹어 망가뜨리고 있었다. 마치 이런 자리에서는 그런 짓을 해도 엄마가 야단을 칠 수 없다는 사실을 즐기고 있는 듯했다.

눈앞에서 벌어진 광경을 바라보며 나는 내 상담실에서 훨훨 타고 있는 이 분노의 불길이 고립감으로 인한 아이의 고통과 딸의 안전에 대한 부모의 애타는 마음이 더해져 생긴 것임을 알 수 있었다. 그리고 에이바 가족이 치료 과정을 거치며 이 사실을 깨닫게 되기를 바랐다.

가족끼리 서로 화목하게 지내고 엄마 아빠가 아이를 잘 훈육하며 관리해도 부모가 스트레스를 받는 상황이 되면 아이들이 문제를 일으킬 가능성이 높고, 경제적 빈곤 때문에 부모 자식 관계가 꼬일 수 있다는 것을 보여주는 증거는 많이 있다.[15] 한편 부유한 가정의 문제는 심리학자들에게 상대적으로 간과되었던 것이 사실이다. 가족의 저녁 식사 연구를 진행했던 심리학자 수니야 루서는 이렇게 말했다.

"소득 수준이 낮을 때 아이를 향한 부모의 보살핌도 부족하다는 등식이 성립한다면, 소득이 풍부할 때 부모의 보살핌도 풍족해진다는 추론이 성립될 것이다."[16]

하지만 실제 연구 결과는 그렇지 않았다. 최근에 실시된 연구 결과, 부는 아이를 부모로부터 육체적·정서적으로 고립시킨다고 한다. 소득이 많은 부모는 아이와 있는 대신 일을 하러 집을 비우는 편을 선택하며, 대신 유모, 가정교사와 가정부를 고용해 아이를 키운다. 이 경우 부모의 부재가 아이의 정서적 결핍 및 약물 사용으로 이어질 수 있다.[17] 다시 말해 부자 부모를 둔 10대에 비해 중산층이하의 가정에서 사는 10대가 부모와 집에서 보내는 시간이 더 길다.

부모와 친근한 관계를 맺지 못한 여자아이는 이를 채워줄 수 있는 대안을 찾아 나선다. 자연스럽게 자기보다 나이 많은 선배 10대나 집이 비어 있는 다른 친구들과 어울릴 것이다. 아니면 대중매체를 보고 자란다. 대중매체가 사춘기 아이들의 정서와 사고에 어떤 영향을 미치는지에 대해 연구한 선도적인 연구자이자 심리학자인 모니크 워드Monique Ward는 "같이 시간을 보낼 사람이 없어 텔레비전을 친구 삼아 지내는 10대는 여성을 성적인 목적물로 볼 가능성이 더 크고, 성적인 텔레비전 프로그램을 보는 시간이 길면 길수록 성적 행위를 실천해볼 확률이 높다"라고 말한다.[18] 결론적으로 부모가 옆에서 딸들을 잘 돌보지 않으면 성적인 내용으로 가득한 매체가 부모 역할을 대신할 것이다.

이 글을 읽으면서 아이가 걱정되거든 이렇게 자문해보기를 바란다. 우리 딸이 어디서 뭘 하고 있는지 나는 잘 알고 있는 편인가? 나는 아이랑 끈끈하게 연결되어 있나? 같이 저녁을 먹는 날이 더 많은가, 그렇지 않은 날이 더 많은가? 만약 이러한 질문에 "예"라는 답이 안 나오거든 아이와 더 많은 시간을 보내기 위해, 관계를 더 돈독히 만들기 위해 애써보기를 바란다.

만약 아이가 이미 나이 많은 아이들과 어울려 다니기 시작했으면 같은 나이대 친구를 찾아주거나 좋은 역할을 해줄 어른을 찾아보기를 바란다. 아이와 다시 가까워지고자 하는 노력이 수포로 돌아가거나 아이를 그 집단에서 떼어놓기 힘든 상황이라면 아이를 계속 봐온 학교 상담 선생님, 임상심리전문가(10대 전문 임상심리전문가는 아이의 정신 건강을 회복시켜주는 데 좋은 역할을 해줄 수 있다)를 찾아가 도움을 청해보자.

<u>성적인 내용으로 뒤범벅된 매체를 못 보도록 아예 금지해도 아이는 어떻게 해서든 그 매체를 볼 것이다. 그래도 당신은 노골적인 내용에 딸이 노출되지 않도록 최대한 노력하되 아이가 보고 있는 것을 활용해 비판적 안목을 키워주기를 바란다.</u> 아이가 텔레비전이나 노트북 화면을 볼 때는 소파 옆자리에 앉거나 같이 화면을 보면서 "쉬려고 생각 없이 컴퓨터를 즐기는 건 좋아. 하지만 이렇게 여자를 섹시하고 멍청하게 그려놓은 프로그램은 정말 안 좋은 거 알지?"라고 말을 걸어보자. 아이가 이상한 표정을 지으며 쳐다볼 수도 있지만 신경 쓰지 마시길. 여자아이들은 귀로 들으면서 동시에 눈동자를 굴릴 줄 아니까.

어떤 부모들은 아이의 발달 과정을 달리기 경주처럼 생각해 아이들에게 어른의 차림새를 권하는 경우도 있다. 하지만 그렇게 한다고 아이가 진짜 어른이 되는 것이 아니다. 정상적인 발달 과정은 본인의 강력한 내적 힘을 활용하여 사춘기의 발달 과정상 특징을 헤쳐 나갈 때 진행되는 것이다. 이러한 것들은 본인 스스로 헤쳐 나가야 하며 때로는 이를 위해 생각보다 더 많은 자유나 권리를 필요로 하기도 한다. 아이들이 너무 빨리 가려 하는 경우에는 우리가 뒤에서 속도를 조절해주어야 한다. 만약 이러한 긴장 상황이 익숙하게 느껴진다면 그것은 바로 당신의 딸이 본인의 발달 과정을 잘 헤쳐 나가는 중이며 당신 또한 부모로서 해야 할 일을 잘하고 있다는 의미이다.

제2장

'10대라는 새로운 부족'에 합류하는 단계

    조엘과 처음 내 상담실에서 마주 앉았을 때 학교 방송실에서 틀어주는 음악은 들리지 않았다. 요정같이 귀여운 중학교 3학년 여학생 조엘이 문틈으로 내 책상을 빠끔 들여다보며 이렇게 물었다.

    "저, 뭐 하나 말씀드리고 싶은 게 있는데 시간 괜찮으세요?"

    나는 "물론이지"라고 답했다. 그러고는 방문객이 있을 때 사용하는 의자 쪽으로 자리를 옮겨 조엘과 마주 앉았다.

    "그래, 무슨 일인데?"

    나는 미리 약속을 잡지 않고도 언제든 방문해도 좋다는 뜻을 분명히 전하고 싶은 어조로 말했다.

    "이제 축구를 그만두어야 할 것 같아서요. 다섯 살 때부터 축구를 했는데 이제는 시간을 내기가 어려워졌거든요. 전체적으로 학교 성적은 괜찮아요. 하지만 뒤처지는 건 싫어요. 축구 연습도 예전보다 훨씬 힘들어져서 집에 오면 너무 피곤하고, 주말에 축구하고 토론 그룹 친구들이랑 만나서 수업을 준비하면 하루가 다 가요. 그러다 보니 잠잘 시간이 부족해서 축구를 그만두어야겠구나 싶긴 한데…….”

“정말 힘들겠구나. 그런데 축구를 그만두기 어려운 이유는 뭔데?”

보통 10대 여자아이들과 마찬가지로 조엘은 두 가지 의미를 한꺼번에 실은 눈빛으로 나를 쳐다보았다. ‘정말 그 이유를 모르세요?’라는 눈빛과 ‘진짜 저를 도와주시려는 것 같으니 그런 걸 모르는 것쯤은 용서해드리죠’라는 눈빛.

“친한 친구들이 다 축구부에 있거든요.”

그 답을 듣는 순간, 나는 ‘정말 그 이유를 모르세요?’라는 눈빛의 의미를 이해했다. 친한 친구들과 멀어질 것이므로 축구를 그만두기가 어려운 것이었다. 이는 조엘이 두 번째 발달 단계에 접어들었다는 증거였다. ‘가족이라는 부족을 떠나 10대라는 부족에 합류하는 단계’ 말이다. 대부분의 여자아이는 사춘기에 접어들기 전까지 부모 형제와의 친밀한 관계를 즐기며 가족이라는 울타리 안에 머물다가 사춘기 말쯤 되면 부모와의 관계가 소원해지고 친구들과의 관계는 끈끈해진다.

새로운 부족에 쉽게 합류하는 아이도 있고 아닌 아이도 있다. 일단 중학교에서 친한 친구 두어 명을 확보해 고등학교를 마칠 때까지 계속 함께하기도 하고, 조엘처럼 취미가 같은 친구들과 어울리기도 한다. 대부분의 10대는 새로운 부족에 합류할 때 쉽게 답이 나오지 않는 질문을 자신에게 던진다. 이 아이들 괜찮은 아이들인가? 얘들이 나를 좋아할까? 나하고 잘 맞을까? 이 아이들이 내가 바라는 그런 이상적인 친구들일까? 더 나은 아이들을 찾아볼까? 이 아이들과 어울리면 어떤 점이 좋고 어떤 점이 나쁠까? 이 아이들 중에 마음에 안 드는 애가 있으면 어떻게 하지?

10대에게 친구들과의 동료애가 얼마나 중요한지는 아무리 강조해도 지나치지 않다. 아이들은 그냥 친구를 만들려는 게 아니다. 아이들은 지금 막 떠나온 가족이란 부족을 대체해줄 수 있는 새 부족을 찾고 있는 것이다. 이 새 부족은 '나의 부족'이라고 선언하기에 부끄러움이 없어야 한다. 만약 이를 해내지 못하면 아이들은 그냥 가족의 품으로 돌아가거나 험한 세상을 혼자 힘으로 헤쳐 나가야 한다. 또 중요한 것은 이렇게 속하게 된 부족이 아이의 관심사와 학업 성적, 사회적 신분, 자신에게 부여하는 가치, 심지어는 위험을 감수하는 행동까지도 결정하게 된다는 사실이다. 이렇게 생각하니 조엘의 딜레마가 이해되었다. 축구부를 떠날 경우 아이는 옛 부족에서 멀어질 것이다. 이러한 상황은 주로 고등학교 입학 초기에 발생하는데 이 시기는 바로 사회적으로 속한 부족이 달라지는 전환기이기도 하다.

새로운 부족으로 합류한다는 사실 자체는 아이들에게 아주 중요하기 때문에 친구와 사이가 나빠지면 아이들은 크게 상처를 받는다. 딸들이 이러한 사회적인 스트레스를 잘 극복해나가려면 우리가 어떻게 해주어야 하는지를 생각해보기 전에 먼저 '갈등'과 '집단 괴롭힘'이라는 용어부터 정리해보자. 다른 세대도 마찬가지이지만 10대 간에는 마찰이 갈등을 부른다. 사람이 사회생활을 하다 보면 갈등을 겪게 마련이다. 이러한 면에서 볼 때 갈등은 감기와 같다. 물론 감기에 걸렸을 때와 마찬가지로 갈등을 해결하거나 갈등이 악화되는 것을 막기 위해 우리는 조치를 취할 수 있다.

반면 집단 괴롭힘은 폐렴과 비슷하다. 집단 괴롭힘 피해자는 다른 친구들에게 계속해서 부당한 대접을 받으며 자신을 지키기 힘들어한다. 집단 괴롭힘은 정말 심각한 문제이기 때문에 적극적으로 나서서 해결해야만 한다. 폐렴과 마찬가지로 그대로 놔두면 정말 심각한 상처로 이어질 수 있으며 그 상처는 쉽게 복구할 수 없다. 하지만 집단 괴롭힘에 너무나 민감한 우리 문화권에서는 이에 대해 과잉 진단을 내리는 경향도 있다. 아이들 간에 발생할 수 있는 불편한 상황마저도 집단 괴롭힘으로 몰고 가버리는데, 일단 이렇게 오진이 내려지면 이는 잘못된 치료로 이어진다. 갈등을 집단 괴롭힘으로 간주하고 치료하는 것은 마치 감기에 걸린 환자에게 엄청난 항생제를 투약하는 것과 같다. 반대의 경우도 마찬가지이다. 집단 괴롭힘을 마치 매일 일어나는 갈등인 양 처리하면 이것 역시 폐렴 환자에게 감기약을 주는 것과 같다.

다행히 아이들 사이에서는 집단 괴롭힘보다는 갈등이 훨씬 흔하게 나타난다. 하지만 사춘기 여자아이들에게는 동기들과의 갈등도 견디기 힘든 일이다. 따라서 이번 장에서는 우리 딸들이 그룹에서의 생활을 잘 유지하면서 스트레스와 갈등을 관리하도록 우리가 어떻게 도와줄 수 있는지를 중점적으로 다루어보도록 하겠다. 이번 장의 '부모가 나서야 할 때' 부분에서는 아이가 집단 괴롭힘을 당하거나 다른 친구를 괴롭히는 경우 어떻게 해야 할지를 다루고자 한다.

♥ '인기'라고 하는 허상에 끌리는 아이들

여자아이들이 인기에 집착하는 이유

카미유 엄마와 나는 매주 화요일에 이루어지는 상담 일정에 서로 익숙해져가고 있었다. 그렇게 넉 달 정도의 시간이 흐른 2월의 어느 날, 그녀는 카미유의 학교생활에 대해 걱정을 내비쳤다. 겨울 방학이 끝나자 카미유가 다니는 학교의 점심시간 일정이 바뀌는 바람에 초등학교 4학년 때부터 친하게 지내왔던 사라와 더는 점심을 같이 먹을 수 없게 되었다는 것이다. 카미유는 최근 가까워진 친구들 이야기를 많이 했는데 그 친구들은 학교에서 꽤 인기가 있는 무리로 그중 한 아이가 카미유에게 같이 점심을 먹자고 한 게 계기가 되어 친해지게 된 모양이었다. 카미유는 인기 있는 무리와 가까워져 신이 나 있었지만 엄마는 작년에 그 아이들이 다른 학우들을 따돌리고, 일부 여자아이들에게는 '괴물'이라는 별명을 지어 놀렸다는 걸 잘 알고 있었다.

카미유 엄마는 토요일에 딸과 언쟁을 벌인 사연을 내게 들려주었다. 새로 사귀게 된 무리 중에 '라이나'라는 아이가 있었는데 이 라이나가 카미유를 자기 집으로 초대했다. 하지만 라이나가 제안한 토요일에는 이미 사라와 영화를 보기로 약속을 잡아놓은 상황이었다. 카미유는 엄마에게 사라와의 약속을 깰 구실을 대달라고 부탁했다. 엄마는 딸에게 사라와의 약속을 지키는 게 옳은 일이라고 주장했고, 카미유는 결국 사라와 영화를 보러 갔지만 엄마가 영화관까지 차로 데려다주고 또 집으로 데려오는 동안 단 한 마디도 하지 않았다.

엄마는 그런 식으로 친구를 저버리려는 딸의 행동에 아연실색했다. 나는 그녀의 심정을 충분히 이해했지만 '인기'라고 하는 힘에 이끌리는 건 카미유만이 아니라고 강조했다. 여자아이들은 원하는 부족에서의 자리를 보장받는 '사회적인 인정'을 가치 있게 여긴다. 가족들과 거리를 두기 시작할 무렵의 여자아이들에게 '인기'라고 하는 관념이 매력적으로 다가오는 것은 결코 우연이 아니다. 가족들과 멀어진 상태에서 어디에도 소속되지 못할지 모른다는 두려움으로 인해 아이들은 '인기'라고 하는 관념과 여기에 같이 딸려오는 사회적인 관계를 좇는 것이다. 사실, 여학생들이 만드는 드라마의 대부분은 아이들이 어떤 그룹에 속하기 위해 노력하는 와중에 생기는 일이라고 보면 이해할 만하다.

인기의 실체

또래 동기들 간의 관계에 대해 연구한 학자들에 따르면 또래 집단에서의 인기에는 두 가지가 있다고 한다. 첫 번째는 착하고 재미있는 친구를 기술하는 인기이며, 두 번째는 사회적인 영향력은 강하지만 사실 반 아이들은 싫어하는 친구를 기술하는 인기이다.[1] 해당 연구 내용을 한번 들여다보자. 연구진들은 여학생들에게 같은 반 여학생 목록을(남학생에게는 같은 반 남학생 목록을) 나누어준 뒤 가장 좋아하는 친구 세 명과 가장 안 좋아하는 친구 세 명을 적도록 했고, 또 가장 인기 있다고 생각하는 친구들을 표시하도록 했다. 연구 결과 '아이들이 좋아하는 친구'가 '가장 인기 있다고 생각하는 친구' 목록과 일치하지 않으며 또 '가장 인기 있는 친구'로 꼽힌 아이가 '아이들이 좋아하는 친구'는 아니라는 사실을 발견했다. 아이들은 '싫어하지만 인기 있는 친구'라고 지목한 아이를 '제멋대로며, 공격적이고, 건방을 떠는 아이'라고 묘사했다. 반면, '좋아하지만 인기 없는 친구'는 '착하고 믿을 수 있다'라고 기술했다.[2] 그리고 '아이들이 좋아하면서 인기도 있는 아이들'이 있었는데 이 아이들은 '상냥하고 신뢰할 수 있으며 동시에 남들에게 잘 휘둘리지 않는다'라는 특징이 있었다.[3] 다시 말해 반 친구들이 좋아하면서도 인기 있는 아이들은 착하고 친절하면서 동시에 자기주장을 할 줄 알았다. 또 이 연구를 통해 밝혀진 것은 10대가 '인기'라는 말을 쓸 때는 두 가지 인기 중 후자, 즉 사회적인 영향력은 강하지만 사실 친구들은 싫어하는 아이를 의미할 확률이 높다는 것이었다. 어른들은 친구들에게 못되고 비열하게 구는 아이를 많이 피할 것이라고 생각하지만 불행히도 현실은 그 반대다. 친구들에게 못되게 구는 아이는 나쁜 대접을 피하려고 모여드는 아이들에게 둘러싸인다. 그리고 목표물이 되고 싶지 않은 나머지 친구들은 이 아이를 두려워하며 비위를 맞춘다. 여자아이들 사이에 일어나는 못된 짓이란 욕을 하고 신체적인 위협을 가하는 것도 포함하지만 소문을 퍼뜨린다거나 따돌리기, 다른 친구와의 관계를 망치는 등 목표물을 괴롭히는 간접적이면서도 강력한 방법을 주로 쓴다.[4] 간단히 말해 못되고 비열한 아이는 사춘기 또래 친구들이 가장 중요하게 생각하는 '소속감'을 위협하는 식으로 자기의 권력을 유지한다.

여자아이들의 경우 이렇게 비열한 방법으로 획득한 사회적인 권력을 영원히 유지할 수는 없다. 고등학교 1학년쯤 되면 대부분의 여자아이는 친구 관계가 공고해지고 계속 못된 짓을 하는 아이를 무시하거나 고립시켜버린다. 하지만 이제 막 가족이라는 그룹을 떠난 중학교 1학년 정도의 아이들은 그렇지 않다. 이 나이대의 아이들은 새로운 부족에 합류하기 위해서 필요하다면 나쁜 짓을 할 의향도, 나쁜 짓을 하는 아이를 참아낼 의향도 충분히 있다.[5] 중학교 1학년 아이들이 모두 이런 식으로 사회적 관계를 유지하는 것은 아니지만 이 시기에 아이들의 비열함이 극에 달하는 것만큼은 확실해 보인다.

그럼 왜 하필이면 중학교 1학년 때일까? 과학적으로 증명할 수 있는 것은 아니지만 나는 신경정신의학적으로 이 시기가 우리 두뇌의 '사회 권력 활용과 남용법'이라는 스위치에 불이 들어오는 시기라고 생각한다. 그리고 '사회 권력 활용과 남용의 결과 예측'이라는 신경 스위치는 중학교 2학년 이후에나 불이 들어온다. 이 중학교 1학년들의 사회적 역학 관계는 국회의사당을 배경으로 두 명의 정치인을 그린 〈뉴요커New Yorker〉의 풍자만화에 절묘하게 묘사되어 있다. 이 만화에서는 한 정치인이 동료에게 이렇게 말하는 문구가 실려 있었다.

권력을 잡은 걸 어떻게 알 수 있어? 그걸 남용하지 않으면 말이야.[6]

나는 종종 부모들에게 '인기'라는 용어가 의미하는 바를 해부해 볼 기회가 올 때 이를 잘 잡아 활용하라고 권한다. 보통 10대가 "누구누구는 인기가 많아"라고 할 때 그 말은 "그 애가 권력을 쥐고 있어"라는 의미이고, 그 아이가 못된 짓을 할 준비가 되어 있으며, 모두가 그 사실을 알고 있다는 뜻이다. 만약 당신의 아이가 "누구누구는 인기가 많아"라고 한다면 이렇게 물어보기를 바란다.

"인기가 많은 거야, 아니면 권력이 있는 거야? 아이들이 걔를 좋아해, 아니면 무서워해?"

우리는 딸이 '인기'라고 하는 허상이 아닌 실체를 볼 수 있도록 도와주어야 한다. 또한 우정에 관한 한 '양보다 질'이라는 점을 지적해주는 것도 좋다. 연구 결과 가장 행복한 10대는 친구가 많은 아이가 아니라 단 한 명이라도 든든한 친구를 가진 아이라고 한다.[7] 이를 뒷받침해주는 한 가지 설은 이렇다. 인기는 어떻게 얻은 것이든 사람을 피곤하게 한다. 대규모 그룹의 중심에 있는 아이는 관리해야 할 사람이 많고 이에 따라 갈등을 겪게 될 상황도 많아진다. 파자마 파티를 할 친구를 두 명만 데려오라고 엄마가 허락한다고 가정해보자. 아이는 친구를 선택하는 데 신중을 기해야 하고, 또 초대받지 못한 친구들이 기분 상하지 않도록 관리할 방법도 고안해야 한다. 게다가 사회적으로 충족해야 할 요구가 많기 때문에 문화인류학자들이 '지속 가능한 일상생활sustainable routines'이라 부르는 측면에서도 부하량이 많이 걸린다.[8] 인기 있는 아이들은 누구랑 영화를 보러 갈지 결정할 때 복잡한 계산을 많이 해야 하고, 또 친구가 토라지면 이를 해결하러 뛰어다녀야 한다. 반면 친한 친구를 한두 명만 거느린 아이들은 소수의 친구를 믿고 의지하면 되므로 복잡한 계산을 할 필요가 없다.

딸의 친구들을 효과적으로 비평하는 방법

카미유 엄마와 나는 비록 카미유가 인기 있는 아이들 쪽으로 마음이 기울었지만 그래도 사라와의 우정을 지지하기로 결정을 내렸다. 우리는 카미유가 사라를 저버린다면 그 자체로도 큰 불행이며 그 후에 새로 사귄 친구들과 관계가 멀어졌을 때 상황은 더 악화될 것으로 판단했다. 엄마는 기회가 오면 카미유에게 "네가 새로 사귄 친구들을 좋아하는 건 알겠는데 지난 주말 그 친구들 전화를 기다리면서 애간장을 태우는 것 같더라. 사라가 그 아이들만큼 재미는 없을지는 몰라도 엄마는 네가 사라랑 있을 때가 훨씬 편안해 보여. 사라한테 우리 집 와서 놀자고 할까?"라고 말할 계획을 세워두었다. 우리는 카미유가 그런 말을 듣는다 한들 인기 있는 아이들을 저버리고 당장 사라에게 마음이 돌아설 것이라고는 생각하지 않았다. 하지만 중요한 것이 무엇인지 엄마가 제시해주는 것이 바람직하다고 믿었다. 오래된 좋은 친구 한 명이 인기 있는 새 친구 열 명보다 나은 법이니까.

엄마는 새로운 친구들의 나쁜 과거를 카미유에게 말해주고 싶은 마음이 굴뚝같았다. 하지만 나는 그것이 좋지 않은 생각이라고 했다. 당신은 10대 여자아이들이 많은 변화를 겪는다는 점을 잊어서는 안 된다. 부모가 흉을 보았던 아이가 결국 딸과 절친한 친구가 된 경우를 나는 많이 보았다. 만약 딸 친구들을 비평하고 싶거든 그 아이가 나쁜 아이이기 때문이 아니라 아마 복잡하고 어려운 상황에 처했기 때문에 그런 짓을 했을 거라는 어조로 말하는 것이 좋다. 그다음 상담 시간에 카미유 엄마는 딸과 함께 드라마를 보다가 여자아이들이 뒤에서 남의 흉을 보는 장면이 나와 이렇게 말했다고 했다.

"엄마가 학교에 다닐 때 '저런 애는 나랑 안 맞아'라는 식으로 뒤에서 남의 흉을 보고 따돌리면서 자기 자리를 굳히려는 아이들이 있었어. 그건 성숙한 짓이라고 볼 수 없어. 우리 딸은 그러지 않아서 정말 기특해."

이런 말을 함으로써 그녀는 딸의 새로운 친구들에 대해 직접적인 비난도 하지 않으면서 아이의 행동에 대한 기대치를 올려놓았다.

♥ 10대 부족 내의 싸움

단호하지 못한 여자아이들

카미유가 새로 사귄 친구들과 어울리기 위해 자기를 도외시한다는 사실을 사라가 깨닫기까지는 그리 오래 걸리지 않았다. 기분이 상한 사라는 반 친구들에게 카미유가 3학년 때까지 이불에 지도를 그렸다는 소문을 퍼뜨렸다(이건 사실이었지만 비밀을 지키기로 약속하고 터놓은 일이었다). 이 일을 알게 된 카미유는 새로 사귄 친구들과 수업 시간 중에 쪽지를 주고받으며 사라를 '나쁜 년'이라고 욕했고 이 쪽지를 압수한 선생님은 쪽지 내용을 확인하고 집에 연락을 취했다. 엄마가 학교에 다녀온 카미유에게 이 문제를 채근하자 아이는 자기가 이불에 지도를 그린 이야기를 사라가 학교에 퍼트렸기 때문이라고 말했다.

여자아이들은 부족원에게 배신을 당했을 때 상당히 거칠어질 수 있다. 사라가 기분이 상한 것은 충분히 이해하지만 바람직하지 않은 방식으로 자기 기분을 표현하고 대응한 것은 사실이었다. 이 아이들의 행동은 정당화할 수 없지만 그 기제는 설명해볼 수 있다. 우리는 친구끼리 기분 상하는 일이 있을 때 어떻게 해야 하는지에 대해 아이에게 올바르게 지도해주고 있지 못하다. 아이들이 보고 배우는 것이라고는 신데렐라같이 당하거나 신데렐라의 언니들처럼 상대를 짓밟는 모습뿐이다. 우리는 아이들에게 '단호함'이라는 것을 가르치지 못하고 있다. 타인을 존중하면서도 자기 의견을 확실하게 개진하는 자세 말이다. 우리는 아이에게 항상 친절해야 한다고 가르치며 아이가 어른이 받아들일 수 없는 행동을 하면 의아해하고 놀란다. 성인이 된 여성들도 "자기주장만 밀어붙인다", "거만하다"라는 말을 듣지 않고 본인의 의견을 단호하게 주장하는 법을 알지 못한다.

어떻게 단호함을 가르칠 것인가?

딸들에게 단호함을 가르치는 데는 시간이 걸린다. 단호한 태도를 가르치는 첫 단계는 아이들로 하여금 자신이 느끼는 부정적인 느낌을 인정하고 받아들이게 하는 것이다. 카미유 엄마는 딸이 자신의 잘못을 인정하지 않자 다시 나를 찾아왔다. 우리는 카미유의 행동이 도를 넘었다는 것에 동의했다. 나는 일단 카미유가 본인의 느낌과 생각을 행동과 분리하도록 도와주어야 한다고 제안했다. 그날 밤 카미유 엄마는 딸에게 이렇게 말해주었다.

"사라가 한 짓 때문에 네가 정말 화가 난 거 이해해. 하지만 그렇다고 네 감정을 그런 식으로 표출하는 것은 옳지 않다고 봐."

어른이 이런 식으로 생각을 행동과 분리해서 이야기해주면 10대는 고마워한다. 누구나 기분 나쁠 때가 있고, 이는 삶에서 어쩔 수 없는 부분이다. 제3장 '감정 조절에 어려움을 겪는 단계'에서는 이러한 내용을 다루도록 하겠다. 아이들은 이러한 심리적 불편함을 통해 배우고 자란다. 단, 느낌과 생각이 우리의 행동을 지배하도록 해서는 안 된다. 느낌과 생각은 단지 우리 행동에 정보를 주는 참고용에 그치도록 해야 한다.

카미유가 행동에 나서기 전에 엄마에게 의견을 물었으면 엄마는 사라와 터놓고 말해보기를 권하며 실제 해야 할 말을 같이 생각해주었을 것이다.

"네가 내 비밀을 다른 아이들에게 말한 걸 알고 정말 마음이 아팠어. 네가 화난 건 알겠는데 이런 식 말고 다른 방식으로 나한테 알려주었으면 좋았을 텐데."

하지만 실제 상황에서 이렇게 자기 생각을 차분하게 전달할 수 있는 어른은 얼마 되지 않고, 10대의 경우는 더욱 그렇다. 딸이 부모의 조언을 새겨듣지 않거나 이미 시기상 너무 늦어버렸을지라도 어른이 충동적으로 행동하는 대신 신중하게 처신하는 모습을 보여주면 아이들은 많은 것을 배운다. 부모는 아이의 감정을 충분히 인정해주고, 동시에 상황에 대해 부정적으로 생각하고 있다는 느낌을 자제하는 상태에서만 딸에게 이런 자세를 코치할 수 있다는 것을 잊지 말아야 한다. 이렇게 성숙하고 단호한 태도에 대해 대화를 나누다 보면 다음에 그러한 기회가 생겼을 때 아이들은 감정을 자제하고 좀 더 적절한 대응을 할 수 있게 될 것이다.

딸이 자신에게 못되게 구는 아이가 있다는 이야기를 하면 이러한 대화를 활용하여 단호함을 가르쳐주기를 바란다. 만약 학교에서 어떤 아이들이 한 아이를 따돌리고 있다는 말을 하면 "걔들이 그러는 데에도 무슨 이유는 있겠지만 마음에 안 드는 게 있으면 더 나은 방법으로 알려주어야지. 우리 딸이라면 그럴 때 어떻게 할 것 같아?"라고 대화를 이끌어보자.

한 가지 주의할 점은 모든 대화를 훈계조로 이끌면 아이들이 입을 꾹 닫아버릴 것이란 사실이다. 때로는 그냥 고개를 끄덕여주고, 아이의 생각을 묻는 진솔한 질문만으로도 큰 효과를 볼 수 있다. 아이 스스로 친구들을 어떻게 대해야 좋을지를 생각하면 이를 통해 성숙해질 테니까. 간단히 말해 10대 딸과의 대화를 성공적으로 이끌기 위해서는 말하는 것도 중요하지만 말하지 않는 것 역시 중요하다는 점을 잊지 않기를 바란다. 훈계하고 싶은 걸 꾹 참고 잘 들어주면 들어줄수록 아이는 자기 이야기를 더 많이 털어놓으려 할 것이며, 중요한 순간에 던지는 한마디 충고가 더욱 효과적으로 전달될 수 있다.

사회적인 권력을 키울 기회를 찾으며 옛 친구와 현재 친구의 우정 사이에서 왔다 갔다 하며 묘기를 하는 10대 여자아이들이 우정 집단을 확보하는 것은 쉬운 일이 아니다. 그리고 일단 부족 내에 자리를 잡은 후에도 아이들은 또 다른 새로운 도전 상황에 직면하게 된다. 부족 내의 정치 관계를 관리해야 하거나 사회적인 관계를 유지하기 위해 위험한 행동을 감행해야 할 수도 있고, 도움이 필요한 친구를 보살피는 데 따른 의무감으로 스트레스를 받을 수도 있다. 이러한 부분에 대해서는 다음에 살펴보도록 하자.

♥ 친구이자 적, '친적'

친적 때문에 아이는 괴롭다

언어학자인 마이클 애덤스Michael Adams는 속어를 '대중의 시'[9]라고 부르는데 '친적Frenemy = Friend + Enemy'이라는 속어에서 우리는 그 시의 흔적을 발견할 수 있다. 사람들은 갈등이 많은 다양한 관계를 묘사할 때 이 '친적'이란 표현을 사용하는데 성질을 부릴 때 빼고는 정말 재미있는 친구도 이에 포함되어 있다. 불행히도 10대가 사는 세계에는 '착한 친구', '나쁜 친구'라는 이분법적인 사고로 단순하게 구분되는 아이들만 있는 것은 아니다. 우리는 때로 못된 짓을 하는 아이가 아주 솔직하게 비밀을 털어놓고 이기적인 욕심을 다 버릴 때도 있다는 사실을 잘 알고 있다. 이런 아이, 즉 친적을 친구로 둔 아이는 때에 따라서는 친구가 아예 적의 모습만을 보여주는 게 오히려 편하겠다고 바랄 수도 있다.

만약 당신의 딸이 이런 친적을 친구로 두고 있다면 상황이 좋을 때는 이 친구에 대해 아무 말도 안 할 것이다. 하지만 친적이 딸을 목표물로 삼은 날, 이 친구는 딸에게 놀랍도록 못된 짓을 할 수도 있다. 딸이 친구의 짓궂은 장난에 대해 불평을 하기에 그런 애는 피하라고 답했더니 잠시 잠잠해졌다가 또 그 아이가 한 짓에 대한 불평을 늘어놓기 시작한다면 아이에게 친적이 생긴 것은 아닌지 의심해보자. 대부분의 부모는 딸이 문제 있는 아이와 친하게 지내는 것을 보고는 놀라워한다. 그 친구를 멀리하라고 말하는 것은 전략적으로 볼 때 실패다. 만약 우리 아이가 지금 친적을 둔 상황이라면 부모는 아이에게 그 친구의 좋은 점 및 나쁜 점을 짚어보자고 해야 한다. 이렇게 아이와 친적과의 관계를 구체적으로 볼 수 있게 되면 다음과 같이 조언해보자.

"정말 그 애랑 계속 친하게 지내도 좋은지 네가 잘 결정해야 할 것 같다. 만약 계속 친구로 지내고 싶으면 개가 잘해줄 때에도 경계해. 잘해주는 게 오래가지 않을 테니까 말이야."

"엄마는 우리 딸을 정말 사랑해. 그런데 우리 딸이 마음을 다치는 건 보고 싶지 않다."

"걔는 정말 재미있는 아이인 거 같구나. 왜 네가 그 애랑 친하게 지내는지 알겠다. 하지만 진짜 친구라면 그런 짓은 안 할 텐데."

부모 입장에서는 너무나 자명한 이야기를 하는 것 같다고 생각하지만 아이들은 친적의 행동이 정말 부적절한 것인지 그 여부를 잘 판단하지 못하는 경우가 많다. 특히 다른 아이들이 모두 이 아이의 행동을 인내하고, 당사자가 너무 당당할 때는 더욱 그렇다. 10대는 부모가 "친구끼리는 서로 다정하게 대해야 하며 상대가 내게 다정하게 대해줄 것을 기대할 권리가 있어"라고 이야기해주면 고맙게 생각한다. 여자아이들뿐 아니라 남자아이들 사이에도 이런 친적이 있을 수 있지만 부모에게 이를 털어놓을 확률은 여자아이들이 훨씬 높다.

현실적으로 부모는 10대의 모든 사회생활을 모니터링하고 관리할 수가 없기 때문에 사춘기 아이들의 우정과 관련된 문제를 다 막아줄 수 없다. 또 친적과의 관계를 유지하는 것도 어렵지만 이러한 친구와 결별하는 문제는 더 어려울 수 있다. 사춘기 아이들의 사회망은 아주 복잡하게 얽혀 있어서 친적 한 명을 떼어내는 게 친구들을 동시에 잃는 행위가 될 수도 있으며, 때에 따라서는 부족 전체를 잃을 수도 있다. 따라서 부족의 평화를 위해 까다로운 아이 한 명을 인내하는 아이도 많다. 그래서는 안 되지만 이것이 현실이다.

부모는 아이가 복잡한 친구 관계를 헤쳐 나가는 것 자체가 쉽지 않다는 것을 먼저 인정해줌으로써 딸이 이 미묘한 관계망을 헤쳐 나가는 데 많은 도움을 줄 수 있다. 이때 부모는 10대의 세계가 어른들과 같은 식으로 움직이지 않는다는 것을 명심해야 한다. 성인이 된 우리들은 어떤 사람과 관계를 끝내야겠다 싶으면 더는 그 사람과 점심 약속을 잡지 않고, 마트에서 이 친구와 만나지 않기를 기도하며, 만약 어디서라도 만나게 되면 "그간 너무 바빠서 연락을 못했어"라고 둘러대면 된다. 하지만 10대는 원하든 원하지 않든 매일 학교에서 친구들을 마주쳐야 한다. 만약 딸이 원한다면 같이 앉아서 친적과 안전한 거리를 유지할 방법에 대해 전략을 짜보는 것도 좋다.

딸이 가해자인 상황이라면

반대로 딸이 다른 친구들을 못살게 구는 것 같다고 의심되면 어떻게 해야 할까? 친구들이 딸의 잘못된 행동을 언제까지나 참아주지는 않을 거라는 사실을 아이가 이해할 수 있도록 이야기해주는 방법이 있다. 아이가 다른 친구에게 짓궂은 장난을 치거나 그와 비슷한 짓을 할 때는 이렇게 말해보자.

"너는 그런 장난이 재미있을지 모르지만 당하는 친구는 싫을 거야. 지금은 가만히 있어도 곧 너한테 반기를 들걸?"

필요하다고 판단되면 '너는 즐기고 있지만 친구는 무척 괴로울 거'라는 사실을 꼭 집어 알려주어야 한다. 못된 짓을 즐기는 것은 유년 시절의 유사이라 할 수 있다. 속칭 '미운 네 살'은 엄마 아빠가

화낼 것을 알면서도 일부러 개구쟁이 짓을 전문적으로 하는 나이이
지만 보통 아이들은 가학적인 즐거움을 추구하는 유치한 행위에서
곧 졸업한다. 10대는 어린 시절과 결별하면서 동시에 성숙해 보이
고자 하는 바람으로 가득 찬 시기이다. 따라서 부모가 아이의 성숙
하지 못한 모습을 지적해주면 아이의 행동이 바뀔 수 있다. 예를 들
어 "친구들 놀리는 거 재미있지? 지금은 재미있게 느낄지 모르지만
고등학교에 가면 더는 안 통할 거야"라고 말해보자. 하지만 이렇게
10대의 행동이 성숙하지 못하다고 지적할 때는 신중해야 한다. 이
러한 충고가 아이에게 엄청난 모욕감을 안겨줄 수도 있기 때문이다.
10대를 모욕해서 얻을 수 있는 것은 아무것도 없다. 물론 이는 10대
뿐 아니라 모든 나이대에 적용되는 말일 테지만. 따라서 이 방식을
시도할 때는 '너를 사랑하기 때문에 이렇게 말하는 것'이라는 사실
을 아이에게 보여주도록 노력해야 한다.

♥ 친구와 함께일 때 더 무모하게 행동하는 아이들

왜 아이들은 친구와 있을 때 모험을 시도할까?

　나이에 비해 아주 성숙하고 사려 깊은 아이들도 때로 멍청한 짓
을 한다. 그리고 이렇게 멍청한 짓을 할 확률은 친구들과 있을 때
대폭 증가한다. 아마 당신 자신도 이 점은 이미 짐작하고도 남을 것

이다. 10대 시절, 친구들과 있으면 나 자신의 판단력은 어디론가 증발해 흔적도 없이 사라져버리곤 했으니 말이다. 10대에 대한 연구에 일가견이 있는 심리학자 마고 가드너Margo Gardner와 로런스 스타인버그Laurence Steinberg는 이를 증명할 수 있는 아주 똑똑한 실험을 고안했다.[10] 이들은 열네 살에서 열일곱 살 청소년, 열아홉 살에서 스물세 살 사이의 성인들을 모아 비디오 게임을 시켰다. 이들은 피험자들을 개인과 그룹으로 나누어 무모하게 운전하면 점수를 주고, 너무 조심하는 경우 점수를 깎았다.

이 연구 결과 혼자 게임을 할 때 무모하게 운전하는 횟수는 모든 연령층에서 대략 비슷하게 나왔다. 또 성인들은 친구들과 같이 게임을 하든 혼자 게임을 하든 별 차이가 없었는데 10대 후반 아이들과 갓 성인이 된 젊은이들의 경우 혼자 있을 때보다 친구들과 같이 있을 때 무모하게 운전하는 횟수가 비교적 많았고, 어린 10대는 혼자 운전할 때보다 다른 친구들이 보고 있을 때 무모하게 운전하는 횟수가 두 배 더 증가했다. 우리는 이 실험을 통해 10대는 성인에 비해 친구와 있을 때 더 무모하게 행동할 확률이 훨씬 높다는 것을 알았다.[11]

기술적인 용어를 사용해 설명해보자. 사춘기가 도래하면 우리 두뇌의 감성적 네트워크가 인지적 조절 시스템을 압도해버린다. 신경학적으로 보면 다른 연령층과 비교했을 때 10대는 사회적인 지지를 엄청나게 중요하게 생각한다.[12] 인기 있는 친구가 "담배 피우는 거

멋있지 않아?"라고 말하면 사춘기 아이는 이 인기 있는 친구의 인정을 받고 싶은 욕구에 충동적으로 행동할 확률이 훅 올라간다. 로런스 스타인버그는 이렇게 말했다.

"청소년기 아이들은 같이 있으면 더 즐겁기도 하지만 더 위험하기도 하다."13

집단의 압박을 이겨내는 방법

10대 자녀를 둔 많은 부모는 자식의 안위가 걱정되어 잠 못 드는 밤이 많아진다. 일부 부모들은 딸의 안전을 위해 극단적인 수단에 의존하는 바람에 오히려 아이를 위험한 상황에 빠지게 하기도 한다. 또 딸에게 끔찍한 벌로 위협을 가해 역으로 안전을 도모하는 경우도 있다. 맥주를 입에 댈 생각만 해도 군대 훈련 캠프에 보내버리겠다고 위협하면 부모는 마음이 놓일지 모르겠지만 진짜 군대 훈련 캠프에 갔다가 아이가 위험한 상황에 빠지면 오히려 역효과를 낳을 수 있다.

아이들은 종종 별생각 없이 간 모임에서 자신도 모르는 사이 아슬아슬하고 위험한 파티 한복판에 서 있게 되는 경우도 있다. 만약 이런 파티가 진짜 위험한 방향으로 치닫거나 그냥 느낌이 좋지 않아 집에 가고 싶을 때, 아이들은 자리에 계속 남아 끝까지 가볼지 아니면 부모에게 전화해서 데리러 오라고 할지를 계산한다. 하지만 그런 상황에서 어떤 아이가 친구들 앞에서 대놓고 부모에게 구조 요청을 해서 창피를 사려 할까?

한편 아이에게 최고의 친구가 되어주는 방법을 통해 딸의 안전을 도모하려는 부모도 있다. 그들은 딸이 집에서 파티를 열 때 미성년자 친구들에게 술을 제공해주기도 한다. 나는 이런 선택에 반대하는 입장이지만 부모가 왜 이런 선택을 하는지 그 마음은 이해할 수 있다. 아이가 친구들과 있을 때 어차피 위험한 짓을 한다면 차라리 부모가 보는 앞에서 하는 게 낫다는 생각일 것이다. 하지만 이렇게 한다면 아이가 나쁜 상황에서 벗어나고자 할 때 "나도 그렇게 하고 싶은데 우리 엄마 아빠 때문에……"라고 탓할 구실을 빼앗는 꼴이 된다.

나는 '부모가 정해놓은 말도 안 되는 규칙' 탓에 나쁜 행동을 피할 수 있는 아이들이 가장 안전하다고 생각한다. 만약 친구가 담배를 권하면 "나도 같이 피우고 싶은데 우리 엄마 코가 개코거든. 집에 돌아갔는데 내 몸에서 이 냄새가 나면 나를 재활원 같은 데 보내버리실걸?"이라고 말할 수 있어야 한다. 이렇게 집이 엄격하다고 아이가 핑계를 대는 것에 대해 부모는 마음이 복잡할 수도 있지만 딸의 안전이 훨씬 더 중요하다는 사실만을 기억하기를 바란다. 비디오 게임을 이용한 실험에서 본 것처럼 아이들은 자기들끼리 있을 때 더 위험해진다. 친구가 담배를 권했을 때 10대가 "난 안 할래. 나는 미성년자야"라고 말하기를 기대할 수는 없지 않나. 우리는 모두 현실을 직시해야 한다.

어른답지 못한 부모는 아이의 방패막이 되어줄 수 없다

　아이가 부모 핑계를 대며 올바른 선택을 할 수 있도록 해주기 위해서는 평상시 딸과 있을 때에는 따듯하고 열린 부모로 지내다가 딸의 친구들이 있을 때는 어느 정도 거리를 둔 엄격한 어른의 모습을 보여주면 된다. 딸이 필요할 때 엄격한 부모 탓을 할 수 있도록 해주는 것이다. 10대는 부모에게 자신을 좀 풀어주라고 요구하지만 사실 아이들은 우리가 어른답게 굴 때 우리를 믿고 의지한다. 나는 부모가 10대처럼 굴 때 아이들이 이에 대해 아주 생소하게 느낀다는 사실을 발견했다. 그 사례를 하나 실어본다.

　"타니아 엄마가 주말에 맥주를 한잔 쏘겠다고 하시더라고요."

　"그게 멋지니? 아니면 좀 이상하니?"

　"이상해요. 우리 엄마는 타니아 엄마만큼 재미있는 분은 아니지만 적어도 그런 짓은 안 하시거든요."

　부모는 어른답게 행동함으로써 딸이 나쁜 상황에서 벗어날 수 있게 구실을 만들어주고, 아이가 나쁜 상황에 빠질 때면 언제 어디든 달려갈 것이라는 사실을 주지시켜주어야 한다. 다음 날 아침 식사를 하면서 어떻게 그렇게 먼 곳까지 가서 이상한 파티에 참석하게 되었는지 아이는 충분히 해명해야 하겠지만 어쨌든 도움이 필요할 때는 주저하지 말고 부모에게 도움을 요청하도록 확실히 이야기해주어야 한다. 심지어 딸과 암호를 만들어 구조 신호를 보내라고 한 가족도 있다. 딸이 전화로 "엄마, 아까 고데기를 끄고 나오는 걸 깜박 잊었어요"라고 하면 구해달라는 신호로 해석해 부모가 고래고래 야단을 치기로 한 것이다. 그러면 딸은 수화기에서 귀를 떼 오만상을 찌푸리며 친구들이 부모의 고함 소리를 들을 수 있게 하고, 엄마가 더 포악해지기 전에 집에 가야겠다고 핑계를 댈 수 있다.

♥친구의 고민은 곧 모두의 고민

친구의 고민 때문에 함께 고통받는 아이들

나는 고등학교 2학년인 라나와 방과 후 몇 개월 동안 상담을 했다. 똑똑하고 현실적인 라나의 부모는 당시 시끄러운 이혼 절차를 밟고 있었다. 어느 비 오는 목요일, 라나는 내 상담실 소파에 다리를 길게 뻗고 앉아서 손목에 끼고 있던 머리 끈을 빼더니 곱슬머리를 예쁘게 하나로 모아 묶고 나서 이렇게 말했다.

"제가 여기에서 하는 이야기는 모두 비밀이 보장되는 거죠?"

나는 이런 질문을 받을 때마다 하는 표준적인 대답을 했다.

"물론이지. 너나 다른 사람이 위험해진다거나 하는 경우를 제외하고."

그러자 라나는 칼로 팔에 상처를 내는 '캐시'라는 친구의 이야기를 털어놓았다. 캐시가 라나에게 팔의 상처를 보여주며 비밀을 지켜달라고 했다는 것이다. 라나는 캐시의 비밀을 폭로해서 신의를 저버리고 싶지는 않았지만 캐시가 계속 그런 짓을 할까 봐 걱정이 되어 밤잠까지 설칠 정도였다. 이 피곤한 관계에서 거리를 두고 싶은데 캐시가 어떻게 되지나 않을까 노심초사하느라 그러지도 못하고 있었다.

아이들은 친구의 자기 파괴적인 행동을 보고 어떻게 해야 할지 모르면서도 정작 어른에게 도움을 요청하지는 않는다. 특히 나이가 들면서 여자아이들은 종종 친구에게 본인의 위험한 행동을 고백하고 이를 비밀로 지켜달라고 부탁함으로써 친구를 끔찍한 상황에 몰아넣는다. 10대 여자아이들은 동료애가 매우 깊어서 서로의 부탁을 거절하기 힘들어한다. 따라서 어른들에게 도움을 청하기도 꺼린다. 대신 서로에 대해 무지무지 걱정하며 10대로서 감당할 수 없는 문제에도 친구를 위해 기꺼이 나선다. 실제 10대 여자아이들은 성인조차 감당하기 힘든 문제를 두고 서로 돕겠다고 씨름을 한다. 나는 나와 상담하는 것 자체를 '배신'이라고 생각하는 아이들에게 '지금 너는 네가 감당하기에 너무 큰 짐과 씨름하고 있다'라는 사실을 분명히 강조한다.

자해를 하는 친구나 과음을 하는 친구, 마약을 하는 친구, 자살하려는 친구, 섭식장애 eating disorder 가 있는 친구, 기타 위험한 행동을 하는 친구에 대해 털어놓는 아이들에게 나는 먼저 그 사실을 어른에게 털어놓은 것이 정말 현명한 처사라고 짚어준다. 라나의 경우도 마찬가지였다. 나는 이렇게 말했다.

"정말 걱정이 많았겠구나. 하지만 캐시 문제는 너 혼자 어떻게 해 볼 수 있는 일이 아니야. 너 같은 친구를 두어서 캐시는 정말 운이 좋은 거야."

나는 라나의 어깨를 통해 아이의 긴장이 풀린 것을 확인했으나 아이의 얼굴에는 근심이 떠나지 않았다. 이 말만으로는 해결된 게 하나도 없고 갈 길이 멀다는 것을 라나도 알고 있었기 때문이다.

우리는 캐시의 부모에게 이 사실을 알려서 캐시가 도움을 받도록 할 전략을 짰다. 우선 캐시에게 다음과 같은 말을 해주자고 합의했다.

"네 비밀을 나에게 털어놔줘서 고마워. 너도 당연히 네가 하는 짓에 대해 걱정이 많을 거라는 생각이 들어. 그런데 난 너희 부모님이 이 문제를 아셔야 한다고 생각해. 그래야 널 도와주실 수 있잖아. 어떻게 알려드리는 게 가장 좋을까?"

우리는 캐시에게 두 가지 안을 제시하기로 했다. 하나는 캐시가 직접 엄마 아빠에게 알려서 부모가 라나에게 진위 여부를 확인하는 방법. 다른 하나는 캐시와 라나가 믿을 수 있는 학교 선생님을 찾아가 말씀드리고 그 선생님이 캐시의 부모에게 알리는 방법. 라나는 캐시가 두 가지 안을 모두 거부할 거라고 예상했다. 그러면 나는 이렇게 이야기하라고 조언했다.

"이건 어른이 아셔야 할 문제야. 네가 하기 싫으면 나라도 해야 해. 그러면 너는 나한테 화를 내겠지만 나한테는 너의 안전이 더 중요해."

아이들의 신의를 지켜주어라

　10대가 부족을 만들 때는 성인을 포함하지 않는 것을 목표로 하기 때문에 이 부족의 테두리를 벗어나 외부에 도움을 구하는 짓은 내부에서 일어난 문제가 생명을 위협하는 행위라도 엄청난 배신행위로 비칠 수도 있다는 것을 기억해야 한다. 만약 당신의 딸이 친구의 문제에 대해 털어놓거든 우선 어른에게 알린 일이 잘한 짓이라는 것을 짚어주어야 한다. 딸의 이야기를 듣고 정말 그 친구의 안위가 염려되는 경우라면 당신은 딸이 말려도 그 친구의 부모에게 전화를 해서 이 상황을 알리고 싶을 것이다. 하지만 그렇게 해서는 안 된다. 딸이 도움을 청할 때는 딸을 도와주는 것에 우선순위를 두어야 한다. 도움을 청한 딸은 제쳐두고 독단적으로 판단해 행동한다면 부모를 믿고 친구의 비밀을 털어놓은 딸의 신뢰를 무너뜨리는 처사가 되며, 아이는 앞으로 도움이 필요할 때 부모에게 고민을 털어놓지 못할 것이다. 당장 목숨이 걸린 문제가 아니라면 딸에게 친구의 안위를 네가 책임질 필요는 없다는 것을 이야기해주고, 친구에게 도움을 줄 수 있는 어른을 찾아 연결해주는 게 최선이라고 말해주어야 한다.

　나는 섭식장애에 대해 연구를 하는 도중 여자아이들 간의 신의를 존중해주는 것이 얼마나 중요한지를 알게 되었다. 전통적으로 섭식장애 예방 프로그램은 스트레스를 관리하고, 본인의 몸에 대해 긍정적으로 생각하며, 대중 매체의 유혹에서 벗어나 비판적인 소비자가 되도록 가르치는 것에 중점을 두어왔다. 전반적으로 이러한 프로그램은 식습관을 바꾸는 것보다는 자신의 신체 이미지와 대중 매체를 통해 얻은 인식을 바꾸는 데 효과가 있었다. 보통 섭식장애는 아주 심각해지기 전까지 어른들이 감지하지 못하고 지나치는 경우가 많았기 때문에 나는 섭식장애 초기 증상을 보이는 친구를 발견할 경우 아이들이 이를 보고하도록 만드는 프로그램을 동료들과 함께 설계했다.

우리는 로럴중학교 3학년 학생들을 대상으로 우리의 연구 내용을 보여주고 이에 대한 피드백을 받아 취합했다. 우리 연구에 대한 계획을 듣고 나서 아이들은 한 가지 조건만 충족된다면 섭식장애 초기 증상을 보이는 친구를 보고하겠다고 말했다. 그 조건은 바로 익명을 지켜달라는 것이었다. 아이들은 서로의 비밀을 지켜주고 서로의 편을 들어주는 것에 엄청난 가치를 두고 있기 때문에 친구가 문제 행동을 보이더라도 이를 어른에게 알리는 것을 배신행위로 간주했다. 우리는 이 여학생들의 도움을 받아 해결책을 도출했다. 섭식장애 초기 증상을 보이는 친구를 발견한 경우 믿을 수 있는 선생님에게 문제 내용을 메모로 전달하되('지난 한 주 내내 매기가 점심을 걸렀어요') 본인의 이름은 적지 않도록 한 것이다. 이렇게 함으로써 학교 측은 문제 아이를 관심 있게 지켜보고, 필요하다 싶으면 본인과 부모에게 연락을 취하겠지만 애초에 누가 처음에 이를 지적했는지는 비밀로 지켜주게 되었다.

결국 우리는 친구들의 건강에 대해 서로 우려를 공유하되 익명을 보장하는 장치를 통해 섭식장애의 위험에 대해 교육하고 조기 치료의 중요성을 알리는 프로그램을 성공적으로 개발했다.[14] 돌이켜 생각해보면 그때 우리가 성공할 수 있었던 것은 아이들의 솔직한 피드백이 있었기 때문이었다. 나는 이를 통해 아이들 간의 신의를 존중해주는 믿을 수 있는 어른이 존재할 때 아이들이 도움을 요청할 확률이 훨씬 높다는 것을 배웠다.

선을 긋는 법을 가르쳐라

물론 아이들이 어른들에게 도움을 요청해도 상황은 금방 나아지지 않는다. 다음에 다시 만났을 때 라나는 캐시가 학교 상담 선생님에게 도움을 요청하는 것에 동의했다는 소식을 전해왔다. 라나가 자기를 도와주기에는 한계가 있다는 사실을 캐시가 인정한 것이다. 그리고 얼마 되지 않아 캐시는 상담 선생님이 라나에게 심리치료사를 소개해주었다고 알려주었다. 라나는 친구가 전문가에게 도움을 받게 되었다는 사실에 안도했지만 캐시와의 관계는 여전히 긴장이 풀리지 않은 상태였다. 캐시는 일주일에 두세 번꼴로 한밤중에 라나에게 전화를 걸어 "마음이 어지럽고 또 자해를 하고 싶어"라고 토로해왔다. 라나는 그런 전화를 받을 때마다 어떻게 답해주어야 할지 몰라 안절부절못했다. 캐시가 걱정되었지만 자기가 상담해줄 능력은 없고, 덩달아 기분이 우울해지기도 하는 반면 캐시를 챙기느라 우왕좌왕하면서 숙제할 시간까지 빼앗기고 있는 것에 화가 치밀곤 했다.

아이들이 서로 돕고 의지가 되어주는 것은 좋은 일이다. 이런 관계는 보통 서로에게 긍정적인 결과를 가져오기도 한다. 하지만 캐시의 경우 라나의 노력이 아무런 도움이 되지 않았다. 우선 캐시가 가진 문제는 아이들이 감당할 수 있는 사안이 아니기 때문이다. 만약 당신의 딸이 라나의 입장이라면 문제가 있는 친구와의 관계에서 일종의 선을 긋도록 도와주어야 한다. 최근에 라나가 캐시에게 받은 문자메시지에 대해 이야기했을 때 나는 라나에게 이렇게 말해주었다.

"캐시의 우울함은 캐시가 마음속에 가지고 다니는 유령의 집 같은 거야. 캐시는 유령의 집에 혼자 들어가기 싫은 거지. 그래서 너한테 그런 문자메시지를 보내는 거야. 또 너는 캐시만큼이나 마음이 혼란스러워지는 거고. 하지만 네가 캐시 안에 있는 유령의 집에 들어가야만 하는 건 아냐. 그건 캐시를 치료하는 선생님이 해주어야 해. 다음번에 캐시가 그런 문자메시지를 또 보내면 그런 기분은 의사 선생님한테 이야기하라고 하렴. 만약 그래도 소용이 없으면 캐시의 문제가 심리 치료로도 잘 해결되지 않는 것 같다고 캐시 부모님께 알려드리자."

여자아이들은 친구를 도와주는 일에 기꺼이 나선다. 하지만 그 문제가 아이가 해결할 만한 것이 아닐 경우 부모는 아이가 자신을 방어하는 동시에 도움을 받을 수 있는 곳으로 친구를 안내하도록 가르쳐야 한다. 몇 주 후, 라나는 내가 권해준 말이 효과가 있었다고 알려왔다. 캐시에게 문자메시지를 받은 라나는 그런 느낌을 의사 선생님에게 이야기하라고 했고, 그다음 날 학교에서 캐시를 만났을 때 전날 받았던 문자와 관련된 이야기는 의도적으로 배제하고 곧 있을 역사 시험에 대해 이야기를 나누었다. 다행히 둘 사이에는 암묵적인 합의 같은 게 생겨났고, 둘은 여전히 친한 친구로 지내지만 캐시는 더는 라나에게 자기의 무거운 기분을 알리지 않게 되었다.

현대 아이들이 새로운 부족에 합류하는 과정은 우리가 10대였을 때와 비슷하게 진행된다. 하지만 라나와 캐시의 관계에서 볼 수 있듯 옛날과는 확연히 달라진 점이 하나 있다. 우리의 딸들은 실제 세계는 물론 가상 세계에서도 사회생활을 해나가야 한다는 점이다.

♥요즘 아이들의 사회생활

부모의 사춘기와 아이의 사춘기는 다르다

대부분의 부모는 여자아이들이 휴대전화에 집착하는 모습을 보고 망연자실한다. 나는 다나 보이드Danah Boyd가 이에 대해 최고의 설명을 제시하고 있다고 생각한다. 그녀는 10대의 사회생활에서 신기술이 차지하는 역할에 대해 연구하는 학자이자 사회운동가로 "10대는 기술에 중독된 것이 아니다. 이들은 서로에게 중독되어 있다"라고 말했다.[15] 돌이켜 생각해보면 우리도 10대였을 때 서로에 중독되어 있었다. 단, 당시에 거실 한가운데 놓여 있는 전화기 한 대가 우리에게 주어진 기술의 전부였다. 나는 매일 밤 유선 전화기를 내 방까지 끌고 와서 친구들과 통화하기에 바빴는데 덕분에 거실에는 전화선이 친친 늘어져 있었다. 우리가 대단한 이야기를 나눈 건 아니다. 그저 수화기를 귀에 대고 선 너머 친구랑 '같이' 숙제한 경험은 다들 있을 것이다. 심지어 친구랑 전화를 하며 같은 텔레비전 프로그램을 보고 평을 나눈 기억도 난다. 수화기는 들었어도 아무 말 없이 그냥 화면을 보고 있는 시간이 더 길었지만 말이다. 당시 우리는 같이 있고 싶었지만 그럴 수 없었기 때문에 전화기를 사용했던 거였다.

오늘날 10대의 삶과 당시 우리의 삶을 비교하면 확실히 다른 것이 두 가지 있다. 우선 그때나 지금이나 10대는 서로 관계를 맺고, 그 관계를 계속 유지하고 싶어 한다. 오늘날의 기술은 우리가 귀에 수화기를 대고 꾸벅꾸벅 졸면서 겨우 이어간 소통들을 매우 쉽게 할 수 있도록 도와주고 있다. 두 번째, 오늘날의 10대는 친구들과 어울릴 수 있는 방과 후 시간이 우리 때에 비해 훨씬 부족하다. 아이들에게 더 많은 기회를 주고자 하는 부모들의 욕심과 그 욕심을 실현할 수 있는 경제적 여건이 갖추어진 덕분에 우리는 학과 외 여러 활동을 하도록 아이들을 몰아세운다. 그나마 디지털 기기 덕에 10대는 실제로 친구들과 함께 있지 않아도 우정을 맺고 유지할 수 있게 되었다고 긍정적으로 볼 수도 있다. 하지만 디지털 기기는 최악의 경우 10대의 사교 능력을 해치며 관계의 부정적인 측면만을 증폭시킬 수도 있다. 한 연구에 따르면 10대의 사회생활에 관한 한 온라인상에서 발생하는 일은 실제 생활에서 발생하는 바를 반영한다고 한다.[16] 서로 상호 버팀목이 되어주는 우정을 만들어가는 아이들은 디지털 기술을 이용해 그러한 우정을 더욱 돈독하게 만드는 반면 실제 세계에서 인간관계에 문제를 갖고 있는 아이들은 온라인상에서도 사람들과 잘 지내지 못하는 것이다.[17]

디지털 매체, 어디까지 허용할까?

온라인과 오프라인에서 친구들과 서로 버팀목이 되어주는 좋은 관계를 유지하고 있는 아이들이라도 디지털 기기를 너무 많이 활용하는 경우 사교 능력과 대인 관계에 부정적인 영향을 받게 된다.[18] 당연한 말이지만 건전한 관계는 가상이 아닌 실제 상호 작용을 하는 과정에서 가장 잘 배울 수 있다. 바로 이러한 이유 때문에 나는 사교 기술을 배우는 장소에서는 아이들이 디지털 기기를 사용하지 못하도록 부모들이 나서야 한다고 생각한다. 여기에서 말하는 사교 장소란 저녁 식사 자리, 가족 모임, 잠깐 차를 타고 같이 이동할 때 등이 포함된다. 이러한 장소에서는 서로 직접 소통하고 관계를 유지하는 법을 배울 수 있으며 아이들은 이를 통해 성장할 기회를 갖는다.

우리는 디지털 기기를 이용한 소통을 통해 인간의 최악의 모습을 끌어낼 수도 있다는 사실을 잘 알고 있다. 따라서 부모는 온라인상의 유쾌하지 않은 행동에 대해 딸과 대화를 나누어보고 가상 세계의 행동 수칙이 실제 세계에서의 행동 수칙과 동일하다는 것을 알려주어야 한다. 즉, 모든 사람을 좋아할 필요는 없지만 가상 세계라 해도 사람들에게 무례하게 굴어서는 안 된다는 것 말이다. 딸의 SNS 활동에 대해 부모가 어느 정도로 개입해야 하는지는 아이에 따라 다르다. 아주 좋아하는 친구들과의 관계를 유지하는 데만 SNS를 활용하며 온라인상에서 갈등 상황이 보이면 본능적으로 피하는 아이들도 있고, 온라인상에서 최대한 많은 아이와 친하게 지내면서 쉽게 불쾌한 드라마의 주인공이 되어버리는 아이들도 있다.

만약 당신의 딸이 아직 휴대전화를 가지고 있지 않거나 온라인 활동을 하지 않고 있다면 아이가 추후 디지털 세계에 입문하는 조건으로 아이를 감독할 권리를 획득하기를 바란다. 처음에는 엄격하게 감시하다가 나중에 아이를 풀어주는 전략을 구사해야 한다. 나중에 일이 잘못되어갈 때 비로소 규칙을 도입하는 것보다 처음부터 규칙을 정하고 아이를 서서히 풀어주는 편이 훨씬 쉽기 때문이다. 온라인상의 활동을 감독하는 것은 아이의 나쁜 행동을 찾아내기 위한 것만은 아니다. 모니터링을 하는 동안 발견한 내용을 두고 10대가 서로 어떻게 대화를 나누어야 하는지, 온라인상에서 해도 되는 것과 해서는 안 되는 것은 무엇인지를 토론해보자. 요즘 10대는 친구의 의미를 온라인과 오프라인 양쪽에서 배우고 있다. 부모가 너무 지나치지 않게 선을 지키며 피드백을 준다면 아이를 잘 이끌 수 있을 것이다.

당신의 딸이 이미 휴대전화를 가지고 있고 SNS 활동도 하고 있으면 지금 즉시 규칙을 정하기를 바란다.

"지금까지 네 휴대전화와 SNS 계정에 대해 프라이버시를 존중해주었는데 엄마가 실수한 것 같아. 네가 온라인상에서 뭘 하고 있는지 세상이 다 알고 있는데 엄마도 알 권리가 있지 않을까? 그래서 지금부터 가끔 네 휴대전화와 SNS 계정에 들어가보려고 해."

딸이 이에 대해 불만을 표현하면 휴대전화 요금과 온라인 활동에 관련된 모든 요금을 부모가 내고 있으므로 이를 모니터링할 권리도 있다고 알려주자. 아니면 부모 대신 딸의 온라인 활동을 모니터링해도 좋을 사람이 있을지를 논의해본다. 열네 살짜리 똑 부러진 어떤 아이는 이렇게 설명했다.

"휴대전화로 뭐 이상한 짓 하는 거 아니에요. 우린 그냥 누가 누구랑 그렇고 그렇대, 뭐 그런 이야기를 주로 하거든요. 친구랑 그런 이야기를 나누는 걸 엄마 아빠가 모두 보고 있다고 생각해보세요."

그래서 가족이 모여 의논한 결과 열여덟 살짜리 사촌 언니가 딸을 모니터링하기로 합의했다. 아이들이 더 자라면 아이의 휴대전화를 관리하는 게 의미가 없어지는 시점이 온다. 만약 현재가 그런 시점이거나 추후 그런 시점이 왔을 때는 이렇게 말해보자.

"온라인상에서 혹시 네가 무례하게 군다는 이야기가 들리지 않는 한 이제 엄마가 너를 감독하는 건 중단할까 해. 만약 문제가 발생하면 그때 어떻게 할지 다시 이야기해보자. 계정에서 정보를 삭제한다고 해도 그게 전부 사라지지 않는다는 건 알지? 어딘가에는 꼭 남아 있을 거야."

부모가 아이의 휴대전화 요금을 결제하고 있는 이상, 아이에게 이 점을 상기시키며 온라인 활동을 규제할 수 있다. 우리 부모 세대를 생각해보면 우리 부모들은 우리가 친구들과 어떻게 지내고 뭘 하는지 하나도 모르셨다. 우리는 실수를 통해 스스로 배우며 자랐지만 지금은 10대 아이들이 서로 어떻게 지내는지에 대해 빤히 들여다볼 수 있는 최초의 세대가 되었다. 이는 10대 사이의 은밀한 소통에 우리가 너무 많이 접근하게 되었다는 것을 뜻하기도 한다.

딸의 온라인상의 활동을 모니터링하는 것은 혹시나 싶은 불미스러운 기록을 영원히 남기지 않도록 예방하는 차원이며, 부모들이 이렇게 바라는 것은 당연하다. 이에 대해서는 제5장 '미래에 대한 계획을 세우는 단계'에서 세부적으로 다루도록 하겠다. 딸의 SNS 계정을 얼마나 모니터링해야 하는지 모르겠다면 스스로 이렇게 자문해보는 것이 도움이 될 것이다.

"나는 우리 아이가 온라인상에서 끔찍한 짓을 할까 봐 걱정이 되어서 이러는 걸까, 아니면 그냥 할 수 있으니까 하는 걸까?"

♥ 부모가 나서야 할 때

아이가 사회적으로 고립되었을 때

친구는 한 명만 있어도 충분하다. 하지만 친구가 한 명도 없다면 문제가 있다. 친구들로부터 고립된 10대 아이들에 대한 연구에서는 친구가 없어서 우울증에 걸리고 자신감이 결여되는 것인지, 우울증과 자신감 결여 때문에 친구 없는 것인지를 분명히 밝히지 못하고 있다. 어찌 되었든 사람이 고립되면 고통을 느끼는 것은 틀림없다. 연구 결과에 따르면 친구 없이 외톨이로 지내는 데에 따른 상처는 부모와의 돈독한 관계로도, 우수한 학업 성적으로도 보상받을 수 없다고 한다.[19] 이 문제는 심각하게 다루어야 한다. 외톨이로 지내는 시간이 길면 길수록 자괴감이 더 깊어질 것이오, 새로운 우정을 맺기가 더 힘들어지기 때문이다.

게다가 친구가 없이 지내는 아이들은 집단 괴롭힘의 표적이 된다. 나는 일부 친구들과 엄청난 마찰을 겪었을 때 자기편이 되어주는 친구가 있어 이를 잘 이겨내는 아이들을 많이 보아왔다. 반면 친구가 없는 아이들은 자기를 지켜줄 무기가 하나도 없이 고스란히 폭력의 희생양이 되어버린다. 친구 관계가 돈독한 아이에게는 조금 고통스러운 정도의 가벼운 다툼이 자기편이 한 명도 없는 아이에게는 참을 수 없이 무거운 형벌이 되고 마는 것이다.

10대 무리에는 나쁜 짓을 하는 아이들이 나타나게 마련이지만 자기방어를 하지 못하는 아이를 한 명 딱 집어서 반복적으로 괴롭히는 아이는 그리 많지 않다. 집단 괴롭힘이 시작되는 경우 대부분의 10대는 이러한 집단 폭력 행위에 대해 인지하고 있고, 연구 결과 괴롭힘 현장을 옆에서 지켜보며 구경만 하는 아이들이 사실 폭력을 예방할 수 있는 가장 큰 힘을 가진 존재라는 것을 알 수 있었다.[20] 하지만 슬프게도 이렇게 옆에서 구경하는 방관자들은 고립된 친구를 무시하거나 회피하고 만다.[21]

만약 당신의 딸이 친구 없이 고립된 상황이라면 아이가 친구를 사귈 수 있도록 적극적으로 조치를 취해주어야 한다. 우선 딸이 다니는 학교에서 믿을 수 있는 어른에게 아이의 학교생활에 대해 질문해보자. 선생님이든 행정직 담당자든 학교 관계자들은 학생들 간의 역학 관계에 대해 그 누구보다 잘 알고 있다. 선생님들이 아이의 자리를 바꿔주거나 수업 중 활동 그룹을 잘 정해주어 친구를 사귈 수 있는 기회를 만들어주는 것을 나는 많이 보아왔다.

여름 방학이나 방과 후 프로그램을 통해 아이가 다른 친구들과 가까워질 수 있도록 도와주는 방법도 있다. 외톨이로 지내는 아이들은 학교생활의 범위나 활동의 폭이 아주 좁아서 새로운 관계를 만드는 데 필요한 사교 능력을 펼칠 기회조차 얻지 못하는 경우도 있다. 다행히도 여름 방학 캠프같이 새로운 친구를 만들 수 있는 기회를 잘 활용하면 개학할 때쯤 아이는 자신감이 생겨서 전보다 성공적으로 학교생활을 할 수 있다. 부모가 도와주어도 아이가 여전히 친구 사귀기를 어려워하는 경우에는 전문가를 찾아가볼 것을 권한다. 그 지경이면 아이는 이미 아주 많은 고통을 받고 있을 것이다. 중립적인 제3자가 나서서 친구를 사귀는 데 방해가 되는 요소가 무엇인지를 찾아내어 이를 해결하도록 도와주어야 한다.

집단 괴롭힘의 대상이 되었을 때

12월 초의 어느 날 아침, 나는 도움이 필요하다는 학부모의 전화를 받았다. 수화기 너머로 들려온 엄마의 이야기는 다음과 같았다. 딸 루시는 지방 교구 중학교에 다니는 2학년 학생이었다. 어느 날 엄마는 보건 선생님으로부터 전화를 한 통 받았는데, 그로 인해 딸이 학교에서 집단 괴롭힘을 당하고 있다는 사실을 알게 되었다. 체육 수업이 있는 날이면 루시는 머리가 아프다며 보건실을 찾았고, 그래도 수업에 참여하는 게 어떻겠느냐고 선생님이 말하면 아이가 공황 상태에 빠진다는 것이었다. 전화를 받은 날, 엄마는 학교에서 돌아온 루시에게 보건 선생님과 통화한 내용을 말해주었다. 그 말을 듣자마자 루시는 바닥에 주저앉아 흐느껴 울며 그동안 학교에서 있었던 일을 모두 털어놓았다. 엄마는 결국 어찌할 바를 몰라 내게 전화를 했다.

루시는 상담 선생님과 혼자 만나는 것은 싫지만 엄마 아빠와 함께라면 괜찮다고 하여 부모와 같이 나를 찾아왔다. 처음 만난 날, 루시 엄마는 딸의 옆자리에, 루시 아빠는 여분의 의자를 끌어 딸 옆에 자리를 잡았다. 루시는 예쁘장한 과체중의 여학생으로 예의 바르지만 매우 긴장한 모습이었다. 마치 현미경 밑에서 나의 검사를 받을 준비를 하고 있는 검체와 같은 모습이었다. 나는 아이의 긴장을 풀어줄 요량으로 다음과 같이 대화를 시도해보았다.

"루시, 학교생활이 정말 많이 힘들었겠더라. 네가 학교에서 오랫동안 친구들한테 못된 짓을 당했다고 어머님이 말씀하시던데. 어떻게 하면 좋을까? 내가 질문할 테니 답을 해줄래, 아니면 네가 직접 무슨 일이 있었는지 이야기로 풀어줄래? 그것도 아니면 엄마 아빠가 선생님한테 상황을 설명해주시는 게 좋을까?"

선택권을 갖게 되어 안심한 모습으로 루시는 나지막이 "엄마 아빠가 말하는 게 좋겠어요"라고 답했다. 루시의 엄마 아빠는 딸에게 들은 이야기를 교대로 내게 전해주었다. 체육 시간 전후, 같은 반 여자아이 세 명이 로커 룸 코너로 루시를 몰고 가서는 뚱뚱하다고 놀리며 이렇게 커다란 체육복은 도대체 어디서 사는지 모르겠다고 큰 소리로 비웃었다. 또 한번은 루시가 샤워를 하는 동안 브래지어를 숨겨버리고는 남자아이들에게 그날 오후 루시가 브래지어를 착용하지 않았다고 떠들고 다녔다. 이 말을 들은 남자아이들은 그 후 몇 주 동안 "다 내놓고 다녔대요"라며 큰 소리로 놀려댔다. 반 친구들은 사건의 전말을 알고 있었지만 침묵했다. 루시의 부모는 자신이 새로운 표적이 될까 봐 아이들이 침묵했을 거라고 짐작했다.

여자아이들은 믿기 힘들 정도로 잔인해질 수 있다. 그런데 여자아이만 여자아이를 놀리는 것은 아니다. 연구에 따르면 여자아이들이 남자아이를 놀리는 경우는 드물지만 남자아이가 여자아이를 놀리는 경우는 잦다고 한다.[22] 루시의 경우도 그랬다. 여자를 괴롭히는 게 꼭 여자아이일 거라고 잘못 지레짐작하면 집단 괴롭힘의 전체적인 상황을 오판하게 된다. 그리고 이런 집단 괴롭힘이나 아동 학대의 후유증은 성인이 되어서까지 오래, 깊게 남는다. 최근 실시된 따끈따끈한 연구 결과를 보면 친구들로부터 받은 언어적 학대는 우뇌와 좌뇌의 기능을 조정하는 부분인 뇌들보에 오랫동안 흔적을 남긴다는 것을 알 수 있다.[23]

딸이 괴롭힘을 당하고 있는 경우 부모는 반드시 이 상황에 개입하되 신중해야 한다. 먼저 딸의 학교에서 도움이 될 정보를 제공해 줄 수 있는 사람을 찾아보는 것부터 시작해야 한다. 그리고 선생님이나 학교 행정 담당자와 이야기할 때는 최대한 냉정함을 유지해야 한다. 학교 입장에서 집단 괴롭힘은 매우 예민한 사안이기 때문에 상황을 이야기하면 학교 측은 진지하게 대응할 것이다. 따라서 학교와 접촉할 때는 호전적인 자세도 좋지 않지만 또 너무 방어적인 자세도 좋지 않다. 나는 루시의 부모에게 루시가 한 이야기를 기록하여 상황을 가장 현실적으로 분석할 수 있는 사람에게 전달하는 게 좋겠다고 했다. 루시의 경우에는 친절하고 적극적인 체육 선생님이 적격으로 보였다. 만약 체육 선생님이 비협조적으로 나오거나 이러한 문제를 해결할 만한 권한이 없는 경우에는 그 윗선으로 올라가보기로 했다.

　루시의 아빠는 아이에게 못된 짓을 한 학생들의 부모에게 직접 연락을 해야 하지 않겠느냐고 했다. 나는 루시 아빠에게 보통 부모들이 자식을 보호하려는 본능에서 그렇게 하고자 하지만 좋은 방법은 아니라고 말해주었다. 실제 로커 룸에서 어떤 일이 발생했든 문제를 일으킨 학생들의 부모는 자기 자식 편을 들 것이며, 그러면 상황은 더 악화될 뿐이다. 아이들은 자기가 한 짓을 인정하기는커녕 오히려 자기가 학교에서 부당한 대접을 받고 있다며 부모를 호도하기도 한다. 상대 부모에게 전화를 하는 것보다 담임 선생님에게 전화해서 상황을 파악하는 편이 훨씬 낫다.

　또한 피해자의 부모와 가해자의 부모가 통화를 해서 상황이 나아진 경우는 한 번도 본 적이 없다. 아니, 오히려 악화되는 경우가 많았다. 예를 들어서 오랫동안 친하게 지내던 친구가 갑자기 돌아선 경우, 아이 엄마는 상대 엄마에게 전화를 걸어 어찌 된 상황인지 알아보고자 할 것이다. 하지만 전화를 받는 쪽에서는 유용한 정보를 제공해주지 못할 가능성이 높다. 그쪽 엄마도 돌아가는 상황을 모를 확률이 높기 때문이다. 이런 전화를 하면 오히려 친구에게 버려진 아이의 얼굴에만 먹칠을 할 뿐이다. 딸의 우정과 인간관계가 걱정되면 상처를 보듬어주고 아이가 새로운 관계를 맺도록 도와주거나, 10대의 학교생활 생리에 대해 잘 알고 있는 선생님이나 코치와 같은 제3자에게 조언을 구하기를 바란다. 반면 다른 엄마의 전화를 받는 입장이 되면 "알려주셔서 정말 감사합니다. 하지만 아이들이 스스로 잘 해결해나갈 거라 믿어요"라고 답해주자.

　루시 아빠를 만나 자초지종을 알게 된 체육 선생님은 즉각 교장 선생님에게 보고를 올렸다. 이에 교장 선생님은 루시와 아이의 부모를 직접 만나 세부 내용을 듣고 반 친구들을 불러 루시의 말이 사실인지를 확인한 후 가해 아이들에게 교내 봉사 활동 징계를 내렸다. 교장 선생님은 정말 훌륭하게 상황을 처리해주었다. 이 분야 전문가들은 피해자와 가해자를 만나게 해 상황을 해결하려 하는 것은 좋은 생각이 아니라고 말린다.[24] 진짜 심각한 집단 괴롭힘 상황에서는 양쪽을 만나게 하면 오히려 피해자가 앞으로 더한 괴롭힘을 당할 확률이 높다. 교장 선생님은 가해 아이와 부모 들에게 앞으로 학교에서 다른 아이를 괴롭히는 일이 다시 발생하는 경우 퇴학 처분을 내리겠다고 경고했다. 이 과정에서 루시는 한 번도 그 아이들과 직접 대면하지 않았고, 그 후 루시를 괴롭혔던 아이들은 루시를 피해 다녔다.

　루시는 부모와 함께 몇 번 더 나를 만난 후 혼자 내 상담실을 찾아오기 시작했다. 이렇게 몇 번의 일대일 면담이 있고 나서, 루시는 자기가 괴롭힘을 당할 때 옆에서 지켜보고만 있었던 아이들의 태도에 상처를 받아 죽고 싶었노라고 털어놓았다. 또한 앞으로도 상황이 나아질 거라고는 기대하지 못했으며, 자살까지 생각하는 자기가 못난 아이인 것 같아 괴로웠다고 했다. 나는 루시와 함께 앉아서 고통스러운 감정을 헤쳐 나가는 방법과 자신을 괴롭혔던 아이와 어쩌다가 같이 앉게 되면 찾아오는 공황 증세를 어떻게 다스릴지에 대해 전략을 짰다. 이렇게 대화를 이어나가는 동안 루시의 고통도 점점 가벼워지는 듯했다. 2학기가 되자 똑똑하고 마음씨 착한 여자아이 두 명이 루시와 주말에 같이 놀며 즐거운 시간을 보냈고, 셋은 학교에서도 친하게 지내게 되었다.

누군가를 괴롭히고 있을 때

연구 결과 다른 여자아이를 괴롭히는 여자아이들은 흥미로운 사태를 만들어서 집단 내 자신의 소속감을 견고히 하거나 따분함을 죽인다고 한다.[25] 즉, 자기들 단체의 규율에 맞지 않는 아이를 따돌리거나 괴롭힘으로써 그룹 내 입지를 탄탄히 다진다는 것이다. 또한 긍정적인 경험을 공유함으로써 함께 성숙해질 기회가 결여된 아이들이 재미 삼아 친구를 괴롭히며 사회적인 결속력을 다지고 함께 이야기할 거리, 같이 할 거리를 창출하기도 한다.

만약 당신의 딸이 누군가를 괴롭히고 있다면 이러한 딸의 행동을 다른 사람 탓으로 돌리지 말기를 바란다. 자기 자식이 다른 사람을 괴롭힌다고 믿고 싶어 하는 부모는 한 명도 없겠지만 현실을 부정하는 것은 딸에게 전혀 도움이 되지 않는다. 학교 폭력에 대한 연구 결과에 따르면 남을 괴롭히는 아이들은 장기적으로 우울증, 불안, 미약중독, 반사회적인 행동을 할 위험이 높다고 한다.[26] 부모는 딸에게 남을 괴롭히는 짓은 용납할 수 없으며 처벌을 받을 수도 있다는 사실을 알리고, 다시는 그런 짓을 반복하지 않도록 철저히 감시해야 한다. 또한 딸에게 심리 치료를 받게 해서 왜 다른 아이를 괴롭히는지 그 원인을 찾아내고, 긍정적인 사회성을 배울 수 있도록 도와주어야 한다.

아이가 직접 남을 괴롭히지는 않더라도 희생양이 된 아이를 방관하지 말고 도와주어야 한다는 것도 알려주어야 한다. 여기에서 '도와준다'라는 것은 가해자와 직접 대적하라는 것이 아니라 당시 상황을 어른에게 알리거나 문제를 해결하기 위해 아이가 할 수 있는 일을 찾아보는 것이라고 덧붙여 말해준다. 비록 희생자가 아이 마음에 들지 않는 상대일지라도 그런 상황이 발생한다면 도와주어야 하며, 부모는 언제든 해결책을 찾기 위해 도와줄 준비가 되어 있다고 말해주자.

우리는 10대가 가족과 멀어져 또래 그룹으로 이동하고 있으며 그룹에 대한 '소속감 추구 과정'에 들어와 있음을 알게 되었다. 친구들과의 관계가 원만하지 않을 때 아이들이 힘들어하는 것은 당연하다. 일단 10대가 되면 이러한 정신적 갈등은 아주 강렬하게 다가온다. 더 큰 세계로 나아가 그곳에서 자리를 잡기란 쉽지 않은 일이다. 그런데 여기에다 감정까지 스스로 조절하지 못한다면 상황은 더더욱 꼬일 수밖에 없다. 다음 장에서는 우리 아이들이 감정을 잘 조절하기 위해 부모가 어떻게 도와주어야 하는지에 대해 알아보겠다.

제3장

감정 조절에 어려움을 겪는 단계

　내가 대학원 1학기 때 심리학 시험 과정을 가르치는 교수님이 로르샤흐 잉크 반점 검사지를 한 뭉텅이 주며 채점을 하라고 지시하셨다. 내가 자리를 뜨기 전 교수님은 "채점하는 사람의 나이를 꼭 확인해야 한다. 나이는 10대인데 답안 내용은 어른인 것 같거든 몸은 10대지만 정신은 어른이라고 생각하면 돼. 그런 아이들도 정상적인 10대이니까"라고 말씀하셨다.[1] 2년 후, 나는 안나 프로이트가 이러한 청소년에 대해 기술한 구절을 우연히 발견했다.

　청소년기에는 일관성 없이 예측 불가능한 방식으로 행동하는 시기가 상당히 존재한다. 충동을 억제하기 위해 싸우면서 동시에 충동을 수용하기 위해서 싸우고, 부모를 사랑하는 동시에 증오하며, 부모에게 반항하는 동시에 의존하고, 다른 사람 앞에서 엄마의 존재를 부끄러워하는 자신과 가슴을 터놓고 엄마와 대화하고 싶은 자신이 같이 존재한다. 다른 사람을 모방하려 안간힘을 쓰기도 하고 자기만의 고유한 정체성을 끊임없이 추구하기도 한다. 그 어느 때보다 이상적이고, 예술적이며, 관대하고, 이타적이다가도 자기중심적이고, 이기적이며, 계산적인 사람이 되기도 한다. 인생의 다른 시기 같으면 이러한 큰 변화와 극단적인 감정의 파도가 아주 비정상적으로 여겨질 것이다. 하지만 청소년기의 경우 한 아이가 이렇게 상충되는 모습을 보이는 것은 성인과 같은 성격 구조가 모습을 드러내기까지 오랜 시간이 걸린다는 것을 의미하고, 자기 안에서 여러 가지 실험이 진행되고 있으며, 모든 가능성이 열려 있다는 것을 의미한다.[2]

그때 나는 '와, 그렇구나. 10대에게 정상적인 행동은 우리에게만 비정상으로 보이는 거구나'라고 생각했다. 그리고 20년이 흐른 지금, 내가 매일 만나는 10대의 부모들이 아주 생생하게 그 사실을 전해주고 있다. 10대 자녀를 둔 부모들은 사소한 일로 아이가 내는 짜증이 얼마나 큰 감정적인 지진으로 번져 온 식구들을 아연실색하게 하는지를 생생하게 들려준다. 예를 들어 아이가 입으려 한 청바지가 지금 세탁기에서 돌아가고 있을 때 같은 상황 말이다. 부모들은 조용한 성격이었던 딸이 이제는 흥분하면 괴성을 지르고, 열두 살 때는 융통성이 있던 아이가 열다섯 살이 되더니 사소한 일에도 얼마나 자주 뚜껑이 열리는지에 대해 내게 하소연한다. 10대는 감정이 격하기도 하지만 아주 변덕스럽기도 하다. 자기 입으로 "세상 최악, 아니 우주 최악의 날"이라고 해놓고 짝사랑하던 아이에게서 문자메시지를 하나 받는 순간 "오늘은 세상 최고의 날"이라 말한다. 내 친구 중에는 이렇게 토로한 이도 있었다.

"우리 딸 기분은 정말 알 수가 없어. 아침 8시도 되기 전에 다섯 번도 더 극과 극을 왔다 갔다 하더라."

10대의 급격한 감정 변화는 부모를 당황시킨다. 일곱 살에서 열두 살 사이의 아이들은 심리학자들이 소위 '잠복기latency'라고 부르는 시기를 거친다. 즉 10대가 되기 전까지는 꽤 평안한 세월을 보내다가 갑자기 명랑 쾌활한 아동기가 사라지고 급작스러운 기분 변화를 맞는 것이다. 최근 두뇌 과학의 발달로 이 잠복기가 끝나는 시기에 대한 이해의 등불이 켜지게 되었다. 우리는 보통 열세 살경이면 두뇌 발달이 끝나는 것으로 생각하지만 그 이후 10대 기간 중에도 두뇌는 리모델링 과정을 거친다고 한다.[3] 이때는 자궁에서 두뇌가 자랄 때와 유사한 패턴을 밟는다. 먼저 하부에 자리 잡은, 정서 및 충동을 담당하는 원시적인 두뇌인 변연계에서 시작해 위쪽과 바깥쪽, 즉 인간이 다른 동물과 구별되는 부위인 피질로 올라간다. 변연계가 리모델링 과정을 거치면서 감정에 대한 두뇌 반응이 격해지는데 이 감정은 아동이나 성인보다 10대에게서 더 민감하게 나타난다고 연구에서는 밝히고 있다.[4] 예를 들어, 한 연구에서 두뇌가 감정적인 자극에 어떻게 반응하는지에 대해 MRI를 찍어보았다. 연구진은 두려움에 찬 얼굴, 행복한 얼굴, 차분한 얼굴을 어린이와 10대 및 성인에게 보여주며 변연계의 감정 반응에서 핵심적인 역할을 하는 편도체의 활동을 모니터링했다. 그 결과 아동 및 성인에 비해 10대의 편도체가 두려운 얼굴과 행복한 얼굴에 더 강렬한 반응을 보였다.[5] 즉, 다른 연령대 사람들에게는 초인종 정도의 울림만 남길 자극이 10대에게는 커다란 범종이 울리는 것 같은 자극을 준 것이다. 이 두뇌의 재구성 작업은 뇌의 밑부분에서 시작하여 윗부분으로 진행되기 때문에 진정과 이성적 사고를 담당하는 전두엽은 성인이 될 때까지 온전히 제 기능을 하지 못한다. 즉, 이때까지는 변연계의 반응이 전두엽을 능가하는 것이다. 따라서 이 시기의 우리 아이들은 격렬한 감정이 폭발하여 가족들을 감성적인 대변동의 신세계로 이끈다.[6]

어른들은 종종 10대에게 "너희가 감정적으로 폭발하는 이유는 호르몬 때문이야"라고 말하지만 호르몬 탓을 하는 것은 별 효과가 없으며 심지어 옳지 않은 말일 수도 있다. 사춘기에는 여드름과 폭발적인 성장, 체취 등이 감정 증폭과 동시에 나타나기는 하지만 연구 결과 사춘기의 호르몬 분비는 10대의 기분 변화에 간접적인 영향밖에 끼치지 못한다. 오히려 호르몬은 스트레스를 주는 사건이나 엄마와의 관계 등과 같이 딸의 기분에 직접적인 영향을 주는 여타 요소에 반응하거나 심지어 이러한 요소의 지배를 받는 것일지도 모른다고 한다.[7] 즉, 호르몬 변화보다는 딸의 뇌에서 일어나고 있는 변화와 주변에서 발생하는 일들이 아이의 기분에 영향을 주고 있을 가능성이 더 높은 것이다.

결론을 말하자면 우리 딸들은 그렇게 강렬한 느낌과 감정을 경험하고 있다는 것을 행동으로 보여주는 것이다. 따라서 겉으로 보기에 과장되거나 도가 지나치게 느껴지더라도 아이의 감정을 진지하게 받아들여주기를 바란다.

이번 장에서는 아이들이 감정을 조절하도록 도와주는 방법에 대해 다루어보도록 하겠다. 청소년기에 접어든 아이들은 걱정의 소용돌이를 맞는다. 우리는 아이들이 이러한 감정을 관리하고 활용할 수 있는, 자신감에 찬 성인으로 자라주기를 바란다.

딸이 보여주는 롤러코스터 같은 감정 변화에 놀란 부모들은 아이들 역시 본인의 변화에 충격을 받고 있다는 사실을 보지 못한다. 내가 초보였던 시절, 선배가 내게 최고의 조언을 해주었다.

"10대는 모두 자기가 미친 건 아닌가 혼자 걱정한다는 가정하에 일해야 할 거야."[8]

나는 건강한 10대라면 부모의 눈에 미친 것처럼 행동할 수도 있다고는 생각했지만 10대가 본인의 정신 상태에 대해 걱정하고 있을 거란 생각은 해본 적이 없었다. 입고 나가려 한 청바지가 세탁기에 들어가 있다는 사실에 뚜껑이 열려 길길이 날뛰는 10대는 속으로

'도대체 내가 왜 이러는 거야?'라고 의문을 품는다. 10대 자신도 얌전했던 시절을 기억하기 때문에 갑자기 찾아온 청소년기의 격랑에 대해 부모와 마찬가지로 낯설어하고 동요하는 것이다.

직업상 10대를 만나 상담을 해줄 때 나는 항상 그 선배가 했던 말을 가슴에 새긴다. 내게 마음을 털어놓기 위해 최선을 다하고 있는 이 아이, 나는 이 아이가 처한 상황이 모두 이해가 되는데 지금 내 앞에 앉아 있는 이 아이 마음속에는 다음과 같은 생각이 자리하고 있을 거라고 가정하는 것이다.

'내가 정말 미쳤나 봐. 그러니까 여기에 앉아 있지.'

나는 내가 쓰는 단어나 표현, 어조, 행동 등 모든 면에서 신경을 써서 '나는 너를 정상이라고 생각한다'라는 점을 보여주려 애쓴다. 또 어떤 이유로 나를 찾아왔든 그 상황을 이해하고 해결하려 노력하는 조력자로 나를 부각하기 위해 노력한다. 위대한 신경전문의인 올리버 색스Oliver Sacks의 말처럼 나는 10대 여자아이들을 대할 때 '이 아이는 어떤 문제를 가지고 있지?'라고 생각하는 대신 '이런 어려움을 가진 이 아이는 어떤 아이일까?'라고 생각하려 노력한다.[9]

따라서 당신의 딸이 정상적인 발달 과정에 따라 성장하고 있다면 아이는 분명 속으로 자기가 미쳤을지도 모른다는 걱정을 하고 있을 것이며 심리 분석 결과 정신 연령은 '성인'이라는 결과가 나올 수도 있다. 또 딸이 속해 있는 그룹의 핵심적인 지지 세력은 아이와 마찬가지로 모든 일에 예민하게 반응하며 정상이 아닌 것으로 보이는 동기 10대로 구성되어 있다는 사실도 잊지 않기를 바란다.

우리 딸들은 매일 자기 안에서 분출되는 강력하고 예측 불가능한 감정을 추스르고 본인에게 주어진 일을 해나가며 바쁘게 살고 있다. 엄청난 감정 변화 속에서 미치지 않고 살아남기 위해 딸들은 부모에게 도움을 청할 것이다. 때에 따라 직접적인 도움을 요청할 수도 있고, 자신의 감정을 부모에게 쏟아버릴 수도 있으며, 내 감정을 엄마가 대신 느끼도록 전가해버릴 수도 있다. 이에 부모는 '딸은 내가 이런 역할을 해주기를 원하는구나' 하고 즉각 알아차릴 수도 있고, 한발 늦게 깨달을 수도 있으며, 아예 모르고 지나갈 수도 있다. 딸이 본인의 감정을 다스리기 위해 얼마나 노력하고 있는지를 깨닫게 된다면 아이가 자신에 대해 확신을 갖도록 도와주면서 동시에 엄마로서 정신 줄을 놓지 않는 데 도움이 될 것이다.

♥ 부모, 아이의 감정 쓰레기통이 되다

아이의 하루

10대는 불편한 감정을 부모에게 쏟아붓는 방식으로 본인의 감정을 다스리는 경우가 많다. 따라서 청소년기에 접어든 자녀가 불평을 일삼더라도 그리 놀라지 마시길. 친구와 점심시간 동안 고안해 낸 게임에 대해 즐겁게 재잘거리던 5학년짜리 딸이 6학년이 되어서는 구시렁대는 불평쟁이로 변해버리기도 한다. 딸이 끊임없이 쏟아내는 불평을 즐겁게 들어주는 부모는 없지만 아이들이 이렇게 구시렁대는 데도 이유가 있다는 걸 알면 참아내기가 훨씬 쉬울 것이다.

엄마에게 불평거리를 다 쏟아낸 아이들은 다음 날 학교에 가서 최선의 모습을 보여줄 수 있다. 어른들은 보통 학창 시절에 대해 달콤한 기억만 가지고 있다. 우리는 온종일 또래 친구들과 어울리기만 하면 되는 10대 시절이 아주 좋을 것으로 생각하지만 사실 학교생활은 우리가 기억하고 있는 그런 생활과는 아주 거리가 멀다. 만약 투명 인간이 되어 딸의 하루를 그대로 관찰해볼 수만 있다면 나는 당신이 다음과 같은 세 가지 반응을 보이리라 확신한다.

"세상에, 하루가 이렇게 지겹고 힘들다니. 역사 시간에는 마치 시간이 거꾸로 가는 것 같았어."

"야, 애들 정말 짜증 난다. 점심시간까지 도저히 못 잠겠다."

"우리 딸이 놀라울 정도로 온종일 잘 참네? 어떻게 저럴 수 있지? 온종일 이렇게 해라 저렇게 해라 훈계만 듣고, 심지어 화장실조차 허락을 받고 가야 하는데 말이야."

물론 아이들은 유치원 시절부터 친구들과 선생님, 학교에서 요구하는 것들에 적응하기 시작한다. 그때도 물론 불만이 있겠지만 10대가 되기 전까지는 적극적으로 불평하지 않는다. 하지만 모든 감정이 극한까지 치고 올라오는 시점이 되면 옛날에는 단순히 귀찮았던 반 친구가 도저히 참을 수 없는 존재가 되기도 한다. 그리고 10대는 어린이들보다 어른들을 훨씬 더 못 참아 한다. 어른들을 꿰뚫어 보게 되었기 때문이다. 어린이들은 충동을 느끼면 그대로 행동으로 옮겨 일을 저지르고 만다. 상대를 때리거나, 밀거나, 욕을 하거나, 기타 방식으로 표현하는 것이다. 10대도(다수의 성인도) 같은 충동을 느끼지만 의지력을 총동원해 부정적인 감정을 억제하고 하루를 보낼 뿐이다.

아이의 짜증, 받아줄까 야단칠까?

바로 여기에서 부모의 역할이 필요하다. 우리 딸들은 학교생활을 하면서 선생님이나 친구들에게 짜증을 내고 싶은 충동을 참는다. 집에 와서 부모를 만날 때까지 꾹 참아낸다. 온종일 학교에서 잘 참았으면 참은 김에 좀 더 참아서 부모와도 즐겁게 지내면 좋지 않느냐고 생각할 수도 있다. 그러나 연구 결과를 보면 의지력이란 무한정 발휘할 수 있는 게 아니라는 걸 알 수 있다. 연구진들은 대학생들에게 '맛 인지에 대한 연구'라고 주제를 둘러대며 참여해줄 것을 부탁했다. 피험자들은 방 안에 들어간다. 탁자 위에 접시 두 개가 놓여 있는데 한 접시 위에는 갓 구운 초콜릿 쿠키가 놓여 있고 방 안에는 고소한 쿠키 냄새가 진동한다. 다른 접시 위에는 무가 놓여 있다. 피험자 중 절반에게는 쿠키를 먹으라고 하고 나머지 절반에게는 쿠키는 절대 먹지 말고 무만 먹으라고 한다(만약 연구진들이 피험자들을 감시하고 있는 건 아닌지 의심이 든다면 그 답은 '예스'이다).

취식이 끝나면 연구진들은 피험자들에게 15분 정도 방에서 대기하라고 한다. 이렇게 피험자들이 기다리는 동안 연구진들은 이들에게 다른 연구도 잠시 도와달라고 하며 풀리지 않는 문제를 주고 이들이 얼마나 오랫동안 포기하지 않고 문제를 푸는지를 살펴보았다. 아마 이쯤에서 당신은 이 연구진들이 무슨 꿍꿍이속인지를 알아차렸을 것이다. 쿠키를 먹은 사람들은 무를 먹은 사람들보다 두 배는 더 오랫동안 문제 풀이에 매달렸다. 다시 말해서 무를 먹은 사람들은 쿠키를 먹은 사람보다 훨씬 빨리 포기하고 말았는데, 그 이유는 쿠키를 먹고 싶은 유혹을 참아내는 데 많은 의지를 소모했기 때문이었다.[10] 많은 10대에게 학교는 무가 담겨 있는 접시와 같다. 학교에서 하루를 다 보내고 나면 짜증을 감내할 힘이 더는 남아 있지 않기 때문에 집에 돌아와 부모에게 불평불만을 쏟아내기 시작하는 것이다.

온종일 겪었던 엄청난 좌절과 짜증을 쏟아낼 기회를 포착한 딸들은 부모에게 스트레스를 다 쏟아내고 그 덕분에 자기는 기분이 후련해진다. 가족과 저녁 식사를 하는 동안 직장 동료나 상사에 대해 구시렁대면 기분이 한결 좋아지는 걸 누구나 한 번쯤 경험해보았을 것이다. 10대도 다르지 않다. 부모를 자신의 감정 쓰레기를 던져버리는 쓰레기통으로 삼은 딸은 등교 준비를 산뜻하게 마치고 모범생으로 돌아간다. 집에 돌아가 쏟아낼 화려한 불만들을 상상하며 시간을 보내기에 학교에서 모범생으로 살아갈 수 있는 것인지도 모른다.

딸이 불평을 늘어놓거든 조용히 들어주자. 들으면서 지금 나는 딸이 그날의 스트레스를 쏟아낼 기회를 주고 있다는 점을 마음속으로 되새기자. 많은 부모가 딸의 불평을 들으면서 조언을 하거나, 딸이 잘못 생각하고 있는 부분을 짚어주거나, 문제를 해결해주고 싶은 충동을 느끼겠지만 딸의 문제를 해결해주어야 한다는 압박감을 느낄 필요는 없다. 당신이 제시한 해결책을 아이가 계속 거부하는 걸 이미 경험해보았을 수도 있다. 정말 멋진 아이디어라고 생각되는데도 말이다. 아이가 스트레스를 잘 관리할 수 있도록 도와주고 싶다면 아이에게 불평을 쏟아내는 것과 비워내는 것의 차이를 알려주기를 바란다. 불평불만은 '해결이 필요하다는 느낌을 전달'하는 반면 비워내는 것은 '나를 사랑하는 사람이 내 말을 들어주기만 해도 기분이 좋아지는 것'이다. 10대의 불평 대부분은 해결할 수 없는 것들이다. 친구들이나 선생님을 바꿔줄 수 있나? 로커의 위치도 그렇고 과제도 바꿔줄 수 없다. 어쩔 수 없는 현실에 대한 불평불만은 줄이고 비워내기에 집중하게 하자.

'비워내기'를 가르치는 방법

어떻게 하면 아이가 불평불만과 비워내기, 이 두 가지를 잘 구분하도록 도와줄 수 있을까? 아이가 불평불만을 쏟아내기 시작할 때 이렇게 물어보자.

"지금 이야기하는 것에 대해 엄마의 도움이나 해결책이 필요한 거야? 아니면 그냥 불만을 비워버리고 싶은 거야?"

　도움이 필요한 경우 아이는 도와달라고 할 것이고 그냥 불만을 비워버리고 싶은 것이라고 한다면 당신이 편히 앉아서 이야기를 들어주는 것만으로도 아이에게는 도움이 된다. 더 중요한 것은 단지 이야기를 들어주는 것만으로도 엄마가 자기에게 도움을 주고 있다는 것을 딸이 인식하기 시작한다는 것이다. 아이에게 스트레스를 비워내라고 기회를 주고 조용히 들어주면 아이는 엄마에게 무슨 꿍꿍이속이 있는 것은 아닌가 의심할 수도 있다. 특히 아이가 불만을 쏟아낼 때마다 엄마가 충고를 해주었다면 아이는 '엄마가 갑자기 왜 이래?' 하고 생각할 수도 있다. 하지만 포기하지 말기를 바란다. 그리고 누군가가 이야기를 들어주는 것만으로 힐링 효과가 있다는 것을 믿는다고 아이에게 이야기해주자. 아이는 곧 익숙해질 것이다. 그렇다고 이제부터 아이가 불평하기를 그만두고 비워내기만 할 것이라고 기대하는 것은 금물이다. 기회를 보아 해결할 수 있는 문제와 그냥 공유함으로써 치유되는 문제를 아이가 잘 구분할 수 있도록 이끌어주어야 한다.

　만약 아이가 쏟아놓는 문제에 동의할 수 없고, 어른이 꼭 개입해야 한다는 생각이 들거든 이렇게 말해보자.

　"엄마는 그 상황에 대해 생각이 달라. 한번 들어볼래?"

　아이가 좋다고 하면 생각을 전달하고 아이가 듣기 싫다고 거절하면 꾹 참고 아무 말 말자. 그냥 아이가 당신의 침묵을 본인에 대한 동조로 해석하지 않을 것이라는 사실에서 위안을 찾기를 바란다.

때로는 아이가 부모 대신 형제자매나 강아지 등 '아무나'를 감정 쓰레기통 삼아 온갖 짜증을 부리는 날이 있을 수도 있다. 만약 딸이 본인의 언짢은 기분을 가족에게 풀려고 하는 것으로 보일 때는 한두 마디 정도는 그냥 넘어가주자. 하지만 저녁 시간 내내 모든 가족에게 화풀이를 하려는 것으로 보일 때는 이렇게 말해보자.

"오늘 네가 기분이 나쁘다는 건 알겠어. 하지만 너한테 모든 사람을 괴롭힐 권리는 없어. 짜증 나는 일을 털어놓을 사람이 필요하면 엄마가 들어줄게. 단, 오늘 밤 내내 그럴 거면 여기서는 그러지 말자."

♥ 이제 엄마 아빠가 기분 나쁠 차례

아이가 자신의 문제를 부모에게 전가하는 이유

로럴학교에 있는 내 상담실에 들어서면 나는 항상 책상 위에 있는 전화기의 음성 메시지부터 확인한다. 어느 날 아침에는 세 개의 메시지가 와 있었는데 모두 같은 학부모가 남긴 것이었다. 어떤 여학생의 아빠가 남긴 세 개의 메시지 중 첫 번째 메시지에는 걱정과 근심이 가득 차 있었다.

"선생님, 안녕하세요. 마크 브라운입니다. 화요일 저녁 7시 15분에 전화를 드립니다. 오늘 퇴근하고 집에 돌아왔더니 식탁 위에 딸

서맨사의 화학 시험지가 놓여 있더군요. 저희 아이를 기억하시는지 모르겠지만 서맨사는 원래 B 이하의 성적을 받아본 적이 없는 아이입니다. 성적을 보고 놀라서 서맨사와 대화를 좀 해보려고 했는데 딸은 별일 아니라며 제가 과잉 반응을 보인다고 하더군요. 이젠 뭐가 더 걱정인지 모르겠습니다. 나쁜 성적을 걱정해야 하는 건지, 그런 성적을 받고도 태평해하는 아이의 태도를 걱정해야 하는 건지. 정말 저런 아이가 아니었거든요. 성실한 아이였는데……. 제가 어떻게 해야 좋을지를 모르겠습니다. 헷갈리네요. 혹시 괜찮으시면 내일 전화 한 통 주시겠습니까? 부탁드립니다."

두 번째 메시지는 다음과 같았다.

"안녕하세요. 또 서맨사 아빠입니다. 화요일 밤 10시 반입니다. 서맨사와 시험 성적에 대해 이야기를 좀 하려고 했더니 방에 틀어박혀서 나오지 않네요. 저와 이야기하는 것 자체를 거부합니다. 착한 아이였는데 갑자기 왜 저러는지 모르겠어요. 제 생각에는 원래 계획했던 여름 방학 캠프 대신 제가 온라인에서 찾은 과학 캠프에 아이를 보내는 게 더 좋을 듯합니다. 그런데 캠프 계약금을 돌려받을 수 있는 시한이 얼마 남지 않았습니다. 조속히 전화 부탁드립니다."

세 번째 메시지는 안도한 목소리였다.

"서맨사 아빠입니다. 수요일 아침 6시 45분이네요. 지금 막 서맨사가 어젯밤 화학 선생님에게 보낸 이메일에 답장을 받았다고 하더군요. 선생님이랑 같이 시험지를 보면서 서맨사가 이해하지 못한 부분을 살펴보고 문제를 잘 풀어내면 점수를 회복할 수 있도록 해주시겠답니다. 어젯밤 그렇게 메시지를 남겨서 죄송합니다. 전화는 안 해주셔도 될 듯합니다."

나는 서맨사 아빠에게 전화를 걸었다. 힘든 시간을 보낸 그에게 공감해주며 딸의 행동에 대해 설명해주는 게 좋겠다고 생각했기 때문이다. 나는 원래 서맨사 아빠를 알고 있었다. 그는 조용하고 신중한 분으로 그러한 딸의 행동에 대해 당황할 수밖에 없는 사람이었다. 서맨사 또한 그 사실을 잘 알고 있었다. 아마 본인도 화학 시험 점수를 받는 순간 화가 났겠지만 아빠에게는 점수에 대해 상관하지 않는다는 듯한 태도를 보이며 아빠가 과잉 반응이라고 일축했다. 왜 그랬을까? 심리학 용어로 '외재화 *externalization*'를 한 것이다. 외재화란 타인이 나의 감정을 대신 느끼도록 감정을 전가하는 방법으로, 본인의 감정을 조절하는 방법을 의미하는 기술적 용어이다. 즉, 10대가 감정적으로 다루기 힘든 뜨거운 감자를 부모에게 던져버리는 것을 '외재화'라고 한다.

우리 딸들이 어느 날 갑자기 잠에서 깨어나 '오늘부터는 불편한 감정을 모두 엄마 아빠한테 쏟아붓고 말 거야'라고 각오하는 것은 아니다. 감정적 완화를 위해 외재화를 활용하자고 결정을 내리는 것은 무의식의 범주에서 일어나는 것이다. 이러한 무의식의 과정은 강력하다. 만약 딸의 마음속 무의식 세계에 마이크를 대고 들어볼 수 있다면 아마 이런 말이 들려오지 않을까?

"이 점수 때문에 정말 온종일 기분이 엉망이네. 힘들어죽겠다니까. 해결책도 없고. 어쨌든 이 감정에서 벗어나고 싶어. 시험지를 아빠가 보실 수 있는 곳에 놓아두면 아빠가 열을 내시겠지. 내게 와서 분명히 뭐라고 하실 거야. 그때 나는 아빠한테 과잉 반응을 보이지 말라고 쏴주어야지. 그러면 그 걱정거리는 내 영역을 벗어나 한동안 아빠한테 머물 테니까."

다른 사례를 하나 더 들여다보자. 대학교 신입생 시절 어느 날 밤, 나는 너무 불안하고 외로웠다. 집에서 멀리 떨어진 외딴 섬에 홀로 버려진 듯한 느낌이었다. 그날 밤, 나는 엄마에게 전화를 걸어 내 감정을 쏟아붓고는 앞으로도 상황이 절대 나아지지 않을 것 같다는 우울한 확신까지 덧붙였다. 엄마는 나에게 위안과 조언을 해주려고 했지만 나는 절망에 찬 목소리로 나 혼자, 슬프게, 쓸쓸히 이 상황을 헤쳐 나가겠노라 말하고 전화를 끊었다. 전화를 끊고 난 나는 기분이 훨씬 좋아졌고 마침 내 룸메이트가 방에 들어와 우리는 외출해서 정말 즐거운 시간을 보냈다.

다음 날 아침, 엄마에게 전화가 왔다. 엄마는 피로와 걱정이 가득한 목소리로 "너 괜찮니?"라고 물었다. 나는 "그럼, 괜찮고말고. 엄마 무슨 일 있으세요?"라고 물었다. 그때 나는 당신이 상상하는 그런 친절하고 배려 깊은 어조로 답하지는 않았다. 나중에 아빠는 엄마가 그날 내 걱정을 하느라 뜬눈으로 밤을 지새웠다고 전해주었다.

외재화는 우리 딸들이 불편한 감정을 던져버리고자 할 때 일어난다. 그런데 우리 딸들은 이러한 불편한 감정을 아무에게나 던져 버리지 않는다. 반드시 자기를 걱정하고 염려하는 사람에게만 던진다. 외재화는 심오한 형태의 공감이라 할 수 있는데, 단순히 같은 감정을 공유하는 것을 넘어서 상대가 자신의 실제 감정을 느끼게 하는 것을 말한다. 10대가 단순히 불평을 할 때는 상대 역시 이 불편한 감정의 주인이 되어 자신에게 공감해주기를 바란다. 그리고 때로는 불평을 들어준 문제의 원인을 해결해주는 것을 순순히 받아들일 수도 있다. 하지만 외재화를 할 때는 자기의 느낌을 부모가 가져가버리기를 원하고, 되돌려받기를 거부할 것이다. "엄마, 오늘 정말 신경에 거슬리고 화나는 일이 있는데 이거 어떻게 하면 좋을까요? 뭐 좋은 생각 있어요?"와 "이거 좀 가져가세요. 나는 이걸 더 붙들고 있고 싶지 않아요. 엄마가 좀 가져가버리세요"는 분명히 다른 것이다.

외재화는 우리 딸들이 청소년기를 감당할 수 있게 만들어준다. 하루 중 상당 시간을 같이 보내는 친구들 역시 자신의 감정을 다스리느라 정신이 없기 때문에 10대끼리는 서로 유용한 도움을 받기가 힘들다. 자기 발등에 떨어진 불도 못 끄는 사람이 남의 발등에 떨어진 불을 꺼줄 수는 없기 때문이다. 내면에서 일어나는 감정싸움 때문에 괴로울 때, 도움이 필요할 때 10대는 자기를 사랑하는 부모를 찾아가 그 앞에 짐을 내려놓는다. 아이한테는 다행이지만 부모에게는 안타까운 일이다. 이렇게 외재화의 과정에서 딸이 던진 버린 짐을 받아 든 부모들은 어리둥절해한다. 이들은 서맨사의 아빠처럼 딸의 문제에 대해 당황하고 그 문제를 해결해주고 싶어 하지만 정작 딸이 그 문제에 참여하기를 거부하는 현실에 직면한다.

그냥 아무것도 하지 마라

외재화가 발생할 때 대부분의 경우 부모가 할 수 있는 일은 그리 많지 않다. 외재화가 일어나는 순간 바로 그 자리에서 이를 감지하는 것 자체도 쉬운 일이 아니다. 딸에게 외재화에 대해 설명해준다 한들 아이가 다시는 외재화를 하지 않도록 만들 수도 없다. 애초에 외재화를 의식적으로 하는 것이 아닌 것처럼 의식적으로 안 하게 할 수도 없는 것이다. 이 과정은 아주 순식간에 발생한다. 만약 말로 설득해서 딸이 자신의 감정에 대해 항상 스스로 감당하고 책임질 수 있게 만들 수 있다 해도 그게 정말 부모가 원하는 것일까? 때때로 부모가 딸의 감정에 매달리는 것은 아이에게 감사하다는 말을 듣기 위해서가 아니라 그냥 부모가 자발적으로 나서서 하는 자선 행위와도 같다. 부모가 그렇게 함으로써 딸이 청소년기라고 하는 험한 과정을 좀 쉽게 건널 수 있다면 좋은 일이 아닌가?

대부분의 10대는 이렇게 본인의 불편한 감정을 부모에게 내려놓은 후에 다시 마음을 추슬러서 문제의 잘못된 점을 찾아내거나 시간이 지나 그 일이 그리 소란을 떨 일이 아니었다는 것을 깨닫는다. 서맨사의 아빠가 부엌에서 딸의 성적을 보고 걱정하는 사이 서맨사는 선생님에게 연락을 취해 시험지를 다시 검토하자는 약속을 받아냈다. 대학 신입생 시절, 나는 엄마에게 전화를 걸어 걱정거리를 한가득 안겨준 후 밖으로 나가 룸메이트와 즐거운 시간을 보냈다(만약 내가 지금 청소년기를 지나고 있다면 아마 엄마에게 전화 대신 암울한 문자 메시지를 보낸 후 답장을 무시하거나 전화가 와도 받지 않았을 것이다).

외재화 과정에서 부모가 아이의 나쁜 기분을 떠안는다면 그 후에는 무슨 일이 벌어질까? 나쁜 기분을 넘겨받은 부모는 이제 어떤 행동을 취해야 할 충동을 느낀다. 서맨사의 아빠는 당장 여름 방학 캠프 계획을 엎어버리려고 했고 우리 엄마는 샌드위치를 싸들고 차를 몰아 그 광활한 평야를 가로질러 난국에 빠진 딸을 구하러 갈까 고심했다고 한다. <u>혹시 당신도 딸과 짧지만 고통스럽고 강렬한 사건을 치르고 나서 본격적으로 무엇인가를 해야겠다는 생각이 들거든 명심하기를 바란다. 당신은 아무것도 할 필요가 없다.</u>

11월 초에 나의 상담실을 찾은 카미유 엄마는(당시 카미유는 중학교 2학년이었다) 바로 그 전주에 정말 기막힌 일이 있었다며 말문을 열었다. 지난주 금요일 밤, 핼러윈에 카미유가 친구들과 이 집 저 집 다니면서 사탕을 얻어 오는 대신 집에 있으면서 찾아오는 아이들에게 사탕을 나누어주었다. 다음 날 아침, 엄마는 지나가는 말로 카미유에게 친구들은 전날 밤 뭘 했느냐고 물었다. 카미유는 "대부분 사라네로 핼러윈 파티를 하러 갔대요"라고 무심한 목소리로 대답했다. 그 말을 듣고 엄마는 가슴이 철렁했다. 1학년이 끝나갈 때쯤 카미유와 사라는 이미 화해를 했고, 비록 전과 같이 우정이 불타

오르지는 않았지만 동네 수영장에서 다른 아이들과 같이 한데 어울려 여름을 보낼 정도로 잘 지내고 있었다. 그룹 과제나 프로젝트를 할 때도 서로 잘 어울리고 있어서 엄마는 1학년 때 벌어진 그 사건이 잊혀가는 것으로 생각하고 있었다.

왜 사라네 파티에 가지 않았는지에 대한 설명은 생략하고 카미유는 엄마에게 사라가 온라인에 띄운 사진을 보여주었다. 사진 속에는 카미유를 제외한 많은 친구가 그 자리에 있었다. 엄마는 오랫동안 알고 지내온 사라 엄마에게 즉각 전화를 걸어 카미유를 파티에 초대하지 않은 이유가 뭐냐고 물었다. 그 기세에 당황한 사라 엄마는 사라가 헬러윈 파티를 한다는 소문이 나자 카미유가 온라인상에 '헬러윈 파티는 애들이나 하는 짓'이라는 글을 올렸고 이걸 본 사라는 카미유를 초대하지 않는 게 낫겠다고 생각했다는 말을 들려주었다. 이내 카미유 엄마는 자신이 아이들 간의 상황을 더 악화시켰을 뿐 아니라 사라 엄마와의 사이도 어색하게 만들었다는 것을 깨달았다.

카미유 엄마가 생각해본 결과, 딸은 자기가 또 분란을 일으킨 것에 대해 화가 났지만 이 문제를 어떻게 해결해야할지 알지 못했기 때문에 엄마에게 이런 방식으로 이 일을 털어놓은 것이라 해석했다. 이 사건에서 카미유가 자신의 감정을 엄마에게 떠넘기는 방식은 아주 효과적이었다. 만약 카미유가 눈물이 그렁그렁한 얼굴로 엄마에게 다가가 "사라와 사이가 다시 나빠졌어요. 내가 다 엉망으로 만들어버렸는데 어떻게 해야 할지 모르겠어요"라고 했다면 엄마는 아이가 그 사태를 해결하도록 방법을 알려주었을 것이다. 하지만 카미유는 파티 사진을 보여주면서 쿨한 척 행동함으로써 엄마에게 짐을 다 떠넘기는 데 성공했다.

그러면 이러한 상황에서 부모는 어떻게 해야 할까? 외재화를 당했을 때는 서둘러 무슨 조치를 취하는 것은 피해야 한다. 사랑하는 딸이 던진 아픔을 떠안게 된 부모는 그 순간 딸을 위해 못 할 것이 없겠지만 실제 뭔가 행동을 취한다면 그건 압정으로 해결될 문제에 커다란 망치를 들이대는 격이다. 10대는 친구와의 싸움을 세상이 무너지는 위기로 느끼겠지만 우리는 그게 그리 심각한 일이 아님을 알고 있고, 또 그 사실을 잊어서는 안 된다. 우리는 10대 같은 반응을 보이지 않음으로써 청소년들이 본인의 감정을 조절하고 현실감을 되찾도록 도움을 주어야 한다. 우리가 과잉 반응을 보이면 아이들은 상황이 정말 나쁜 것으로 받아들이며, 실제 상황은 그만큼 악화되게 마련이다.

엄마가 카미유에게 파티에서 소외된 이유를 알고 싶다며 대화를 시도했어도 아이는 이에 응하지 않았을 것이다. 카미유는 사라와의 관계에서 아픔을 겪고 있었고, 엄마가 그 아픔을 대신 느껴주기를 원했다. 이상적으로 생각하면 카미유 엄마는 어떤 행동을 취하는 대신 나를 찾아오거나, 남편에게 의지하거나, 사려 깊은 친구에게 이 문제를 의논했어야 했다. 10대 딸의 문제로 본인이 외재화의 대상이 되었을 때는 믿을 수 있는 사람과 대화를 나누는 것이 큰 위안이 된다. 내가 의지하는 대상은 제3자의 입장이기 때문에 그 상황을 좀 더 객관적으로 볼 수 있도록 도움을 줄 것이다.

그렇게 했더라면 카미유 엄마는 아마 자기가 알지 못한 무슨 속사정이 더 있을 거라는 데까지 생각이 미쳤을 것이고, 그러면 아이 문제에 끼어들지 말고 가만히 있는 게 최선이란 것도 알 수 있었을 것이다. 또 사라와 있었던 일에 대해 이것저것 가져다 붙이며 해명하려는 카미유에게 바른길을 가르쳐주었을 것이다.

주변에 의지할 사람이 없거나 외재화의 내용 자체가 너무 민감해서 다른 사람에게 말하기 곤란한 경우도 있다. 누구의 안전과 목숨이 경각에 달리지 않은 이상 이러한 상황에서는 무슨 조치를 취하기 전에 일단 하루 정도 시간을 두고 기다려보는 것이 좋다. 이렇게 기다리다 보면 상황이 좀 진정되고 이성적인 계획을 고안할 시간을 벌 수 있다. 그리고 대부분의 문제는 시간이 지나면 서설로 해결되므로 당신은 결국 애초에 계획을 세울 필요조차 없었다는 것을 깨닫게 될 것이다.

♥괴로움에서 아이가 얻는 것

'괴로움'이라는 감정의 장점

여자아이들은 심란해서 심란하다. 때로는 뭐가 잘못되었는지 잘 알지만 본인의 감정이 너무 격렬해서 헷갈려 한다. 또 이상한 곳에서 튀어나온 듯한 감정 때문에 흔들릴 때도 있다. 예를 들어 최근에 어떤 친구는 열다섯 살 된 자기 딸이 어느 날 공황 상태에 빠져 엄마에게 "지금 너무 눈물이 나는데 왜 그런지 나도 모르겠어요"라고 울먹였다고 한다. 이렇듯 본인도 알 수 없는 감정 상태에 휘말려 흔들리는 아이를 볼 때면 나는 먼저 "정신 건강도 육체 건강과 같다"라고 말해준다. 즉 육체적으로 건강한 사람도 때로 병이 나듯 정신적으로 건강한 사람도 흔들릴 때가 있다는 것이다. 몸의 병처럼 정신의 병도 회복만 된다면 걱정할 필요가 없다.

물론 아이가 일주일에 대여섯 번씩 정신적인 병 때문에 아팠다가 회복하기를 반복한다면 이건 엄마나 딸 모두를 기진맥진하게 만들 일이긴 하다. 그러나 안나 프로이트가 말했듯이 동요와 극단적 흔들림은 10대에게서 흔히 볼 수 있는 일이다. 이번 장의 '부모가 나서야 할 때' 편에서는 우리의 딸들이 심리적인 독감에서 헤어 나오지 못하면 어떻게 해야 하는지를 다루고 있다. 하지만 대부분의 아이는 심리적 독감에서 잘 회복되며, 이렇게 감정적으로 동요를 느끼는 것이 삶의 일부라는 것을 아이에게 알려주면 더 도움이 될 것이다. 딸과 감정에 대해 대화를 나눌 때는 '감정'이라고 하는 것이 우리의 삶이 어디로 가고 있는지에 대해, 우리가 하는 선택의 질에 대해 중요한 정보를 알려주는 고도로 발달된 시스템이라는 것을 이야기해주는 것이 좋다. 그리고 이 시스템이 10대의 경우에는 아직

미완성의 상태라는 것도 더불어 알려주자. 어떤 친구랑 같이 있을 때 항상 짓밟힌 듯한 기분이 든다면 아이는 그 친구와의 관계를 다시 생각해봐야 한다. 또 친구 집에 놀러 갔는데 어른은 한 명도 없고 지하실에서 뭔가 수상쩍은 움직임이 포착되어 두려운 경우에는 이 느낌을 믿고 그 자리에서 벗어나야 한다.

심리적인 불편함은 놀라운 것이다. 이를 통해 10대는 좋은 결정을 내릴 수 있을 뿐 아니라 성숙하는 과정에 들어선다. 약속을 지키지 못해 죄책감을 느낀 아이는 앞으로 약속을 잘 지킬 가능성이 높다. 우리는 딸들이 불편한 감정으로부터 무언가를 배우고 이를 통해 성장하기를 바란다. 면접을 앞두고 긴장하여 너무 예민하게 굴거나 우는 딸에게는 균형 감각을 상실했기 때문이라고 말해주기를 바란다. 감정적 통증은 좋은 것이지만 10대의 경우 종종 그 느낌이 너무 과장되게 부풀려질 수 있기 때문이다. 이 때문에 감정에 빠져 허우적대는 상황이 발생하고, 이것이 너무 지나쳐 익사 상황으로 가버리면 이를 통해 배우고 성장하기가 어려워진다.

아이의 고통을 덜어주는 방법

딸이 감정적으로 압도된 상태에서는 당신 역시 그 부담감을 고스란히 느낄 것이다. 딸을 사랑하기 때문에 아이가 고통받는 게 싫을 것이며, 딸이 받는 고통만큼 그에 비례해서 반응하게 될 수도 있다. 하지만 앞에서 살펴본 바처럼 부모가 실제 문제의 경중에 맞게 반응해야 딸에게 도움이 된다. 아이가 균형 감각을 잃는 것은 실망스러운 일이지만 그렇다고 딸이 다시는 어떤 것도 잘 해내지 못할 거라고 생각해서는 안 된다. 가능하다면 아이가 본인이 느끼는 감정을 글로 표현하도록 이끄는 것도 좋은 방법이다.

내가 임상심리전문가로서 오래전부터 계속 사용해온 방법 중 정말 효과적인 것이 하나 있다. 바로 우리의 감정을 구체적인 단어를 사용하여 묘사하는 것이다. 감정을 말로 묘사하고 사랑하는 사람과 함께 그 감정에 대해 대화를 나누는 것은 문제를 현실적으로 보는 데 큰 도움이 된다.

"네가 마음의 평정을 잃지 않으려고 얼마나 노력하는지 엄마도 잘 알아. 그리고 지금 정말 낙심하고 있다는 것도 알고. 마음이 아플 거야."

여기에서처럼 당신이 눈물의 원인인 '낙심'이나 '마음이 아프다'라는 표현을 사용하는 것만으로도 아이가 불편한 감정을 다스리는 데 도움이 된다. 그런데 이 전술이 먹혀들기 위해서는 부모가 하고 있는 말과 그 어조가 맞아떨어져야 한다. 부모가 전하는 말이 정확하지 않더라도 그 내용을 따뜻하게, 딸이 회복할 수 있을 것이라는 믿음을 담아 전달해야 효과가 있다. 부모가 흥분하고 놀란 상태에서 말로만 위로를 전하면 놀라고 흥분한 마음만 전달된다. 상대가 경험하고 있는 바를 조용히, 공감하는 마음으로 세부적으로 기술하여 전달하면 아이는 자기가 혼자가 아니라는 느낌을 받게 되며, 이는 고통스러운 감정을 다스리는 데 큰 도움이 된다. 이렇게 감정이 진정되면 딸은 나름의 교훈을 얻고 그 감정을 놓아줄 수 있게 될 것이다. 나머지 영역은 딸이 스스로 알아서 해야 한다.

 딸의 감정에 단어를 붙여 묘사하면 그 감정이 사실적인 것이 되어 상황이 더 나빠지지는 않을까 걱정될 수도 있다. 하지만 그런 걱정은 할 필요가 없다. 상황을 악화시키고 싶으면 지금 느끼고 있는 그 감정에서 벗어나라고 직접적으로 말하면 된다. 아마 자식을 생각하는 대부분의 부모처럼 당신도 아마 이 방법을 시도해보았을 것이다. 그리고 이렇게 하면 할수록 오히려 아이는 불편한 감정에 더더욱 매달릴 뿐이란 사실도 알았을 것이다.

 때로는 아이가 본인의 감정에 대해 이야기할 기분이 아닐 수도 있고 감정을 말로 표현해보자는 부모의 제안을 거부할 수도 있다. 그런 상황이 되면 나는 다음과 같은 대사를 즐겨 사용한다.

 "엄마가 해줄 수 있는 게 뭐가 있을까? 상황이 더 악화되는 걸 막는 데 도움이 될 만한 게 있을까?"

 이런 말은 동조하는 어조에 실어 보내야 하는데 그렇게 하면 이 대사 안에 많은 것을 내포하여 전달할 수 있다.

 "엄마는 지금 네가 진짜 심각하다는 거 알아. 너한테 그 감정에서 벗어나라고 지시하는 게 아니야. 무서워서 벌벌 떠는 것도 아니고. 또 네가 상황을 개선할 수 없을지 모른다는 것도 이해해."

 이 중에서 마지막 부분이 가장 효과가 있다. 만약 아이가 현재 동아줌 맨 끝에 매달려 있는 상황이라면 부모의 목소리를 듣고 지상에 연착륙할 방법을 모색할 수 있을 것이다. 딸이 이유 없이 울며 뒤집어진다고 했던 친구에게 나는 이렇게 말해주었다. 아이한테 울면 그만큼 감정이 정화된다고 이야기해주라고. 호들갑 떨지 말고, 차분히 울고 나면 기분이 상쾌해진다는 사실을 알려주기를 바란다고 말이다.

♥ 나쁜 감정에 빠져 허우적거리는 딸

남자아이와 여자아이의 차이

연구에 따르면 감정적인 문제에 직면했을 때 여자아이들은 말로 풀고자 하며 남자아이들은 다른 일에 몰두하는 쪽을 택한다고 한다.[11] 다시 말해 여자아이들은 기분 나쁜 감정이 생기면 이에 대해 말을 하고, 이렇게 기분을 푼다. 이러한 방식의 장점은 친구나 부모에게 도움을 청함으로써 소중한 사회적 지지를 확보할 수 있으며, 스트레스를 해결하기 위한 성숙한 조언을 들을 수 있다는 것이다.[12] 단점은 문제에 대해 오랫동안 계속 이야기하다 보면 심리학자들이 '되새김질'이라고 부르는 단계에 접어들어 부정적인 감정에 지나치게 집착하게 될 수도 있다는 점이다. 이렇게 되면 이 감정 자체가 스스로 생명력을 얻어 우울증이나 불안으로 발전할 수도 있는데 특히 10대 여자아이들에게서 그런 특징이 강하게 나타난다.

　이와 대조적으로 남자아이들은 다른 곳으로 주의를 돌리는 방법을 통해 감정을 다스린다. 마음이 심히 괴로울 때는 학교 숙제나 비디오 게임과 같이 다른 일에 몰두한다. 이게 꼭 좋은 것은 아니다. 남자아이들은 청소년기를 거치면서 때로 감정을 드러내지 않고 침묵하는데 이에 대해 연구한 학자들에 따르면 남자아이들은 감정을 느끼는 것 자체를 여성성과 동일시하는데 그 이유는 여성성을 열등한 것으로 생각하기 때문이라고 한다.[13] 슬프게도 남자아이들은 남자답지 못하고 나약한 모든 것을 성적으로 비하하며 서로를 비난한다. 여자아이들은 본인의 감정에 대해 해부하고, 분해하고, 분석하는 반면 남자아이들은 무심한 척, 대담한 척함으로써 동료들 앞에서 체면을 잃지 않으려 하는 것이다. 따라서 남자아이들은 스트레스가 우울증이나 불안으로 발전할 가능성이 여자아이들보다 낮다. 하지만 심리학자 댄 킨들런Dan Kindlon과 마이클 톰프슨Michael Thompson이 지적한 대로 남자아이들은 문제적 감정을 분노로 치환할 확률이 높기 때문에 폭력적인 행동으로 문제를 일으킬 수 있다.[14]

문제 상황에서 한 걸음 멀어지게 하는 연습

　다른 곳에 정신을 집중하는 것은 고통스러운 감정을 조절하는 데 훌륭한 전략이 될 수 있다. 만약 딸이 나쁜 감정에 빠진 경우, 부모는 아이가 뭔가 다른 것에 정신을 쏟을 수 있도록 도와주어야 한다.

보통 10대는 자신의 세계에 잘 몰입하는데 상황이 뜻하던 대로 잘 돌아가지 않을 때는 문제에의 몰입도가 더 깊어지고, 특히 10대 여자아이들은 문제에서 한 발자국 떨어져 휴식을 취하는 게 해결책이 될 수도 있다는 사실을 종종 잊곤 한다.

전화를 끊고 나서 카미유 엄마는 사라 엄마에게 자기가 그런 전화를 한 사실에 대해, 카미유가 '핼러윈 파티는 애들이나 하는 짓'이란 글을 온라인상에 올린 것에 대해 사과하는 문자메시지를 보냈다. 그러고 나서 카미유에게 그런 글을 올린 이유가 무엇이냐고 단도직입적으로 물었다. 카미유는 그 글을 온라인상에 올리자마자 곧 후회했으며 사라가 그 글을 농담으로 받아들여주길 희망했다고 말했다. 그날 저녁, 카미유는 엄마의 도움을 받아 사라에게 사과의 문자메시지를 보냈다. 그리고 그다음 날인 일요일 아침, 카미유는 밤새 수신 메시지를 체크하느라 거의 한숨도 못 잔 듯했다. 카미유는 딱딱하게 굳은 얼굴로 오후까지 쉴 새 없이 메시지함을 체크했고, 이를 보다 못한 엄마는 카미유에게 밖에 나가 마당에 쌓인 나뭇잎을 치우라고 시켰다. 카미유는 마지못해 나뭇잎을 치우기 시작했지만 일단 낙엽을 쓰는 동안 신선한 공기를 쐬고 몸을 움직이며 휴대전화에서 멀어지다 보니 기분도 조금 나아진 듯했다. 그리고 일요일 늦게 드디어 사라로부터 짤막한 답장이 왔다. 월요일, 사라와 카미유는 같이 점심을 먹었다. 카미유는 엄마에게 "좀 불편하기는 했지만 괜찮았어요"라고 전했다.

만약 아이가 엄마가 시키는 일(정신을 다른 데 쏟을 수 있는 활동)을 거부하면 가장 좋아하는 일을 해보라고 말해보자. 감정적으로 힘들 때 어릴 적 좋아했던 놀이를 하는 아이들도 많다. 어릴 때 좋아했던 놀이를 하다 보면 단순하며 감정적으로 무난했던 그 시절로 돌아가는 것 같기 때문이다. 이것도 소용이 없으면 같이 운동을 가자고 해보거나 크리스마스트리를 장식하는 것을 도와달라고 부탁하는 것도 한 방법이다. 이러한 방법이 문제를 피해 도망가는 것처럼 보일 수도 있지만 사실은 기분 전환을 위해 효과적인 전술을 구사하고 있는 것이다. 당신의 딸이 보통 때 어떤 식으로 자기 기분을 조절하는지를 잘 살펴보기를 바란다. 아이가 스스로 무엇을 선택하는지를 관찰해두었다가 나중에 필요할 때 그 방식으로 아이가 기분을 조절할 수 있도록 도와주자.

또는 말없이 감정적인 지지를 보여주는 방법이 필요할 수도 있다. 중요한 면접이 아이 뜻대로 돌아가지 않을 것 같을 때는 딸을 데리러 갈 때 집에서 키우는 강아지를 차에 태워 가는 것도 좋은 방법이다. 스트레스를 받을 때는 먹고 싶어 하는 간식을 준비해 갈 수도 있다. 감정을 추스르는 방법에는 여러 가지가 있으며 이 중에서 말이 필요한 것은 얼마 안 된다는 사실도 잊지 않기를 바란다. 현란한 수사 없이 보여주는 행동이 더 효과적일 수도 있으며, 나중에 아이와 대화할 수 있는 길도 열어준다.

친구의 문제를 자기 일처럼 고민하는 딸에게

여자아이들에게 되새김질만 감정적으로 문제가 되는 것은 아니다. 연구 결과를 보면 여자아이는 남의 아픔을 나의 아픔처럼 느끼는 사회적 스트레스를 남자아이들보다 훨씬 많이 느낀다고 한다.[15] 다시 말해 감정적으로 스트레스를 받는 친구의 이야기를 들은 아이 또한 스트레스를 받을 가능성이 높다. 그럼 여학생들은 화가 나면 어떻게 할까? 서로 이야기를 한다. 그 결과 한 여학생의 심리적인 고통은 그룹 내에 복잡한 화학 반응을 일으키는 촉매 역할을 하고 파급력이 큰 연쇄 반응을 촉발한다. 남자아이들은 친구에게 무슨 일이 일어나든 전혀 상관 안 하고 관심도 없다는 뜻이 아니다. 단지 남자아이들은 친구의 문제를 자기 문제처럼 느낄 확률이 훨씬 낮다는 뜻이다. 친구의 고민을 듣고 나서 남자아이들은 다음과 비슷한 말로 마무리할 확률이 높다.

"그렇게 힘든 일이 있었다니 유감이다. 나중에 어떻게 해결했는지 알려줘."

이 책의 제2장에 나왔던 라나는 친구 캐시의 자해 문제에 대해 신중했고, 아무에게도 그 이야기를 전하지 않았다. 만약 다른 아이들에게 그 이야기를 했다면 아이들 역시 모두 불안해했을 것이다. 대신 라나는 혼자만 끙끙 앓다가 결국 잠까지 설치게 되었고 심적 부담감에서 헤어 나오기 위해 주위에 도움을 요청했다. 캐시만큼 심각한 문제가 아니어도 딸의 친한 친구가 고통을 받고 있다면 우리 아이 역시 고통을 받을 확률이 높다. 친한 친구의 부모가 이혼 위기에 처해 있어 이 때문에 우리 딸이 숙제도 못 하고 힘들어한다면 이렇게 말해보자.

"우리 딸 정말 착하네. 친구 문제를 자기 문제처럼 생각하다니. 하지만 네가 친구 문제로 고민하느라 숙제까지 못 하는 게 친구한테 도움이 되지는 않아. 오늘 밤만이라도 그 생각은 잠시 멈추고 일찍 잠자리에 드는 건 어떨까? 그리고 친구도 부모님 일을 잠시 잊도록 다른 재미있는 일은 없나 생각해보자. 너희들 힘으로 지금 벌어지고 있는 상황을 바꿀 수는 없으니까 그렇게 해주는 게 친구를 위해 최선일 듯한데."

♥ SNS가 아이의 감정 조절 능력을 저하시킨다

SNS에 집착하는 아이가 맞닥뜨릴 현실

디지털 기기가 우리의 일상생활 전반에 걸쳐 습격을 하기 오래전부터 상담을 시작한 나로서는 과학 기술이 본인의 감정을 인지하고 조절하는 아이들의 능력을 어떻게 방해하는지 그 위력을 보고 놀라지 않을 수 없었다. 불행히도 잠복기의 마지막 시기는 많은 10대가 컴퓨터와 휴대전화를 정기적으로 사용하는 시기와 중첩된다. 이로 인해 특정 감정에 휩싸일 때마다 곧 휴대전화와 컴퓨터를 찾는 데에 습관이 들어버린 10대는 감정을 제어하는 법을 제대로 발달시킬 수가 없게 되어버렸다. 본인의 감정과 대면하기보다 온라인에 들어가 접속해버리는 아이들은 자기의 감정에 대해 성찰하며 배울 기회가 없고, 또 바람직한 기분 전환 방법도 계발할 수 없다.

내 직업상 감정이 상할 때마다 SNS에 의존하는 아이들을 보는 것은 드문 일이 아니다. 그중에서 가장 극명한 사례가 여기 있다. 중학교 2학년 여학생 브룩은 난폭한 성향의 아이로 스트레스성 두통을 앓고 있었는데 브룩을 담당했던 신경전문의는 심리 치료를 통해 스트레스의 원인을 치료하면 두통이 완화될 것이라고 기대했다. 나와 함께한 시간 동안 브룩은 온종일 친구들과 어떤 드라마 같은 일들을 겪었는지, 밤에는 SNS를 통해 그런 드라마를 어떻게 재현하고 있는지를 내게 시시콜콜 이야기해주었다. 브룩은 같은 반 여학생뿐 아니라 남학생들과도 자주 싸웠고 그들에게 당한 모욕에 보복하기 위해 얼마나 창의적인 욕설을 지어내 온라인상에 올렸는지에 대해 아무런 자책감 없이 나에게 말하곤 했다. 내가 보기에 브룩의 예술적인 욕설은 여학생들 사이에서의 권력을 확보하는 데 큰 기여를 했지만 남학생들의 경우는 그 욕설을 듣고 나서 기꺼이 브룩의 콧대를 꺾어버리려고 더 적극적인 태도를 취하는 것 같았다.

중학교 3학년 가을에 브룩은 SNS를 통해 남자 친구로부터 이별을 통보받았다. 남자 친구는 자기 친구들이 브룩에 대해 어떠한 불평을 늘어놓는지 그 내용을 온라인상에 상세하게 공개했다. 브룩은 남자 친구가 사귀는 동안 자기에게 보내왔던 사랑스러운 문자메시지를 온라인상에 공개하는 방법으로 그에게 보답했다. 물론 그 말미에 남자 친구를 조롱하는 문구를 삽입하는 것도 잊지 않았다. 나는 아이의 이러한 행동 자체가 본인이 상처를 받았다는 것을 보여주는 증거라고 자신에게 타이르듯 되뇌었다.

브룩의 본심은 아주 깊이 숨겨져 있었다. 아무도 브룩의 마음을 알지 못했고, 브룩 자신도 자기 마음을 모르고 있었다. 부끄러움이나 수치심, 거부, 두려움과 같은 고통스러운 감정과 마주하는 순간 브룩은 모든 방법을 동원해 전세를 역전시켜버리는 아이였다. 단기적으로 그런 전략은 효과가 있었다. 다른 사람을 보잘것없는 존재로 만들어버림으로써 자신이 보잘것없는 존재가 아니라고 느낄 수 있었고, 다른 사람을 더 큰 삽으로 밀어버릴 수 있다는 것을 보여줌으로써 자기가 상대로부터 거부당할지 모른다는 두려움에서 벗어날 수 있었다. 물론 힘든 상황을 극복하고 문제를 해결할 더 나은 방법이 많이 있지만 다른 사람에게 고통을 가함으로써 자신의 고통을 더는 사람들은 항상 있어왔다. 불행히도 디지털 기술은 이러한 인간의 불쾌한 충동에 더 크고 새로운 힘과 잠재력을 부여해주고 있다.

'타인과의 분리'라는 주제에 대해 꼭 짚고 넘어가고 싶은 게 한 가지 있다. 우리는 혼자 있을 때 자신의 감정을 반추하며 조용히 감정을 분출하거나 일기를 통해 쏟아내고, 또 내가 하는 말과 행동이 다른 사람들에게 어떤 영향을 미칠지를 상상해볼 수 있다. 디지털 기술 없이 자란 세대라면 밤새 쓴 편지를 상대에게 부치지 않아서 얼마나 기뻤던지, 혼자 한 화풀이를 아무도 듣지 않아 얼마나 좋았는지, 그 순간들을 기억할 것이다. 나의 감정을 알아가는 시간을 가지면 감정이 조절되고, 자기 자신에 대해 많은 것을 배울 수 있으며, 스트레스를 다스리는 내적 힘을 키울 수 있다. 사회적으로 아무와도 연계되지 않은 시간을 통해 우리는 자신의 마음에 품고 있는 나쁜 감정을 어떻게 처리해야 할지 계획을 세울 수 있다. 다시 말해 생각과 감정을 행동으로부터 분리할 시간을 갖는 것이다.

디지털 기술은 우리에게서 이러한 사회적 고립의 시간을 앗아가버렸다. 브룩은 불편한 감정에 부딪혔을 때 혼자 차분히 앉아 생각할 시간을 한 번도 갖지 못했다. 브룩은 자기의 내부에서 어떤 일이 벌어지고 있는지 반추해본 적이 없었고, 기분을 전환할 수 있는 방법을 찾아본 적도 없다. 자기 마음에 들지 않는 감정에 부딪히면 그 즉시 휴대전화를 붙잡고 다른 사람의 감정 속으로 불쑥 들어가버렸다. 브룩은 자기가 고통받고 있다는 사실조차도 깨닫지 못했다. 아는 것이 있다면 자기에게 휴대전화가 필요하다는 사실뿐이었다.

브룩은 많은 사람에게 아주 신속하게 닿을 수 있는 디지털 기술 덕분에 자신의 고통스러운 감정에 집중할 필요가 없었다. 자기가 연출한 막장 드라마를 그냥 즐기면 되니까. 나는 브룩이 남자 친구로부터 결별 통보를 받았을 때 무척 상심했을 것이라 추측한다. 브룩은 관계의 종식에 따른 상실감에 집중하는 대신 복수의 메시지를 보내고 이로 인한 후폭풍에 관심을 쏟았다. 잘 훈련된 브룩의 반사 반응은 파괴적이고 자기 증폭적인 순환 기제를 창출했다. 브룩은 화가 나면 다른 사람을 공격했다. 그리고 다른 사람을 공격하고 나면 기분이 좋아졌다. 차에 치이는 사람이 아니라 차를 몰고 가는 주인공 역할을 하는 것이 좋았다. 이렇게 차를 몰면 자기의 아픈 감정이 아니라 다른 사람들이 떠는 난리법석에만 집중하면 그만이니까. 브룩은 다른 사람을 공격함으로써 단기적 고통에서 벗어났지만 더 많은 감정적인 고통이 다가오도록(두통도 더불어 오게끔) 무대를 마련하는 꼴이 되었다. 브룩의 공격을 받아 마음이 상한 친구들은 곧 이를 갚았고, 공격을 받은 브룩은 다시 복수에 나섰다.

브룩의 사례는 여자아이들이 고통스러운 감정으로 괴로워할 때 고통을 다스릴 방법을 찾거나 온라인이 아닌 현실에서 도움을 구하는 대신 어떤 식으로 디지털 기술에 의존하는지를 적나라하게 보여주고 있다. 나는 외롭다고 느낄 때마다 휴대전화에 의존하는 여자아이들을 많이 보았다. 그 아이들은 자기가 고독한 이유에 대해 고민하기보다, 친구가 될 만한 아이들과 함께 지낼 계획을 세우기보다 온라인 검색을 하며 지금 이 고립감에서 단박에 벗어날 수 있는 무엇인가를 찾아 나선다. 여자아이들은 또한 좋은 소식을 전할 때나 노력해서 무엇인가를 이루었을 때 디지털 기술을 사용해 이를 널리 알린다. 자기에게 찾아온 행복을 오롯이 즐기고 현실의 친구와 가족에게 공유하는 대신 온라인상에 이를 올려놓고 사람들이 '좋아요'를 눌렀는지를 점검하는 것이다.

자신의 감정을 들여다볼 시간을 만들어줘라

앞에서 이미 언급했듯이 아이들에게는 SNS에 접근할 수 있는 권한을 최대한 늦게 줄수록 좋다. 디지털 기기로 접속하는 마약과 같은 세상을 모르고 자란 기간이 길면 길수록 아이들은 본인의 감정을 조절하고 문제를 해결하는 내공을 더 많이 쌓을 수 있다. 그리고 그다음 단계에서는 앞서 제안했던 바와 같이 아이가 SNS에 접근할 수 있는 때와 장소에 한계를 정해주어야 한다. 밖에 나가서 활동하는 동안, 식사하는 동안, 잠자리에 들기 한두 시간 전은 가족 모두 온라인 접속을 제한하거나 아예 금지하는 것이다. 이러한 순간들은 모두 딸이 어떤 생각을 하고, 어떤 감정을 느끼고 있는지에 대해 대화를 나눌 수 있는 의미 있는 시간이기 때문이다.

방과 후 활동을 하게 함으로써 온라인 접속을 제한하는 방법도 있다. 스포츠 활동을 하거나 놀 때, 자원봉사를 할 때, 아르바이트를 할 때, 그 외 10대가 할 수 있는 여러 가지 활동을 할 때 아이들은 사회 능력을 키울 수 있으며 스스로 조절해야 하는 다양한 감정적인 도전 상황에 직면하게 된다. 이런 활동 중에는 휴대전화 사용이 제한되기 때문에 아이들은 뭔가 다른 방법을 활용하여 도전 상황을 해결해나갈 것이며 이러한 과정에서 내적인 능력도 발휘하게 된다. 물론 이런 방식으로 아이의 온라인 접속을 제한하려고 노력하다 보면 너무 빡빡하게 일정을 짜게 될 위험도 있다. 해야 할 게 너무 많아서 이리저리 뛰어다녀야 하는 경우 아이는 과도한 스트레스를 받을 수 있으며, 또한 가족과 소원해지기도 한다. 하지만 자기 재량껏 쓸 수 있는 시간이 너무 많은 아이들은 디지털 기술을 오용할 확률이 높다.16 우리는 우리의 10대 딸들이 이 양극단의 사이 중간 지점을 찾아 건강하게 살 수 있도록 도와주어야 한다.

우리 딸들이 디지털 기술과 오랫동안 떨어져 있게 할 수 있는 방법이나 기회를 찾아보자. 어려운 과제, 여름 캠프, 가족 여행은 디지털 기술과의 결별을 요구한다. 미리 계획을 세워서 여행 기간 중 일정 시간에만 온라인 세계에 접속할 수 있도록 허용하면 아이를 여행에 더 쉽게 동참시킬 수 있다. 가족 여행을 하는 동안 아침과 저녁 30분씩만 휴대전화나 컴퓨터를 체크하고 나머지 시간에는 이용하지 않기로 규칙을 정하는 가족들도 있다.

하지만 우리 딸들이 디지털 매체에 접속해 있는 시간을 제한하는 것 자체가 문제의 해결책이 되는 것은 아니다. 디지털 기기 사용을 제한한다고 해도 단지 그것만으로 아이 스스로 감정을 조절하는 법을 배울 수는 없다. 하지만 온라인 접속을 제한하게 되면 아이는 자기의 감정을 들여다볼 기회를 갖게 된다.

브룩이 본인의 고통을 들여다볼 수 있게 되었다고, 온라인으로 들어가고자 하는 충동을 억제할 수 있게 되었다고 이야기할 수 있으면 얼마나 좋을까? 하지만 현실은 달랐다. 브룩은 오랫동안 본인이 사용했던 놀랍도록 효과적인(대가도 많이 따르는) 전술을 포기하기를 거부했다. 내가 제안한 방법, 즉 본인의 감정적인 고통과 직면하게 되면 더 나은 선택을 하게 될 것이며 두통에서도 벗어날 수 있을 것이라는 조언을 거부한 것이다. 설상가상으로 브룩의 엄마는 일이 잘못될 때마다 디지털 기기에 의존하곤 하는 딸의 습관을 오랫동안 부추겨온 분이었다.

♥ 미성숙한 딸의 감정이 만들어내는 '매니저 엄마'

매니저 엄마는 이렇게 탄생한다

나는 내담자의 부모를 만나기 전에 먼저 내담자와 일대일로 두어 번 만난다. 내가 치료해야 할 대상은 10대이므로 먼저 그 10대가 나를 만나보고 내가 본인의 상황에 도움이 될 만한 사람인지 여부를 아이 스스로 판단해야 한다고 생각한다. 나는 이렇게 만난 10대 아이들에게 "내가 네 부모님과 만나면 부모님이 내게 무슨 이야기를 해주실 것 같니?"라고 물었다. 여자아이들은 부모들이 대충 이러한 이야기를 할 것이라고 말하며 용케도 그 순서까지 맞췄다(순서까지 예측해달라고 하지는 않았는데 말이다). 이 질문에 브룩은 이렇게 답했다.

"제 두통이 끊이지 않는 이유는 제 일상에서 벌어지는 막장 드라마 때문일 거라고 말하겠죠. 그리고 나서 엄마는 본인이 어렸을 때 부모로부터 방치되어 자랐고, 그 때문에 자기는 바쁜 직장 생활에도 불구하고 자식에게 얼마나 잘해주고 항상 관심을 기울이려 노력했는지를 토로할 거예요."

브룩의 엄마 샌드라는 아담하고 세련된, 그러면서도 날카로운 모습의 여성이었다. 샌드라와 대화하는 동안 그녀의 입에서는 대부분 브룩이 예상한 말들이 쏟아져 나왔다. 거기에 단 한 가지, 브룩이 지나치게 엄마에게 의존적이라는 이야기가 덧붙여졌다. 샌드라는 브룩이 6학년 때 처음 휴대전화를 갖게 되었는데 학교에서 작은 문제만 생겨도 엄마에게 문자메시지를 보내기 시작했다고 했다. 브룩은 수학책이 없어졌다고, 급식 메뉴가 마음에 안 들어서 점심을 걸렀더니 배고파죽겠다고, 완전히 뚜껑이 열려서 문자메시지를 보내곤 했다. 일하는 와중에 방해를 받는 게 달갑지는 않았지만 엄마는 딸의 메시지를 받고 해결책이나 조언을 제시하지 않을 수 없었다. 얼마 되지 않아 엄마는 매일 밤 브룩과 내일 어떤 문제가 발생할지를 예측하며 시간을 보내야 했고, 중학교 3학년 때까지도 아이가 가방을 싸는 것을 도와주고 같이 시험공부를 하며 모든 문제를 함께 해결해주었다.

브룩의 학교생활에 대해 세부적으로 모두 알고 길 안내까지 해주는 샌드라는 딱 '매니저 엄마'처럼 보였다. 엄마가 자기 일에 사사

건건 끼어드는 것을 저항하는 10대도 있지만 대부분은 엄마에게 도움을 청하고 또 이에 의존하게 되는데 브룩은 그런 아이들 중 한 명이었다. 이렇게 매니저 엄마는 상호 작용의 결과로 탄생한다. 딸은 문제가 생길 때마다 부모에게 도움을 청하고 부모는 기꺼이 도움을 주려 나선다. 이렇게 부모가 더 많이 도와줄수록 딸이 스스로 문제를 해결할 수 있는 능력을 줄어든다. 시간이 흘러 문제는 점점 더 커질 것이고 부모는 개입해야 할 문제의 심각성이 커지는 것을 알면서도 계속 도움을 줄 것이다. 6학년 때 급식 한 번 건너뛰는 것은 별일 아니지만 대학교 입학시험을 치기 위해 등록을 해야 하는데 헤매고 있는 딸을 보는 것은 정말 난감한 일이다.

디지털 기술이 낳은 비극

외부에서 보았을 때 브룩과 엄마의 문제는 단순해 보일지도 모른다. 엄마는 딸을 끊어내야 하고, 모든 문자메시지에 답하는 것을 중단해야 하며, 딸이 스스로 본인의 감정을 관리하고 문제를 해결하도록 지켜보아야 한다. 엄마도 딸이 너무 자신에게 의존하고 있으며 기본적인 극복 능력이 결여되어 있다고 생각하고 있었다. 하지만 엄마는 여타 부모들과 마찬가지로 딸이 고통받는 것을 그냥 지켜보지 못하고 아이가 도움을 청하면 이를 받아들였다.

10대 딸과의 관계가 소원해질까 두려워서, 딸이 옆에 있어달라고 요청할 때 기쁜 나머지 기꺼이 매니저 엄마가 되는 사례를 나는 많이 보았다. 또한 직장 일에 너무 매여 있기 때문에 디지털 기기를 통해서나마 아이 옆에 있어줄 수 있는 현실을 환영하는 부모도 보았다. 간단히 말해 디지털 기술을 통해 언제나 서로 연결될 수 있게 된 덕분에 10대와 부모는 불행한 길에 들어서게 된 것이다. 아기를 쳐다보며 '우리 딸을 정서적으로 안 건강하고 과도하게 의존적인 아가씨로 키워야지'라고 다짐하는 부모는 없을 것이다. 우리는 모두 독립적이며 문제를 스스로 해결할 수 있는 아가씨로 딸을 키우고 싶어 한다. 따라서 우리는 디지털 기술 덕분에 이러한 목표를 달성하기가 훨씬 힘들어졌다는 사실을 직시해야 한다.

아이가 부모와 연락할 때 디지털 기술을 어떻게 사용하는지를 잘 살펴보면 의도하지 않게 매니저 엄마가 되는 것을 피할 수 있다. 오늘 집에 늦게 들어온다는 것을 엄마에게 알리기 위해 딸이 문자메시지를 보냈다면 곧 답을 해도 좋지만 지금 막 빚은 성적 때문에 열이 올라서 문자를 보내온 경우에는 얼마나 빨리 대응할지에 대해 신중을 기하기를 바란다. 기다렸다가 답을 하게 되면 아이는 그사이 해결책을 강구할 것이며 감정을 다스리는 방법을 찾아낼 것이다. 이런 엄마의 행동을 딸이 잔인하다고 받아들일까 봐 걱정되거든 스스로 해결책을 마련하는 데 힘이 될 만한 문자메시지만 보내주도록 하자. 엄마는 옆에서 너를 지원해주기 위해 존재하는 것이지 너를 대신해 문제를 풀어주기 위한 존재하는 것은 아니라는 점을 아이가 깨닫게 해야 한다. 이렇게 답해보자.

우리 투덜이. 이 정도는 네가 거뜬히 헤쳐 나가리라 믿어.

♥ 부모가 나서야 할 때

아이가 계속해서 짜증을 낼 때

　아이가 감정 기복을 보이면 이것은 아이가 정상이라는 소리다. 앞에서 말한 바와 같이 정상적인 발달 과정을 거치고 있는 10대는 조금 전까지 조용하고 이성적이었다가 다음 순간 폭발적으로 기분이 업 되더니 또 얼마 안 되어서 뭔가 골똘히 생각에 잠긴다. 딸의 감정이 이렇게 이리 튀고 저리 튀는 한 우리 아이는 잘 해나갈 것이라고 생각하면 된다. 단, 딸이 계속 침울하거나 끊임없이 심술만 부리는 경우, 너무 극단으로 치닫는 경우, 불안 증세가 심한 경우, 이러한 감정을 극복하기 위해 자기 파괴적인 수단을 사용하는 경우는 걱정해 마땅하다.

　10대는 감정 기복이 심하지만 매일 아이가 울적해한다면 뭔가가 잘못된 것일 수 있다. 심리학적 질환이자 단순한 우울감 이상의 증상을 말하는 '임상우울증clinical depression'은 10대 중 약 5퍼센트가 앓고 있으며 남학생보다는 여학생에게 더 흔히 나타난다.[17] 당신의 딸이 여러 날 동안 계속해서 슬퍼하고, 사는 걸 재미없어하고, 식욕에 변화가 있거나, 수면에 문제가 있거나, 힘이 없거나, 죄책감을 느끼거나, 자기를 무가치한 인간으로 느끼거나, 집중을 못하는 경우 전문가에게 진단을 받아볼 것을 권한다. 자살 충동을 표출하는 경우에는 당장 의사에게 연락하고, 자해 신호를 보내오면 응급실로 데려가야 한다.

불행히도 10대의 우울증 증상이 성인과 다르다는 사실을 사람들은 잘 모른다. 우울증을 앓는 성인은 슬픈 감정에 휩싸이고 비관적인 데에 반해 우울증에 걸린 10대는 주변 사람들에게 지속적으로 짜증을 내는 경향이 있다. 10대 아이가 계속 화를 내는 경우 주위 어른은 10대라면 으레 그런 것으로 치부하고 대수롭지 않게 넘겨버릴 수 있다. 아이가 너무 성을 내서 대화를 하려 할 때마다 긴장이 된다면 뭔가 아이에게 문제가 있을지 모른다는 가능성을 고려해보아야 한다.

조울증bipolar disorder은 종종 청소년기에 발병한다.[18] 조증삽화manic episode(조울증 중 기분이 붕 뜨는 시기)를 겪는 아이들은 거의 잠을 안 자고, 속사포처럼 말하며, 한 가지 일이 끝나면 급하게 다음 일을 향해 덤비고, 모든 것에 있어 본인의 안전에 대한 배려를 거의 하지 않는 특징을 보인다. 또 조증을 앓는 성인이나 10대는 모두 안절부절못하거나 안달하기 쉬우며, 쉴 새 없이 이것저것 하고 다니지만 딱히 달성하는 것은 거의 없을 수도 있다. 최근 10대의 조울증 진단율이 급격히 늘었는데 이에 대해서는 논란이 일고 있다. 한편에서는 오래된 진단 분류 범주를 너무 확대 해석, 적용하여 그냥 사춘기 시절 평범하게 나타날 수 있는 극단적인 기분 변화까지도 조울증으로 진단하는 것은 아닌지 하는 우려를 표하고, 또 다른 한편에서는 10대의 조증 증상이 성인 조증 환자에서 볼 수 있는 지나친 과잉 활동성이 아니라 감정 폭발처럼 보이기 때문에 지금까지 10대에 대한 조울증이 과소 진단되어왔다고 주장하는 의사들도 있다.

모든 일에 지나치게 불안해할 때

잘 알고 있는 바와 같이 불안은 우리가 위험 상황에 빠졌을 때 아이로 하여금 빈틈없는 자세를 보여줄 수 있게 도와주는 친구 같은 존재이다. 하지만 불행히도 불안은 걷잡을 수 없이 부풀어 오를 수도 있어서 조심해야 할 것이 없는 상황에서도, 좋아하는 과목의 쪽지시험과 같이 별일 아닌 일에도 엄청난 공포감을 조성할 수 있다. 여자아이들은 스트레스를 받고 불안하다는 말을 자주 하는 경향이 있기 때문에 이를 그냥 간과하기 쉽지만 실제 10대 아이들 중 10퍼센트는 불안장애anxiety disorders로 고통받고 있다고 한다.[19] 이 불안장애는 우울증과 마찬가지로 남학생보다는 여학생에게서 발생할 확률이 훨씬 높다.

심리학 진단은 계속 변화하고 복잡해지고 있다. 뭔가 잘못되고 있다는 걱정이 되거든 믿을 수 있는 전문의에게 진단을 받아보기를 바란다. 나는 몇 년 전 사회불안장애social anxiety 때문에 학교에 가기를 거부했던 열여덟 살짜리 여학생을 상담한 적이 있다. 그 여학생은 친구들이 자기를 속속 들여다보고 있으며, 학교에서 샌드위치를 먹다가 마요네즈를 볼에 묻히거나 발표 시간에 말을 더듬기라도 하면 당장 친구들이 자기를 조롱할 것이라고 확신하고 있었다. 이 여학생은 거의 매일 집에 틀어박혀 지냈으며 너무 내성적이고 자의식이 강해 부모와 외식을 하러 가서도 자기가 먹고 싶은 음식을 주문하지 못할 정도였다. 결국 아이는 온라인 수업을 통해 고등학교 과정을 이수하고 있었다. 우리는 이 여학생의 불안증을 치료하기 위해 전력투구했다. 이 여학생은 학업 면에서는 계속 발전이 있었지만 조절이 불가능한 감정 상태로 인해 아동기와 결별하지 못하고(아직도 어린아이처럼 부모의 보살핌을 받아야 하는 상태) 새로운 그룹에도 합류하지 못하고 있었다.

성장은 딸이 스스로 해야 할 일이다. 하지만 감정 조절이 그 과정에 방해가 된다면 부모가 도와주어야 한다. 불안증 때문에 부모에게 달라붙어 아동기와 결별하지 못한다면 걱정해 마땅하다. 우울증이 지나쳐서 친구들에게 다가가지 못하고 그래서 새로운 그룹에도 합류하지 못하고 있다면 걱정해 마땅하다. 앞으로 기술할 발달 특징에도 동일한 규칙이 적용된다. 10대 여자아이들이 신경질적인 것은 정상이다. 하지만 너무 지나쳐서 모든 어른에게 뒤틀린 언사로 공격적 모습을 보이거나(제4장), 미래 계획을 세우지 못하거나(제5장), 연애에 관심을 보이지 않거나(제6장), 자신이 어떻게 되든 상관 않는 자세를 보일(제7장) 정도가 되어서는 안 된다.

자기 파괴적인 행동을 보일 때

일부 10대는 고통스러운 감정을 제어하기 위해 자기 파괴적인 전술을 사용한다. 음주, 섭식장애, 칼로 긋는 자해는 단기적으로는 심리적 고통을 마비시켜준다. 일부 성인들이 그렇듯 10대도 다양한 방법으로 자신을 괴롭히면서 이에 뒤따르는 즉각적인 심리적 위안에 의존하게 된다. 특히 자신의 감정에서 벗어날 길이 없을 때는 더 심하다. 캐시가 루나에게 했던 것처럼 동기들에게 깊이 의존하는 방법을 통해 단기적 위안을 찾기도 하지만 이 친구들도 결국 못 견디고 물러나기 때문에 장기적인 해결책이 되지 못한다.

만약 당신의 딸이 감정 조절을 위해 자기 파괴적인 방법을 사용하는 것으로 의심되거든 전문가에게 도움을 청해야 하는데 여기에는 두 가지 이유가 있다. 첫째, 딸의 행위 자체가 위험하기 때문에 빨리 중단시켜야 하기 때문이다. 둘째, 이 부분은 첫 번째 이유보다는 덜 자명해 보이지만 자기 파괴적인 행동을 하게 되면 심리적 성숙 과정이 방해를 받게 되기 때문이다. 사람은 보통 감정적인 고통을 경험하고 이를 통해 배우는 과정에서 심리적으로 성숙해진다. 그런데 마약 중독 치료를 전문으로 하는 임상의들은 이렇게 말한다.

"마약을 남용하기 시작하는 순간 정신적인 성숙을 위한 성장이 멈춰버린다."

나는 내 내담자들을 보면서 이 말이 진실임을 절감한다. 고통을 무마하기 위해 자기 파괴적인 전술을 사용하는 사람은 세월이 흐르면서 나이만 먹을 뿐 더는 성장하지 못한다.

　우리의 딸들은 단순히 아동기와 이별하는 것뿐 아니라 새로운 친구들과의 세계에 본인을 맞추어나가고, 지나치게 솟구치는 감정을 조절하느라 애를 쓰면서, 동시에 매일 마주치는 어른들의 행동을 이해하기 위해 노력하며 살아간다. 어린이가 10대로 접어들면 아이들은 더는 어른들의 말을 진리로 받아들이지 않는다. 여전히 일부 어른은 신뢰하지만 우리의 행동을 주시하며 쉽게 결점을 찾아낸다. 10대는 어른들이 제시하는 법칙 외에 스스로 규율을 만들고자 하는 충동도 강하게 느낀다.

제4장

어른의 권위에 도전하는 단계

　《오즈의 마법사The Wizard of Oz》에서 토토가 커튼을 잡아당기는 장면 기억하시는지? 커튼 뒤에 드러난 오즈는 위대하고 강력한 마법사와는 거리가 멀었다. 그는 단순히 기계의 레버를 잡아당기는 왜소한 남자에 불과했다. 이 이야기 속에 나오는 도로시를 우리의 딸들로, 그리고 마법사를 어른들로 대체하면 우리 딸들이 10대가 되었을 때 왜 어른에게 도전하고, 규칙을 위반하며, 반항을 하는지 그 이유가 완벽하게 설명된다. 사춘기에 도달하기 전까지 아이들은 커튼 뒤를 보지 못한다. 어른들을 존경하며 대부분의 경우 어른이 하라는 대로 순순히 잘 따른다. 아이들이 때로 고집을 피울 때가 있지만 그래도 어른들의 말에 순종하는 편인데 특히 어른이 화를 내면 말을 잘 듣는다. 그러나 일단 커튼을 젖히고 나면 아이들은 우리가 모든 것을 다 해낼 수 있는 완벽한 마법사가 아니라는 사실을 알게 된다. 사실 우리 어른들은 때로 권한을 남용하고 독단적인 규칙을 정하기도 한다. 이런 것을 꿰뚫어 보게 된 여자아이들이 더는 나이로 정해진 계급에 복종하지 않고, 어른의 권위에 의문을 제기하는 것은 놀라운 일이 아니라 할 수 있다.

어른 입장에서는 절대 권력을 상실하는 것은 낙심천만한 일이지만 우리 딸들이 어른에 대해 새롭게 눈뜬다는 것은 무척 바람직한 일이다. 아이들은 청소년기에 어른의 권위와 싸울 수 있는 최선의 방법을 찾아내는데 부모라면 딸을 위협에 굴복하고 복종만 하는 양으로 키우고 싶어 하지는 않을 것이다. 우리는 딸들이 권위에 저항해야 할 때와 선을 지켜야 할 때를 알고, 득실을 따져 양자 간에 선택을 할 줄 알며, 동시에 권위를 가진 인물에 대해 냉철하게 평가할 수 있게 되기를 바란다. 이번 장에서는 어른의 권위에 저항하는 우리 딸들의 급격한 변화에 대해 살펴보도록 하겠다.

♥아이, 어른의 민낯에 눈뜨다

커튼을 들추어보기 시작한 아이들

그러면 커튼을 들추는 원동력은 어디에서 오는 것일까? 지난주까지는 당신이 정한 규칙을 따랐던 아이들이 왜 이번 주에는 같은 규칙에 대해 조롱하는 것일까? 이에 대한 답은 심리학의 거두인 장 피아제Jean Piaget에게서 찾을 수 있는데 그는 1950년대 중반, 아동기 후반부에 발생하는 극적인 정신적 변화에 대해 처음으로 기술한 인물이다. 그의 연구에 따르면 여자아이들의 경우 열두 살경에 추상적인 판단력이 발달하기 시작하며 눈앞에 보이는 세상만을 보지 않게 된다고 한다.[1] 뒤집어 말하면, 그 나이가 되기 전까지 아동들은 본인이 경험했거나 목격한 사건에 대해서만 심사숙고할 수 있다는 말이다. 다시 말해 열한 살 아이에게 "지나가는 차 안에서 누군가가 휴대전화를 창밖으로 던져버렸어. 그 사람은 왜 그런 짓을 했을까?"라고 물어보면 아이는 누가 무슨 이유로 그 휴대전화를 밖으로 던져버린 것인지에 대해서는 아무런 상상도 해내지 못한다. 하지만 열두 살경이 되면 여자아이들은 추상적인 생각을 하기 시작한다. '이에는 이'라는 복수와 같은 이론적인 개념을 고려하고, 자기 자신의 생각을 반추하며, 특정 행동을 유발한 원인에 대해 추론할 수 있게 된다.

이러한 추상적 사고가 어른의 권위에 의문을 제기하는 것과 어떤 관계가 있느냐고? 추상적인 조건에 대한 사고가 가능해지면 추론을 잘하게 된다. 이 점에 대해 확실히 짚어준 열여섯 살 여자아이의 말을 들어보자.

"제가 어른들한테 솔직하지 못할 수 있다면 어른도 제게 솔직하지 못할 수 있을 것이란 생각이 들었어요."

커튼을 젖히고 나면 10대는 어른들을 면밀하게 관찰하고 그들이 하달하는 많은 명령이 사실은 위선적이며, 무의미하고, 이기주의에서 나온 산물이란 사실을 알아챈다. 물론 우리가 정한 규칙 중에는 정말, 엄청 의미 있는 것들도 있긴 하다(그리고 나는 이 책에서 어른이 마법사로 군림하던 시대가 끝나고 나서도 많은 규칙을 계속 시행할 수 있는 방법에 대해서 곧 다루고자 한다). 그러나 별 의미가 없는 규칙도 많다.

그럼 자신의 딸이 커튼 뒤에 있는 부모를 발견했는지는 어떻게 아느냐고? 아이가 어른에 대해, 중요하게 생각했던 믿음에 대해 통렬하며 심지어 재미있는 비평을 한다면 아이는 이미 커튼 뒤를 봐버린 것이다. 내가 가장 좋아하는 사례는 저녁 시간에 "오디세우스는 일종의 잘난 체하는 놈에 불과했어"라고 선언한 여자아이 이야기다. 이 아이는 '오디세우스'라는 영웅이 사실은 사기에 능한 작자에 불과하다는 진실을 깨달은 것이다. 아이는 본인 스스로가 선택한 용어를 통해 부모와 소통하려고 시도함으로써 자신은 어른과 함께 이 고전 문학을 논할 준비가 되어 있으며, 그것도 본인이 정한 기준에 의거해 논하고 싶다는 뜻을 분명히 밝힌 것이다. 당신의 딸이 아직 그런 징후를 보이지 않았다면 앞으로 어른의 권위를 의심한다는 것을 나타내는 신호를 두 가지 정도 더 보내올 것이다. 첫 번째는 눈동자 굴리기, 두 번째는 세련된 어조로 말하기.

여자아이들은 때때로 규칙을 따르기는 하지만 눈동자를 굴리거나, 어조를 바꾸거나, 기타 비언어적인 방법으로 본인이 어른의 권위에 동의하지 않는다는 뜻을 나타낸다. 오늘은 외식을 할 테니 옷을 갈아입으라고 했을 때 아이가 눈동자를 굴리고 나서 마룻바닥을 작살이라도 낼 듯이 쿵쿵거리며 자기 방으로 들어가는 장면을 예로 들어보자. 이런 장면은 아이가 유아기 때 이미 한 번 겪어보았으니까 아마 친숙하게 느껴질 것이다.[2] 10대와 유아 사이에는 공통점이 많다. 너무 많은 나머지 어떤 부모들은 10대 자식을 "호르몬이 충만한 유아"라고 부르기도 한다. 이 둘의 공통점은 자기를 지배하는 통치 세력의 법을 따르지만 본인 스스로 독립적인 존재임을 과시하고자 하는 것이다. 유아는 입으로는 목욕하기 싫다고 떼를 쓰면서도 동시에 옷을 벗으며 목욕탕으로 향하고 10대가 되면 부모의 명령을 듣고 눈동자를 굴리거나 어조를 바꾼다. 이렇게 딸이 저항하면 부모는 화가 날 테지만 그냥 그러려니 하고 지나쳐주자. 오히려 본인의 반대 의사를 표현하면서도 명령에 복종함으로써 거부와 순응을 동시에 해내는 아이의 놀라운 해결법에 조용히 속으로 감탄해주자.

때로 아이가 눈동자를 굴리거나 어조를 바꾸는 것이 도발적이고 무례하게 느껴질 수도 있다. 이런 경우에는 아이에게 좀 더 성숙한 방법으로 자기 의사를 표현하라고 말해주는 것이 좋다.

"엄마가 네 눈동자를 못 굴리게 할 수는 없어. 하지만 그런 행동은 무례하게 느껴지는구나. 말로 네 생각을 표현해주면 어떨까? 같이 이야기해보게."

"네 어조가 거슬리는데. 다시 한 번 말해볼래?"

"엄마는 협상할 준비가 되어 있지만 네가 그런 식으로 나올 땐 곤란해."

아이는 그런 행동을 통해 자기가 부모의 말에 동의하지 않는다는 사실을 알려주는 것일 뿐이고 어떤 식으로든 의사를 표현할 권리가 있다. 반면 부모는 딸이 지시를 거부할 때도 점잖게 표현해주기를 바라는 데 이것 또한 부모의 정당한 권리이다. 이미 짚어본 바와 같이 여자아이들이 자기주장을 단호히 펼쳐 보이는 법을 배우는 데는 시간이 걸린다. 부모는 이 기회를 놓치지 말고 아이와 단호함을 표현하는 기술을 연습해주길 바란다.

♥ "하라는 대로 해"의 종말

부모에게 도전장을 내밀기 시작할 때

어른들이 종종 자기들 마음대로 규칙을 세운다는 사실을 파악한 아이들은 기성 규칙을 시험하는 엄청난 작업을 감행한다. 수많은 규칙에 대해 도전장을 내미는 것이다. 부모가 운전하는 동안 시끄러운 음악을 크게 틀기도 하고, 금지된 영화를 보거나, 머리가 아직 채 마르지 않은 상태에서 추운 날씨에 밖에 나가기도 한다. 아이들은 이를 통해 자신이 금기를 깨도 세상이 끝나지 않는다는 사실을 몸소 체험한다. 부모가 하는 말에 대해서도 시험을 해볼 것이다. 하는 말마다 토를 달고 이의를 제기하는 딸을 견디어내는 건 분명 힘든 일이다. 하지만 이러한 규칙에 대해 진지하게 대화를 나눔으로써 아이가 새로 찾은 통찰력을 존중해주어야 한다.

그럼 어떻게 대응해야 할까? 때로는 부모로서, 어른으로서의 입장을 고수해야 할 때가 올 테지만 그럴 때도 부모 입장이 여러 가지 타당한 입장 중 하나라는 점을 설명해주자.

"교회에 가는 건 엄마 아빠에게는 중요한 가족 행사야. 그러니 우리 딸도 함께했으면 해. 네가 독립해서 이 집을 나가면 그때는 네 결정에 따르마."

때로는 전에 했던 것보다 더 많은 내용을 담은 설명을 제시해보자.

"네 방을 이런 식으로 관리하는 걸 보면 엄마는 무슨 생각이 드는지 아니? 내가 사준 좋은 옷들이 이런 식으로 내팽개쳐진 것을 보면 정말 가슴이 아파. 또 옷을 사주어도 이렇게 바닥에 뒹굴게 할 테니 앞으로는 좋은 옷을 사주고 싶지도 않아."

또는 다음과 같이 협상해볼 수도 있다.

"그 탈색인가 뭔가 하는 거 엄마는 마음에 안 들어. 다음 주에 할머니가 오시는데 뭐라고 하시겠니? 다음 주까지만 참았다가 할머니가 가시고 나면 다시 하는 게 어떨까? 그래주면 엄마도 양보할게."

딸이 옳았을 때는 옳았다고 인정해준다.

"네가 맞고 엄마가 틀렸어."

딸이 부모의 권위에 의문을 제시하는 경우에는 이를 진지하게 받아들여 상황에 맞게 설명을 하거나, 타협을 하거나, 딸의 말이 맞는 경우에는 네가 맞다고 인정해주자. 특히 아이의 말이 맞고 부모가 틀렸거든 그렇다고 인정해주어서 아이가 희열을 느낄 수 있도록 해주어야 한다. 딸에게 계속 존경을 받을 수 있는 최고의 방법은 아이에게 새로 싹트는 통찰력을 환영해주는 것이다.

부모가 취해서는 안 될 태도

아이가 당신의 권위에 대해 의문을 제기할 때 딸과 의미 있는 대화를 나누는 방법에는 여러 가지가 있는데 이를 위해서 절대 해서는 안 되는 일이 있다. '여전히 부모가 마법사라고 우기지 말 것'이 바로 그것이다. 부모가 아직도 자신이 위대하고 강력한 마법사라고 우기는 경우, 어떤 일이 발생하는지를 보여주는 사례가 있다.

열세 살 때 부모가 이혼한 클로이는 침착하고 예술적 기질이 있는 아이로 건강에 좋은 다양한 음식을 즐기는 채식주의자였다. 이런 클로이가 열여덟 살이 되던 해, 배려 없는 행동을 예사로 하는 클로이의 아빠는 요리가 특기인 여성과 재혼했다. 클로이는 매주 화요일 밤과 격주 주말을 아빠 집에서 보내고 있었는데 처음으로 아빠의 새 보금자리를 찾은 날, 새엄마는 저녁 식사로 닭 요리를 준비해 클로이를 맞았다. 클로이는 조용히 야채 요리를 먹고 있었는데 아빠가 닭을 먹어보라고 권했다. 고기를 끊은 지 1년이 넘었다며 사양하는데도 불구하고 아빠는 메인 요리를 먹지 않는 것은 새엄마에게 무례한 짓이라며 계속 먹기를 거부하면 휴대전화를 압수하겠다고 압박했다. 클로이는 그래도 굽히지 않았고, 결국 아빠는 클로이의 휴대전화를 빼앗아버렸다.

열여덟 살 여학생에게서 휴대전화를 빼앗는 것은 굉장히 심한 처벌이라는 것에는 두말할 필요가 없다. 클로이는 2주를 버텼지만 그 이상은 도저히 견딜 수가 없었다. 그래서 아빠 집에 가서 식사하는 날 저녁, 고기를 억지로 삼키고는 휴대전화를 되찾았다. 자녀는 성인 연령에 도달하면 더는 이혼한 부모를 정기적으로 방문할 필요가 없었기 때문에 클로이는 성인이 될 때까지 한 달을 조용히 버텼다. 그리고 법적 성인 연령에 도달하자마자 아빠 집에 있던 자기 짐을 모두 싸서 엄마와 같이 살았다. 전남편이 딸에게 어떤 해를 끼칠지 몰라 전전긍긍하던 클로이의 엄마는 아이의 이 같은 처사에 충분히 공감했다.

커튼 밖으로 스스로 나와라

부모가 사소한 문제에도 타협하기보다 권위를 내세우는 경우, 그 결말은 절대 좋을 수 없다. 이러한 부모들은 딸과의 관계를 망칠 뿐 아니라 딸이 반항하도록 만든다. 이런 환경에서 자란 아이들 중에 말로 형용하기 힘들 정도로 나쁜 길에 빠져드는 아이들을 나는 여럿 보아왔다. 우리의 도로시를 위해 그리고 도로시와 우리의 관계를 위해 어른들은 도로시가 커튼을 젖히기 전에 스스로 커튼 밖으로 나오는 게 좋다. 커튼 밖으로 나왔을 때 여러 가지 협상을 해야 한다고 해도 말이다.

하지만 커튼 밖으로 나왔다고 해서 모든 것을 포기해버리면 안 된다. 열여섯 살 베로니카의 부모에게 들은 이야기를 정리해보자면 상담을 하기 전 토요일, 베로니카는 선배들과 같이 파티에 갔는데 그 선배들은 오는 길에 베로니카 집까지 데려다주기로 했다. 부모는 베로니카를 보내기 싫었지만 마지못해 갔다 오라고 허락하며 대신 10시 반까지는 집에 오라고 통금 시간을 정했다. 하지만 베로니카는 11시가 되어도 집에 돌아오지 않았다. 설상가상 베로니카는 전화도 받지 않았다. 자정이 되어서야 베로니카는 집에 돌아왔는데 뉘우치는 기색도 없이 어쩌다 보니 실수로 전화를 꺼놓았다는 성의 없는 답변만 늘어놓았다.

이 사건으로 나는 똑똑하지만 불만이 많은 베로니카와 그 부모를 알게 되었는데 이 가족에게 생긴 사건은 그것만이 아니었다. 열네 살 무렵부터 베로니카는 자기 방에서 귀가 떨어질 정도로 음악을 크게 틀어놓기 시작했다. 아빠가 소리를 좀 줄이라고 하면 구시렁거리며 잠시 볼륨을 줄여놓았다가 곧 다시 높였다. 얼마 되지 않아 아빠는 딸과의 승강이를 포기하고 대신 가족들에게 좀 참자고 말했다. 그러고 나서 얼마 후 베로니카는 엄마가 혐오하는 검은색 립스틱을 바르기 시작했다. 엄마는 검은색 립스틱은 핼러윈이나 주말에나 쓰는 거라고 말했지만 아무 소용 없었다. 베로니카는 심지어 검은색 립스틱을 바르고 등교했다. 이 문제를 두고 며칠간 계속 싸우다가 엄마는 마침내 포기하고 말았다. 아이에게 검은색 립스틱을 바르지 못하게 해보았자 학교 버스 안에서 립스틱을 바르면 그만이니 이 싸움이 아무 의미가 없다고 생각한 것이다. 베로니카 엄마는 얼굴에 걱정이 가득한 인상이었는데 부활절 일요일 아침, 교회에 가기 위해 차에 올라탄 베로니카가 검은색 립스틱을 바르고 나온 것을 보고는 뚜껑이 열렸다고 말했다. 엄마는 정말 너무 화가 났지만(물론 베로니카는 엄마의 감정 변화를 모두 감지하고 있었다) 이미 딸과의 관계가 너무 망가져버린 상태이기도 하고 다른 가족의 기분까지 망칠 수 없어서 꾹 참았다고 한다.

10대는 어른의 권위에 도전하기를 좋아하는데 종종 자기와 가장 가까이에 있는 어른이 그 첫 대상이다. 내 경험을 돌이켜 보아도 10대는 보통 가까운 어른을 상대로 작은 것부터 시작한다. 어른들을 짜증 나게 하지만 후유증이 오래 남지 않을 짓부터 시작하는 것이다. 이렇게 작은 문제를 일으켜도 어른과 마찰이 생기지 않는 경우, 아이들은 한 단계씩 강도를 높여가기 시작한다.

그래도 아이는 부모가 한계를 정해주기를 원한다

왜 10대는 작은 일에 대해 제재를 당하지 않으면 더 위험한 일로 빠져드는 것일까? 그 이유는 '한계선을 알고 싶어서'이다. 청소년의 입장에서는 10대가 되어 매혹적이지만 위험한 일들에 접근할 수 있게 된 것은 두려운 일이다. 그리고 아무도 자신을 보고 있지 않다고 생각하면 겁까지 난다. 동료 중에는 이렇게 말한 사람이 있다. 베로니카 같은 10대가 행동으로 뭔가를 보여줄 때는 "어른들을 어른답게 행동하도록 만들려면 나 같은 아이들이 어떻게 해야 하지?"라는 질문을 던지는 것과 마찬가지라고 말이다.[3] 집에서는 검은색 립스틱이 허용되지 않기 때문에 집 밖으로 가지고 나와 버스에서 몰래 립스틱을 발라야 했다면 아이는 그런 규칙이 존재한다는 사실에 위안을 받았을지도 모른다. 비록 그 규칙을 지키지 않는다 해도 말이다. 오래전부터 진행된 연구 결과를 보면 부모의 성격이 관대해서, 게을러서, 혹은 그냥 참견하기 싫어하는 유형이어서 자식에게 많은 것을 허용해주는 부모를 둔 10대는 규율을 정하고 한계를 엄격히 지키도록 하는 부모를 둔 10대보다 약물 중독에 빠지거나 학교에서 불량 학생이 될 확률이 높다고 한다.[4]

  나는 대학원 시절 10대를 위한 정신과 병동 스태프로 여름 방학을 보내면서 이 원칙이 현실적으로 얼마나 들어맞는 것인지를 터득했다. 당시 우리가 담당한 학생들은 외래 환자로 치료를 받기에는 문제가 많아서 입원 중이었다. 대다수가 저항적이고 호전적이었다. 우리는 이 아이들이 자기들끼리 서로 싸우는 걸 뜯어말리고 예방하는 데 많은 시간을 소모해야 했다. 따라서 이러한 행동을 통제하기 위해 우리는 상벌제를 운용하고 있었다. 당시 초보였던 나는 신입들이 하는 실수를 저지르고 말았다. 잘 알지도 못하는 한 그룹을 감독하면서 초기에 아이들이 저지르는 위반 사례를 몇 건 못 본 척해준 것이다. 내가 호의적인 사람이며 쪼잔하지 않다는 것을 보여주어 아이들로 하여금 좋은 행동을 하게 하려는 욕심에서 시작한 짓이었지만 지금 생각해보면 정말 철없는 생각이었다. 탁자에 발을 올리는 아이를 지적하지 않고 지나치자 다른 아이가 허락도 받지 않고 라디오를 켰다. 그러자 또 다른 아이가 방송 주파수 선택을 두고 언쟁을 벌였다. 얼마 지나지 않아 우리 병동을 감독하는 담당자가 아이들의 잘못된 행동을 지적했다. 이 아이들은 그냥 버릇없이 구는 것이 아니었다. 아이들은 내가 모든 것을 관리해주기를 바랐는데 내가 그걸 하지 못했던 것이다. 따라서 아이들은 통제할 수 있는 사람이 나타날 때까지 계속 그릇된 행동을 했다. 이 일로 번뜩 정신을 차린 나는 잘못된 행동을 저지르는 아이를 찾아내기 위해 두 눈을 번뜩였다. 그리고 규칙을 위반하는 아이의 점수를 신속하고 공개적으로(하지만 멋있게) 감점해주었다. 모든 아이는 안도의 한숨을 내쉬었다.

딸이 짜증 나는 행동을 하면 부모가 개입해주어야 한다. 어떤 행동이 해서는 안 되고, 또 어떤 행동이 허용되는지는 가족마다 다를 것이다. 아이가 하는 성가신 행동을 모두 반대할 필요는 없다. 10대의 부모가 된다는 것은 어른으로서 우리의 수용 능력과 융통성을 키우는 데도 도움이 되는 일 아니던가. 하지만 <u>모든 사소한 문제를 다 간과해버려서는 안 된다</u>. 소리를 줄이라고 해도 아이가 볼륨을 낮추지 않거든 다시 말해야 한다. 그래도 말을 안 들으면 방문 앞에 서서 아이가 보기 싫어하는 짜증 난 표정을 짓고 계속 서 있어야 한다. 아이가 소리를 줄일 때까지. 부모가 마음먹은 대로 흘러가지 않을지도 모르지만 여전히 아이와 싸워야 한다. 나는 베로니카의 부모에게 베로니카가 하는 작은 반항에도 정면으로 마주해야 한다고 격려했다. 집안의 갈등이 더 깊어지더라도 말이다. 베로니카는 때로 엄마한테 아주 무례하게 "엄마, 제발 입 좀 다물어요"라고 했고 그러면 엄마는 그 말대로 입을 다물어주었다. 그러나 이제 그녀는 나의 조언에 따라 딸의 행동에 반기를 들었고 최대한 낮은 목소리로 이렇게 말했다.

"그 말은 정말 무례하다. 엄마는 너한테 그런 식으로 이야기한 적이 없는데. 화가 났으면 왜 화가 난 건지 그걸 이야기해주어야지."

베로니카는 그냥 화를 발끈 내고 가버렸을 뿐 상황이 더 나빠지지는 않았다. 베로니카의 부모는 딸의 마뜩잖은 행동을 그냥 회피하는 불편한 전략을 취하고 있었다. 부모는 딸과 한 공간에 같이 있으면 편하지 않았고, 베로니카 역시 부모와 있는 걸 좋아하지 않았다. 그래서 나는 뭔가 새로운 방법을 찾아보자고 제안했다. 마침 베로니카가 옆 동네에서 하는 연극 프로그램에 가입하고 싶다고 하자, 베로니카 부모는 등록을 해주고 리허설하러 가는 길에 차 안에서 연극에 관한 대화를 나누었다. 그러자 베로니카가 부모를 대하는 태도가 점차 바뀌었는데 내가 보기에는 두 가지 이유가 있었다.

첫째, 자기가 잘못된 행동을 했을 때 부모가 이를 지적해줄 것이라는 사실을 알고 있는 것. 둘째, 엄마 아빠와 언쟁을 벌이면 연극이라는 좋은 시간을 희생해야 하는 상황이 되어버린 것이다. 가족 간 언쟁이 아주 중단된 것은 아니었지만 적어도 변화는 있었다.

그리고 가장 중요한 점은 베로니카와 부모 사이에 소통의 끈이 다시 이어졌다는 것이다. 나는 임상심리전문가로서 교착 상태보다는 마찰이 낫다고 생각한다. 우리의 딸들이 10대 시절, 각종 위험한 일들을 경험할 기회를 얻게 되니까. 그리고 부모들은 이러한 위험에 대해 아이와 대화를 하고 싶어 한다. 교착 상태에서는 이렇게 중요한 대화를 할 수가 없다.

♥모험을 강행하는 아이들

아이의 성숙한 의식을 자극하라

10대의 안전에 대한 우리의 걱정은 기우가 아니다. 통계적으로 보면 인간은 생애 중 10대 때 가장 위험한 행동을 감행한다.[5] 보통 10대 청소년들은 비이성적이기 때문에, 자신이 무적이라고 생각하기 때문에, 위험을 계산하지 못하기 때문에 한계를 넘어서는 행동을 하는 것이라고 어른들은 생각하지만 연구에 따르면 눈앞에 펼쳐진 상황 등에 아이가 압도당하기 때문에 나쁜 일이 발생하는 경우가 많다고 한다.6 제2장에서 비디오 게임을 이용했던 연구 결과를 기억하시는지? 바로 그 점이다. 친구들과 결속력을 다지고 친구들 눈에 멋진 아이로 보이고자 하는 바람이 판단력을 짓눌러버리는 것이다.

그렇다고 10대가 어른이 정해준 규칙을 완전히 간과하는 것은 아니다. 내 경험상 10대 청소년들도 규칙에 대해 생각을 하기는 한다. 그른 방식으로 해서 탈이지만. 10대는 어른들이 왜 이런 규칙을 정했는지에 대해 숙고하기보다는 규칙을 위반하고 나서 들키지 않기 위해 노력한다.

사샤는 재미있게 살고 싶어 하는 10대 여자아이다. 사샤가 수업을 빼먹는 바람에 부모가 내게 연락을 해왔다. 목요일 오후, 사샤는 내 상담실에 들어서자마자 주말 계획에 대해 늘어놓으며 자랑하기에 바빴다. 사샤는 책가방을 바닥에 팽개치고 소파에 몸을 던지더니 들뜬 목소리로 이렇게 말했다.

"선생님, 제 이야기 한번 들어보실래요? 우리 학교에 아는 남자아이가 있는데 그 애가 이번 주말에 부모님의 하우스보트에서 파자마 파티를 하재요. 다른 사람들도 올지 어떨지 잘 모르겠어요. 어쨌든 걔 말로는 자기 엄마 아빠가 어디에다가 보트 열쇠를 보관하는지 아니까 들어가는 데 아무 문제 없대요. 우리 엄마는 절대 허락하지 않으실 거예요. 그래서 줄리아 집에서 파자마 파티를 한다고 말하려고요."

줄리아는 사샤의 절친으로 때로 일을 꾸밀 때 서로 공범이 되어 주기도 했다. 사샤의 이야기를 듣자 내 심장은 무섭게 뛰기 시작했다. 임상심리전문가로서 나에게는 내담자의 기밀을 보장해주어야 할 의무가 있다. 하지만 동시에 10대를 안전하게 보호해야 할 의무도 있기 때문에 이들이 정말 위험한 행동을 할 것이라고 판단될 때는 기밀 보호 의무를 파기하기도 한다. 치료 시간 동안 10대가 하는 이야기 중에는 애매한 회색 지대에 속하는 성격의 일들이 많아서 우리는 내담자와의 관계가 손상될 것을 감수하고 아이의 부모에게 그 일을 알릴 것인지 말 것인지를 결정해야 한다. 당시 주말 계획에 대해 이야기할 때 사샤는 내가 내담자의 기밀을 누설할 수 없다라는 사실에 기대고 있던 게 분명했다. 그런데 내 심기가 불편해진 것을 눈치챘는지 아이는 바로 이렇게 덧붙였다.

"괜찮을 거예요. 왜냐하면 다 생각이 있거든요. 네…… 다 생각해보았다고요."

그러면서 사샤는 줄리아와 정교하게 세운 계획, 즉 엄마에게 들키지 않기 위해 짠 계획에 대해 들려주었다. 모든 10대에게 현명하고 성숙한 측면이 있을 것이라는 가정하에 나는 사샤의 그 성숙한 의식에 기대어 이렇게 말했다.

"너나 나나 그나마 엄마한테 들키는 게 이번 주말에 발생할 수 있는 일 중에서 제일 덜 위험한 일이라는 걸 알고 있지 않니?"

그러자 고맙게도 사샤의 성숙한 면이 갑자기 고개를 들고 나타나

내가 엄마에게 전화를 거는 불편한 사태가 발생하는 것을 막아주었다. 내가 주말 계획과 관련해 발생할 수도 있는 위험, 따라서 꼭 고려해보아야 할 중요한 위험에 대해 몇 가지 거론하자 사샤도 사실 자기는 그 남자아이를 잘 모른다며 내 말을 거들었다. 또 호수에서 잘 모르는 남자아이와 혼자 하룻밤을 보내게 될 텐데 그 위험을 감당해야 한다는 사실을 이야기했더니 "이 계획은 취소해야겠다"라고 혼잣말을 했다.

진짜 위험에 집중하게 하라

나는 우리 딸들이 위험을 분석할 때는 '진짜 위험'에 대해 분석하기를 원한다. 어른들 모르게 넘어가는 데에 중점을 두지 말고 본인에게 닥칠지도 모르는 진짜 위험에 집중하는 것 말이다. 어떻게 하면 우리 딸들이 자기에게 닥칠 진짜 위험에 집중하게 만들 수 있을까? 먼저 딸이 친구들의 위험한 행동에 대해 이야기할 때 부모가 어떻게 반응하면 좋을지에 대해 신중하게 생각해보자. "누구누구가 어찌어찌해서 지금 위험하다"라는 유의 이야기를 들을 때마다 당신은 안타까운 마음이 들겠지만 그 기회를 선물처럼 소중하게 여기고 활용해야 한다. "누구누구가 그랬다더라" 하는 소문은 딸과 중요한 대화를 할 수 있는 실마리를 제공하기 때문이다.

만약 딸이 "친구 누구누구가 면허도 없이 운전을 하려 했다"라고 하면 "저런, 세상에. 내가 그 애 부모라면 아예 집 밖에 못 나가게

다리를 부러뜨려버릴 텐데!"라고 말하는 대신 그러한 행동이 촉발될 수 있는 실제 위험 상황들에 초점을 맞추어 "저런! 앞으로 그러지 못하게 하려면 어떻게 해야 할까? 그 애가 다치거나 죽기라도 하면 어떻게 하니? 정말 겁난다. 다른 사람을 죽게 만들 수도 있잖아"라고 말한다. 자신이 있는 곳을 부모에게 거짓으로 알리는 친구 이야기를 하면 "부모님한테 거짓말하지 말고 자기 안전을 스스로 책임지는 데 신경을 썼으면 좋겠다"라고 말해주자.

또한 딸이 제시하는 가정적인 상황을 잘 활용하기를 바란다. "엄마, 내가 담배 피우다 걸리면 어떻게 할 거예요?"라는 질문을 해온다면 "당장 네 방을 뒤져봐야겠다"라고 답하거나 딸이 지나갈 때마다 코를 킁킁대는 대신 니코틴이 중독성이 아주 강한 화학 물질이라는 사실과 폐암의 위험성에 대해 말해주자. 부모는 아이가 나쁜 짓 근처에도 못 가게 하려는 좋은 의도에서 아이에게 위협을 가하기도 하는데 위협을 받은 아이들은 규칙 위반을 하는 경우 닥쳐올 단기적 위협을 회피하는 데만 집중할 뿐 자기가 하는 행동이 가져올 장기적 위해에 대해서는 생각하지 않는다. 그렇다고 10대를 24시간 감시하는 것도 불가능하다. 휴대전화도 있고, 줄리아같이 시나리오를 짜서 입을 맞추어줄 친구들로 무장한 10대는 모든 종류의 안 좋은 짓을 하고도 빠져나갈 구멍을 만들 수 있다. 만약 부모가 "나한테 잡히기만 해봐라!"라는 식으로 대응하면 우리 딸들은 희생을 치르는 한이 있더라도 부모를 이기려 들 것이다.

어른들은 이제 커튼 밖으로 나와 그러한 규칙을 정하게 된 진짜 이유를 아이에게 알려주어야 한다. 아이가 위험한 행동을 하다가 부모에게 들킨 경우 어떤 벌을 받게 될지가 아니라 위험한 행동으로 인해 궁극적으로 직면하게 될지도 모르는 상황에는 어떠한 것이 있는지를 주제로 대화를 이끌어나가야 한다. 이러한 원칙에 따라 대화를 하다 보면 결국 효과를 거둔다는 사실은 연구에서 이미 증명되었다. 심리학 연구 결과에 따르면 따뜻하지만 확고하게 규칙을 정하고 이를 강조하는 위엄을 갖춘 부모를 둔 자녀들이 규칙을 정한 후 처벌을 통해 아이들에게 준수를 강요하는 독재적인 부모를 둔 자녀들보다 위험한 짓을 훨씬 덜 한다는 점을 보여주고 있다.[7] 이 책의 제7장에서는 여자아이들이 때로 저지르는 위험한 행동에 대해 살펴보고, 이러한 위험에 대해 아이와 어떻게 대화를 나누어야 하며, 만약 우리 딸이 그런 위험한 짓을 한다면 어떻게 해야 하는지에 대해 다룰 것이다.

♥ 부모와의 갈등에서 오는 성장

다툼과 정서지능 발달의 관계

내가 동료와 함께 점심 식사를 했을 때의 일이다. 임상심리전문가인 이 동료는 나와 마찬가지로 딸을 두 명 두고 있었다. 딸들은 각각 아홉 살과 열두 살. 맏딸에게 사춘기가 곧 오지 않을까 하는 이야기로 화제가 전환되자 동료는 두려운 듯 이렇게 말했다.

"우린 괜찮을 것 같아. 우리는 사이가 정말 좋거든. 애가 본격적으로 10대에 들어선다 해도 그렇게 힘들 것 같지는 않아."

하지만 나는 이렇게 답했다.

"누구한테든 서로 힘든 시간은 찾아오게 마련이야. 중요한 건 그걸 어떻게 극복하는가 하는 거지. 우리 모두 아이들의 정서지능도 잘 발달되기를 원하잖아. 부모와 건강하게 잘 싸우는 것도 딸의 정서지능을 키우는 데 도움이 돼."

우리는 커피를 리필해 한 잔 더 마시고 정서지능이라는 것이 무엇인지, 적절한 갈등은 어떻게 구축해나가는 것인지에 대해 계속 대화를 나누었다.

'정서지능emotional intelligence'이란 표현은 널리 사용되고 있기는 하지만 이 용어의 정의에 대해 심리학자들의 합의는 이루어지지 않고 있다. 나는 이에 대해 런던대학 임상교육보건심리학부 학장이자 안나프로이트센터장인 피터 포나기Peter Fonagy 교수의 접근 방식을 가장 선호한다. 포나기 교수와 그 연구진은 '정서지능이란 자신의 생각·감정·느낌·행동에 대해 성찰하고 주변 사람들의 바람·믿음·느낌과 같은 복잡한 정신 상태를 인지할 수 있는 능력'이라고 기술했다.[8] '대체 내가 왜 이러는 거야? 오늘 왜 이렇게 화를 못 참지?'라고 의아해할 때 바로 우리는 정서지능을 활용하고 있는 것이다. 우리 딸들이 '우리 엄마 왜 저래? 내가 도대체 뭘 잘못했기에 저러시는 거지?'라고 생각하는 것 역시 마찬가지이다. 다시 말해 정서지능이란 '나 자신을 객관적으로 보고 다른 사람이 하는 행동을 그 사람의 입장에서 이해해보는 것'이라고 할 수 있다.[9] 정서지능이란 종종 상식과 같아서 의식하지도 못하는 사이 우리는 쭉 정서지능을 사용하고 있다고 할 수 있다. 거의 모든 사람이 정서지능을 타고나는데 이 또한 하나의 능력이어서 다른 모든 능력과 마찬가지로 갈고닦으면 향상된다.[10]

그러면 딸과 잘 싸워보는 것이 정서지능과 무슨 연관이 있을까? 연구 결과 정서지능은 우리가 앞서 살펴보았던 두뇌의 두 부분, 즉 감정 정보를 전달하고 감정적인 반응을 산출하는 변연계와 이성적인 사고가 살고 있는 피질이 서로 긴밀하게 협업을 해야 한다고 한다.[11] 위협을 받거나 감정이 격해지면 뇌의 변연계가 활성화되어 아이는 공격성을 보이거나 자신을 보호하는 모드로 변한다. 특히 아직 뇌가 재정비 과정에 있는 10대의 경우, 변연계는 정비 과정에 들어가 있고 그 위의 이성 시스템은 아직 온전히 작동하지 못하는 상태이므로 더욱 그렇다. 즉, 10대는 감정적으로 강하게 반응할 가능성이 높으며 감정이 이성적 판단을 압도해버린다. 감정은 거의 100퍼센트, 이성은 0퍼센트의 상태가 되는 것이다. 하지만 딸과 함께 갈등을 겪고 이를 해결해나가다 보면 아이의 뇌는 균형을 잡게 되고 또 정서지능도 발달할 수 있다.

그럼 10대 딸과 아빠의 대화를 예로 들어보자.

"자, 오늘은 네가 저녁 차리는 것을 도울 차례다."

"쉿! 아빠, 저 지금 가장 좋아하는 텔레비전 프로그램 보고 있어요. 온종일 이것만 기다렸단 말이에요."

"그게 무슨 상관이야. 얼른 일어나."

"쳇! 전 텔레비전 볼 권리도 없어요? 아이들은 노예가 아니에요. 법이 바뀌기라도 한 거예요? 그랬으면 누군가가 저한테 알려주었어야죠."

"게으른 소리 그만하고 얼른 식탁이나 닦아. 아니면 주말에 외출은 꿈도 꾸지 마라."

"맘대로 하세요."

딸은 쾅쾅 발소리를 내며 방으로 들어가버렸다. 20분쯤 뒤, 화가 가라앉은 아빠는 딸의 방에 가서 문을 두드렸다. 딸이 문을 열어도 좋다고 하자 아빠는 문간에 서서 차분하게 말한다.

"조금 전에 대화가 그런 방향으로 흘러서 유감이다. 아빠가 실수했던 부분은 사과하마. 네가 대응하는 방식이 맘에 안 들어서 그랬어. 생각해보니 너도 온종일 학교에서 힘들었을 거고, 네가 그 프로그램을 그렇게 좋아하는데 내가 너무했나 싶더라. 하지만 너도 아빠가 맘에 안 드는 말을 했을 때 좋게 응대하는 법을 찾아야 할 것 같은데. 그리고 아빠한테 그런 어조로 이야기하면 안 되지. 그런 식으로 말하면 아빠가 더 화를 내는 것도 잘 알잖아. 네가 뭐라 했건

너한테 강압적으로 말한 건 아빠가 잘못했어. 아빠도 온종일 힘들었거든. 이건 핑계가 아니라 그냥 그렇다는 거다. 이제 같이 저녁 먹을래?"

이 말에 딸이 아무 대답도 안 하고 그냥 화난 채로 식탁만 차린다면? 그리고 앉아서 한마디도 하지 않고 묵묵히 먹기만 한다면? 나는 그래도 이것이 정서지능을 키우는 정말 멋진 사례였다고 말하겠다.

<u>포나기 교수진이 진행한 연구에 따르면 우리가 딸 본인의 정신 상태뿐 아니라 타인의 마음 상태에 대해서도 고려해보도록 아이를 이끈다면 이것이 아이들의 정서지능을 키우는 데 도움을 줄 것이라다.</u>[12] 아빠는 딸의 하루가 고달팠기 때문에 자신에게 그렇게 반응했던 것이라고 나름의 해석을 해줌으로써 딸이 스스로 성찰할 수 있도록 이끌었다(나 자신을 객관적으로 보기). 또한 아빠는 본인의 나쁜 행동에 대해 사과하면서 자신의 반응을 같이 성찰하고 본인의 실언 역시 피곤한 하루 때문인 것으로 연계했다. 또 갈등이 점증되는 동안에 어떤 생각이 떠올랐는지를 차근차근 말해줌으로써 딸이 아빠의 마음 상태를 들여다볼 기회를 주었고(다른 사람의 행동을 그 사람 입장에서 이해해보기) 정서지능을 키울 수 있도록 토대를 마련해주었다.

이것이 전부가 아니었다. 이 상황에서 아빠는 단순히 딸이 정서지능을 키우도록 도움을 주었을 뿐 아니라 딸이 두뇌 회로를 다시 짤 수 있도록 해주었다. 정서지능은 우리 두뇌에서 이성을 담당하

는 전두엽 피질과 감정을 담당하는 변연계가 통합적으로 기능해야 한다. 이러한 통합은 우리가 감정에 대해 생각할 때 일어난다. 상대의 마음 상태와 나의 마음 상태를 숙고해보는 연습을 반복하다 보면 딸의 전두엽 피질이 더 잘 발달하여 감성적 지성을 가진 성인으로 자라게 된다.

당신이 딸의 마음 상태를 살피고 이에 대해 대화를 나누려고 노력하는 것에 대해 아이가 고마워할 거라는 기대는 갖지 말자. 단, 이러한 대화를 통해 부모가 왜 그런 말과 행동을 한 것인지 딸이 궁금해하고 또한 본인의 생각과 감정 및 행동에 대해 그 원인을 생각해보는 계기가 될 것이라고 믿어주기를 바란다.

딸의 정서지능을 발전시키는 데 관심이 많기는 하지만 '꼭 싸워야 하나? 사이좋게 지내면서 아이의 정서지능을 발달시킬 방법은 없나?'라고 생각하는 부모도 있을 것이다. 하지만 나는 싸우지 않고 정서지능이 발달되기란 어려울 것이라 생각한다.

서로 사이좋게 지낼 때는 정서지능에서 낮은 단계만이 작동한다. 당신과 딸이 같은 노래를 듣고 싶어 할 때에는 상대나 나의 마음속까지 헤아려볼 필요가 없다. '내가 저 노래를 왜 듣고 싶어 하는 거지? 그리고 이번에는 내가 노래를 고를 차례라고 말하면 그건 너무 유치한 건가?' 같은 생각을 할 여지가 없다는 뜻이다. 또는 '오늘 아주 힘이 들었나 봐. 자기가 좋아하는 노래를 들으면 기분이 더 좋아지겠지?' 같이 상대의 마음을 헤아려볼 필요도 없다. 이렇듯 정서지능은 서로 의견이 상충할 때만 발달할 수 있다.

정서지능 발달을 위한 갈등의 조건

여전히 '왜 꼭 나와 싸워야 하지? 다른 사람이랑 싸우면서 훈련하면 안 되는 건가?' 하는 생각이 들 수도 있다. 하지만 아이에게 이렇게 해주는 사람은 아이에 대해 잘 알고, 아이를 사랑하며, 정서지능이 높은 사람이어야 한다. 딸의 정서지능은 싸움 자체가 아니라 해결책을 찾아가는 과정에서 구축되기 때문이다. 승강이를 벌이고 나서 아빠가 딸에게 말을 걸었을 때 치유가 이루어진 것은 부모와 자식 사이라는 독특한 유대 관계 덕분이다. 아빠는 조용한 어조로 대화함으로써 언쟁이 종식되었으며 안전하고 친근한 부녀 관계로 돌아왔다는 사실을 전달했다.

우리는 서로 안정감을 느끼는 관계에서 정서지능이 발달한다는 것을 알고 있다.[13] 위협을 받고 있다고 느낄 때는 타인의 정신 상태는 물론이고 자신의 정신 상태에 대해 생각해보는 것 자체가 불가능하다. 그다음 아빠의 말 속에는 딸에 대한 아빠의 지식('딸이 힘들어서 오만한 태도를 보였을 것'이라는), 딸이 알고 있는 아빠의 모습("그리고 아빠한테 그런 어조로 이야기하면 안 되지. 그런 식으로 말하면 아빠가 더 화를 내는 것도 잘 알잖아")이 들어 있었다. 우리가 불화를 해결하고 다시 좋은 사이로 돌아가기 위해 서로에 대해 가지고 있는 통찰력을 활용할 때 정서지능은 발달한다. 이렇듯 정서지능을 구축하기 위해서는 우선 사랑하는 사람과 불화를 겪어야 하고, 이를 회복할 수 있을 만큼 서로에 대해 잘 알아야 한다.

마지못해 아이를 식탁에 앉게 하는 데에 이 정도로 정성이 필요한가 싶기도 하겠지만 이는 충분히 가치 있는 일이다. 우리 딸들이 앞으로 건강한 인간관계를 맺을 것인가 아닌가에 대한 여부는 모두 정서지능에 달려 있기 때문이다. 우리 부모들이 먼저 딸의 감정 상태에 집중하고 아이가 우리의 감정 상태에 집중하도록 도와준다면 나에게 관심이 있는 사람, 자신의 감정에 대해 되돌아볼 수 있는 사람, 그리고 갈등을 활용하여 관계를 깊게 만들고 관계를 개선하기 위해 노력하는 사람이야 말로 함께할 가치가 있는 사람이라는 메시지를 아이에게 전달할 수 있다. 부모가 얼마나 노력하고 있는지 딸이 미처 헤아리지 못할 수도 있지만 아이는 이러한 긍정적인 경험을 통해 자기를 그 정도로 귀하게 대접해주지 않는 사람들과는 되도록 멀리하는 법을 배울 것이다.

만약 아빠가 딸과의 관계를 회복하기 위해 노력하지 않았다면 어떻게 되었을까? 그냥 딸이 방에서 부글부글 끓도록 내버려두고 자기도 화난 상태로 저녁을 먹었다면? 위와 같은 상황에서 아빠는 당연히 화를 낼 만했다. 딸의 말과 행동은 도를 벗어났으니까. 아빠는 딸에게 사과를 요구할 수도 있었다. 하지만 아빠가 말을 심하게 한 것도 사실이었다. 우리가 자식에게 휘두를 수 있는 가장 위험한 무기는 바로 정서적으로 수치심을 주는 말을 하는 것이다. 이러한 말은 아이가 한 행동이 아니라 아이의 성격에 대해 낙인을 찍기도 하며 아이가 한 행동이 아닌 아이의 존재 자체를 부정해버린다. 말에는 독성이 있으며, 그 상처는 오래가고, 그 말을 한 사람에게 실질적인 이득은 하나도 없다. 이러한 말을 들은 아이에게는 두 가지 선택지밖에 없다. 부모의 말처럼 본인이 창피한 존재라고 인정하거나, 본인이 아닌 부모가 잘못한 것이라고 결론 내리고 본인의 존엄성을 지키거나. 어느 쪽을 택하건 결국 한쪽은 상처를 받는다.

아이를 상대하다가 진심이 아닌 말이 튀어나왔다면 꼭 사과해야 한다. 사과는 옳은 일이며 금이 간 관계를 다시 이어 붙일 수 있는 중요한 과정이다. 나의 잘못을 인정함으로써 '딸이 눈치채지 못한 나의 결점을 드러내는 것은 아닐까' 하고 걱정하지 말기를 바란다. 이미 딸들은 우리가 완벽하지 않다는 사실을 잘 알고 있다.

♥ 딸이 부모의 단점을 지적하는 이유

아이는 부모가 자신의 단점을 인정하기를 원한다

모든 부모에게는 한계가 있다. 커튼을 열어보고 나면 10대는 우리의 한계를 훤히 꿰뚫어보며, 우리에게 똑떨어지는 멋진 별명도 붙여줄 것이다. 그렇다고 딸이 부모에게 쏟아내는 모든 비평이 자업자득이라는 소리는 아니다. 딸이 당신의 성격에 대해 하는 비판을 성급하게 일축해버리지는 않기를 바란다.

본인의 결점을 너무나 잘 파악하고 있기 때문에 아이가 이를 지적한다 해도 그리 놀라지 않는 부모들도 있다. 반면 본인에게 단점이 있다는 지적을 감당하기 힘들어하는 부모들도 있다. 우리들 대부분은 이 양자 사이 어딘가에 속할 것이다. 그러면 아이의 비판을 진지하게 받아들여야 할 때와 아닌 때를 어떻게 구분할 수 있을까? 아이가 지적한 점을 전에도 다른 사람들한테 지적받았던 적이 있거나 딸의 지적에 상처를 받았다면 아이의 말이 옳았을 가능성이 아주 높다. 우리는 진실이 담긴 뼈아픈 말에 상처를 받으니까.

아이들이 우리의 한계를 지적하는 데는 마땅한 이유가 있다. 아이들은 우리가 더 나은 사람이 되기를 원한다. 아이에게는 부모가 딱 둘밖에 없는데 그들이 완벽하지 않다는 것을 새롭게 깨달은 것이다. 우리 딸들은 부모에게 잘못을 지적해줌으로써 우리가 더 나은 인간이 될 수 있을 것이라고 생각한다. 비평 중에서 건설적인 의견("엄마가 날 데리러 올 때 늦으면 정말 걱정되고 화나요")은 받아들이기도 쉽다. 하지만 어떤 종류의 비평이 날아올지 숨을 죽이며 너무 긴장할 필요는 없다.

딸이 당신의 한계를 정확하게 잘 파악한 것으로 생각되거든 당신을 사랑하고 잘 아는 사람, 예를 들어 배우자나, 형제자매, 좋은 친구에게 이를 한번 확인해보는 것도 좋은 생각이다. 당신이 부모 노릇을 잘하지 못하고 있다는 사실을 인정하는 것을 부끄러워할 필요는 없다. 완벽한 부모 노릇이란 사실 존재하지도 않으며 부모 노릇을 완벽하게 할 필요도 없다. 아이에게 당신의 한계를 인정하는 정직한 모습을 보여주는 것만으로도 딸과의 관계는 개선될 것이며, 그렇게 해주면 딸은 당신을 제외한 다른 사람과의 인간관계도 잘 헤쳐 나갈 것이다. 이렇듯 자신의 맹점을 인정하는 데는 많은 장점이 있다.

자신의 한계에 직면했다면 거울을 쳐다보며 이렇게 말한다.

"그래, 우리 딸이 한 말이 맞아. 나는 약속 시간도 잘 못 지켜서 애한테 신뢰를 못 얻었어. 6시에 데리러 간다고 해놓고 만날 6시 20분쯤에나 나타났지."

부모가 자신의 단점을 인정하는 방법

그러면 이제 어떻게 해야 할까? 두세 가지 방법이 있다. 자신이 바뀔 수 있을지 생각해본다. 사람은 살면서 계속 성장하고 발전한다. 관찰력이 좋은 딸을 둔 덕분에 당신은 더 나은 사람이 될 수도 있다. 딸에게 이렇게 말해보자.

"네 말이 맞아. 시간도 못 지키고, 엄마가 잘못했네. 미안하다. 이제부터 시간을 잘 지키도록 노력할게."

그런데 이렇게 말해놓고도 여전히 약속을 잘 지키지 못하는 경우에는 자신의 한계를 인정하고 이에 대해 책임을 져야 한다. 나에게도 단점이 여러 가지 있는데 그중 정리정돈과 청결에 과도하게 집착하는 면에 대해 털어놓고자 한다. 내 생활 공간은 수술실처럼 무균 상태여야 할 필요는 없지만 정말 모든 게 완벽하게 잘 정돈되어 있어야 한다. 시간이 허락한다면 나는 안 그래도 깨끗한 우리 집 부엌을 정리하고, 청소하고, 다시 쓸고 또 닦느라 주말 내내 매달려 있을 것이다.

어딘가에서 묻혀 온 진흙 자국이 집 안에 남아 말라붙어 있으면 나는 거의 미쳐버린다. 그래서 나는 아이들에게 나의 단점에 대해 해명하고 이해를 구했다. 내가 그런 사소한 일에 과잉 반응을 보이더라도 기분 나빠하거나 이상하게 생각하지 말라고. 엄마는 외동딸로 자라나 어릴 때부터 내 공간을 스스로 챙기며 정돈된 환경에서 자라와서 공간이 흐트러지는 걸 견디기 힘들어하는 것일 뿐이라고. 이렇게 딸들과 대화한 후에 나는 집이 어질러져도 최대한 이성을 잃지 않도록 자제하겠다고 다짐했고, 아이들은 집이 더러워지면 집 안 분위기가 안 좋아질 수도 있다는 것을 인지하고 최대한 그러한 일이 벌어지지 않게 하겠다고 다짐했다. 흥미로운 것은 여러 번의 시행착오 끝에 우리 딸들은 타일로 깐 뒷문 입구는 어지럽혀도 내가 별 상관을 하지 않는다는 것을 발견했고 자매간의 연대라도 과시하려는 듯 아이들은 이 입구에 '엄마 프리 구역'이라는 이름을 붙여주었다.

자기의 한계나 단점을 인정하는 데는 용기가 필요하다. 특히 10대에게 우리의 단점에 대해 말하고 인정할 때는 더 그렇다. 자기의 못

말리는 단점을 인정하게 되면 부모로서의 권위를 잃지 않을까 걱정하지만 사실 결과는 그 반대이다. 10대는 자신의 단점을 인정할 줄 아는 어른을 더 존경한다.

부모가 자신의 단점을 인정할 때의 장점

부모가 자신의 못 말리는 단점에 대해 터놓고 이야기해주면 딸은 이미 굳어 딱딱해진 부모의 단점을 고쳐보려 헛되이 노력하지 않아도 된다. 그뿐 아니라 아이의 정서지능 발달에도 도움이 된다. 딸은 당신의 행동에 대해 단지 그 순간이 아니라 과거 경험 및 관계까지도 고려한 광범위한 관점에서 당신의 행동의 이유를 생각하기 때문이다. 이렇게 현재 발생하는 일에 대해 그 이상을 볼 수 있도록 통찰력을 확장시켜줌으로써 초급이었던 아이의 정서지능('집 안에 흙 좀 묻혔다고 엄마가 저렇게 정신 이상자 같은 반응을 보이는 이유가 뭘까?')은 전문가 수준('엄마가 저렇게 정신 이상자 같은 반응을 보이는 이유는 어렸을 때 다른 사람하고 공간을 같이 쓴 적이 없어서야. 그래서 지금도 집이 어질러지면 화가 나고 화를 잘 조절하지 못해')으로 격상된다.

이렇게 부모가 자신의 한계를 인정하고, 딸이 이를 오해하지 않고 잘 받아들일 수 있도록 만들어주면 아이에게는 완전히 새로운 세상이 열린다. 10대는 부모의 단점을 볼 때 사춘기 아이들만의 자기중심적 생각의 틀에서 보기 때문에 부모들이 자신을 괴롭히기 위해 그렇게 행동한다고 생각한다. 그리고 우리의 잘못을 지적하면 우리가 좀 더 이상적인 부모에 가까운 쪽으로 바뀔 것이라고 믿는다. 하지만 부모에게도 장단점이 있으며, 그 장단점은 딸 자신이 태어나기도 전부터 있었던 것으로 자기가 독립하고 나서도 부모는 여전히 그대로일 거라는 사실을 알게 되는 것은 정말 큰 깨달음이라 할 수 있다. 아이는 자기 부모를 완벽한 부모로 변신시켜보겠다는 꿈을 버림으로써 부모에게 화를 내고, 상처를 받고, 또 부모를 바꿔보려 노력하면서 쏟았던 수많은 에너지를 아낄 수 있게 된다. 이렇게 보존된 에너지가 활용될 곳은 많이 있다. 공부, 건전한 친구 관계 확립, 미래 계획은 물론 완벽하지 않은 부모의 장점을 즐기는 것도 포함되어 있다.

부부 관계가 원만한 경우, 엄마(아빠)의 단점에 대해 상대 배우자가 아이들을 이해시켜줄 수도 있다. 나의 경우 아이들 아빠는 "내가 너희 엄마를 사귀었을 때부터 엄마는 그런 사람이었다. 엄마의 결벽증이 기분 나쁘거나 엄마가 나를 공격한다고 생각한 적도 있지만 그건 정말 옛날 일이다"라고 아이들에게 말해주었다. 이혼한 가정이라 해도 이 단점을 잘 정의한다면 아이에게 긍정적인 영향을 끼칠 수 있다. 이혼한 부모들과 상담할 때 나는 항상 자녀들에게 상대 배우자를 욕하지 말라고 한다.

클로이(이전에 나온 채식주의자)와 클로이 엄마는 자기 집에 올 때는 반드시 고기를 먹어야 한다고 주장하는 아빠에게 어떻게 대응해야 할지를 고민하다가 내 상담실을 찾았다. 클로이가 아빠의 고압적인 방식에 대해 불만을 표하자 엄마는 감정을 싣지 않은 어조로 "그 사람은 항상 그런 식이었어"라고 사실을 기술하듯 말해주었다. 그리고 결혼 생활이 실패한 원인 중에 그런 점도 끼어 있었다고 말해주었다. 또 클로이에게 나중에 그 문제에 대해 아빠와 진솔하게 이야기해보는 게 어떠냐고 하면서 아빠에게 단점이 있기는 하지만 아빠는 정말 너를 사랑하며 네가 가진 장점 중에는 아빠에게 물려받은 것도 많다고 말했다. 만약 '세기의 이혼한 부모상'이라는 게 있다면 나는 그 상을 클로이 엄마에게 주었을 것이다.

♥미성숙한 어른을 상대해야 하는 아이들

아이의 감정과 판단을 인정해줘라

내가 고등학교 2학년 때, 수학 선생님 중에 삼각 함수를 끔찍하게도 못 가르치던 선생님이 있었다. 수학 문제를 풀어주었지만 오히려 이는 학생들을 더 헷갈리게 만들었고 범위 내에서 시험 문제가 나오지도 않았다. 그리고 채점하는 데 한세월, 숙제를 내주고 이걸 평가해서 돌려주는 데 또 한세월 걸리곤 했다. 나는 그런 수학 선생님 덕분에 골머리를 썩으며 집에 와서는 선생님에 대한 불평을 한 가득 늘어놓곤 했다. 내 불평에 지친 엄마는 누구도 해주지 않았던 영양가 있는 말을 해주었는데 그 말이 적지 않게 도움이 되었다.

"고등학교 성적 증명서에 수학 선생님을 싫어한 이유에 대해 설명하는 항목은 없어. 그러니 너는 이 사태를 어떻게 헤쳐 나갈지를 생각하는 게 현명할 거야."

이러한 상황은 드물지 않게 발생한다. 학교마다 무능하거나, 정신이 하나도 없거나, 둔감하거나, 아이들을 약 올리거나, 미치도록 지루하게 가르치는 선생님들이 있게 마련이다. 하지만 학교에 재능 있고, 성실하며, 재미있게 가르치는 선생님만 가득하다면 아이는 사회생활을 하는 데 필요한 능력을 배우지 못할 것이다. 사회생활을 할 때는 마음에 안 드는 상사나 까다로운 대학 강사, 그 외에도 권한을 가진 직위에 앉아 있는 사람들을 어떻게 다루어야 할지를 알아야 한다. <u>따라서 학교에서 아이가 마음에 안 드는 선생님을 만났을 경우, 부모는 그 기회를 활용하여 아이가 평생 활용할 수 있는 사회생활 전략을 키우도록 도와주어야 한다.</u> 운 좋게 아동기에 합리적인 어른들 틈에서 자란 아이들은 이렇게 모자란 어른을 맞닥뜨리면 더욱 당황해한다.

<u>아이가 선생님이나 그 외 다른 어른들에 대해 불평할 때는 먼저 아이의 감정과 판단을 인정해주어야 한다. 아이가 하는 말이 사실과 다르다고 생각할 만한 근거가 없는 한 아이의 말이 정확하다고 인정해주는 것이 좋다.</u> 10대의 통찰력은 정말 뛰어나다. 상담실에서 아이들이 어른에 대해 불평할 때 나는 그들의 분석에 거의 의문을 제기하지 않는다. 오히려 부모의 단점 때문에 좌절하는 아이를

볼 때면 부모의 그 못 말리는 구석에 대해 말로 기술해보라며 아이의 정서지능을 함양시키려 노력한다.

"아빠가 가족과 저녁을 같이 먹는 것보다 일하시는 걸 더 좋아하는 것 같다고 했는데, 너는 그 점에 대해 어떻게 생각해?"

단, 아이의 입장에 공감을 표현하면서도 동시에 이것이 아이가 하고 있는 반항의 핑곗거리가 되지 않도록 조심해야 한다. 한 똑똑한 10대 여자아이는 학교에서 낙제를 받는 방법으로 부모에게 항의하고 있었다. 그때 나는 이렇게 말했다.

"그래. 부모님의 그런 면은 너랑 잘 안 맞을 수 있겠다. 하지만 그런 부모님과 영원히 같이 살 것은 아니잖니?"

위기를 기회로 삼는 법을 가르쳐라

가미유는 순조롭게 고등학교 1학년으로 진학했다. 고등학생이 되면서 학교 수업 외 다양한 활동을 즐겼고 새로운 친구들과 사귀는 재미에 빠져 있었다. 카미유는 공부 잘하는 착실한 우등생이었다. 그래서 카미유 엄마는 딸의 프랑스어 성적표에 C^+가 찍혀 있는 것을 보고 놀라지 않을 수 없었다. 엄마가 이게 어찌 된 일이냐고 물어보자 카미유의 입에서는 프랑스어 담당인 클레이턴 선생님에 대한 불평불만이 쏟아져 나왔다. 카미유의 말에 따르면 클레이턴 선생님은 수업을 프랑스어로만 진행하면서 아이들을 놀리기도 하고, 숙제를 채점할 때는 순전히 제때에 제출했는지 여부를 기준으로만 점수를 주는 사람이었다. 카미유는 클레이턴 선생님의 말도 안 되는 채점 규칙 때문에 최선을 다해도 별 소용이 없으며 대놓고 학생들을 멸시하는 통에 공부를 잘하고 싶은 마음조차 들지 않는다고 토로했다.

나와 카미유 엄마는 아이가 수업을 제대로 따라갈 수 있도록 북돋워주기로 잠정 결론을 내렸다. 엄마는 딸에게 첫 직장에서 만났던 못되고 쪼잔한 상사에 대해 이야기해주었다. 그래도 그런 상사 밑에서 견디며 일을 해내고 나니 탄탄한 추천서를 받을 수 있었고, 그다음 직장을 구할 때 아주 유용했다는 경험을 들려주었다. 또 클레이턴 선생님의 채점 기준이 합리적이지 않다는 데 동의를 표하면서 그래도 제때 과제를 제출하기만 하면 좋은 점수를 받지 않겠느냐고 아이를 설득했다. 카미유가 클레이턴 선생님이 속사포처럼 프랑스어를 쏟아내는 바람에 과제가 무엇인지 거의 알아들을 수가 없다고 하자 엄마는 그럼 친구들 몇몇과 같이 비교해서 숙제를 파악해보는 방법을 추천했다. 카미유가 다가올 쪽지 시험에 대비해 문법과 씨름할 때 엄마는 해당 부분에 대한 강의 동영상을 찾아주기도 했다.

카미유 엄마는 딸이 직면한 딜레마에 대해 진지하게 대처해줌으로써 아이에게 몇 가지 중요한 메시지를 전달했다. '너는 살아가면서 앞으로도 많은 문제를 지닌 권위적인 사람들을 만나게 될 것이며, 이 사람들과 살아가는 법을 배워야 하고, 현재를 비관하는 것은 에너지 낭비라는 것, 그리고 네가 클레이턴 선생님 때문에 직면한 힘든 문제도 잘 해결해낼 수 있다고 엄마는 믿고 있다'라는 메시지 말이다. 여기에서 가장 중요한 것은 이렇게 짜증 나는 상황을 아이가 잘 헤쳐 나가리라 기대한다는 메시지를 전달한 것이다. 카미유 엄마는 나중에 내게 이런 이야기를 해주었다.

"카미유에게 이렇게 말했어요. '클레이턴 선생님이 짜증 나지? 그래도 그 선생님에게 지지 않고 프랑스어를 잘 익히는 법을 배우면 결국 네 인생에 큰 도움이 될 거야. 내가 아는 성공한 사람들은 어떠한 상황에서도 최선을 다해 결과를 만들어내더라. 올해 클레이턴 선생님과 만난 걸 그런 능력을 키울 기회로 삼으렴'이라고요."

카미유에게 클레이턴 선생님을 극복하라고 한 것은 대규모 선거에서 딸에게 표를 던진 것과 진배없다. 카미유 엄마는 또 이렇게도 말했다.

"세상이 너를 돕는 쪽으로만 돌아가지는 않아. 그래도 네가 이런 상황을 잘 해결해나가리라 믿는다."

만약 카미유 엄마가 프랑스어 수업을 포기하고 라틴어 수업으로 바꾸도록 해버렸다면 카미유는 그런 상황은 되도록 피해야 하는 것이며, 자신은 클레이턴 선생님 같은 사람은 다룰 수 없는 유연성 없는 사람이라고 느꼈을 것이다.

물론 부모가 개입해주어야 할 때도 있다. 학생들에게 대놓고 불공평하게 대하고, 누구도 수업을 따라오지 못할 정도로 이상하게 가르치며, 학생들을 괴롭히고, 성별이나 인종·사회 계급·종교·문화·성 정체성을 이유로 아이들을 학대하는 사람을 아이가 혼자 감당하도록 내버려두어서는 안 된다. 부모가 개입해야 할지 여부에 대해 확신이 서지 않거든 우선 아이가 상황을 잘 헤쳐 나갈 수 있도록 지원을 아끼지 않는 것부터 시작하자. 부모가 도와주어도 문제 있는 선생님이나 코치 때문에 발생하는 어려움을 아이 스스로 해결하지 못하거나 상황이 더 악화되는 경우에는 학교에 연락을 취하자.

모든 관계에는 동전처럼 양면이 있다. 누군가와 알고 지낸다는 것은 그 사람의 장점을 즐기고, 가끔 실망스러운 면이 보일 때는 이에 나를 맞추어가며 살아가는 법을 찾아야 한다는 것을 의미한다. 부모가 자신의 단점을 인정하면 우리 딸들은 이러한 삶의 진실에 한 걸음 더 가까워진다. 딸들에게 세상에는 완벽한 사람들과 완벽한 관계만이 존재할 거라는 생각을 버리게 함으로써 비로소 아이들은 사람들과 세상을 있는 그대로 볼 수 있는 눈을 키우게 된다.

♥ 선을 넘기 시작하다

3F의 법칙

대부분의 10대는 사춘기 어느 지점에서 부모에 대해 지키고 있던 선을 넘는데 이때는 종종 예의를 지키지 않는 방법을 이용한다. 세상에 둘도 없이 착하고 예쁜 딸이 난생처음 호전적인 언사를 하면 부모는 마음의 상처를 받을 수도 있다. 물론 어떤 가정은 소리를 지르고 욕을 하는 게 일상이기도 하고, 반면 부모가 간섭하는 것마저 언어폭력으로 간주하는 가정도 있다. 하지만 수용할 만한 소통 수준이 어느 정도이건, 딸이 언젠가는 그 선을 넘을 것이라는 사실은 염두에 두고 있어야 한다.

딸이 더는 달콤한 사탕같이 굴지 않고 후춧가루처럼 매워지면 부모도 아이를 같은 방식으로 대하게 되고, 이로 인해 서로 상처를 받을 수도 있다. 이럴 때는 내가 '경찰들Cops'이라는 프로그램에서 배운 방식을 써보기를 권한다. 이 프로그램에서 경찰은 험악한 범인들을 어떻게 다루느냐는 질문에 이렇게 답했다.

"우리는 반드시 '3F의 법칙'에 맞추어 범인을 상대합니다. Fair, 공정하게 대한다. Firm, 확고한 태도를 보인다. Friendly, 우호적으로 대한다."

거친 거리에서 적용되는 이 훌륭한 방식을 당신의 가정에도 적용해보기를 바란다. 방금 딸이 무슨 말을 했든 숨을 한 번 들이쉬며 아이 안에는 사려 깊은 10대의 마음도 내재되어 있다는 사실을 기억하자. 그리고 확고하면서도 따뜻한 어조로 "너 정말 화가 많이 났구나. 네가 차분히 다시 대화를 나눌 수 있을 때까지 기다려줄게. 그때 다시 이야기하자"라고 해보자. 그래도 딸이 계속 뭐라고 쏘아대면 당신은 조용한 어조로 이 대사를 반복해야 하겠지만 어른이 점잖게 문제를 해결하려고 하고 흔들리지 않는다면 이런 어른에게 조차 계속해서 무례하게 구는 10대를 찾아보기는 매우 어렵다.

딸의 행동이 가져올 결과를 지적해줘라

10대는 때로 하지 말아야 할 짓을 저지르기도 한다. 심지어 구체적으로 하지 말라고 금지한 짓을 하기도 한다. 일요일 오후, 나는 중학교 3학년 때 나를 찾아 왔던 '다라'라는 아이의 아빠로부터 음성 메시지를 받았다. 나는 메시지를 체크하자마자 다라 아빠에게 전화를 했다. 벨이 울리자마자 전화를 받은 다라 아빠는 속사포처럼 상황을 설명했다.

"선생님, 이렇게 빨리 전화해주셔서 정말 감사합니다. 저는 다라 아빠인데요, 저희 다라 기억하시죠? 지금 벌써 열여덟 살이 되었습니다. 며칠 전 다라 외할머니가 돌아가셔서 아내랑 같이 한 사흘 정도 집을 비웠습니다. 다라에게는 저희가 없는 동안 아무도 집에 들이지 말라고 했죠. 아이 엄마는 지금 친정에 남아 있고 저 혼자 몇 시간 전에 집에 돌아왔는데요. 집에 와보니 저희가 없는 동안 글쎄 애가 파티를 한 겁니다. 화초들이 모두 망가졌고 지하실 카펫에서는 맥주 냄새가 진동하네요. 다라는 친구 몇 명을 불렀을 뿐인데 모르는 아이들까지 나타나는 바람에 집이 난장판이 되었다고 하더군요. 경찰을 부르겠다고 해서 개들을 겨우 쫓아냈답니다. 도대체 어떻게 해야 할지 모르겠어요. 안 그래도 정신이 없는 와중이라 아내에게 한동안은 알리고 싶지 않고요."

  이렇게 10대가 선을 넘는 짓을 할 때, 부모들은 어떻게 하는 것이 '이성적인' 대응법인지를 고민하게 된다. 여기에 금과옥조로 삼을 수 있는 정답은 없다. 하지만 반드시 기억해야 할 점이 한 가지 있다. 아이에게 모진 말을 해서 행동을 고치게끔 해서는 안 된다는 점이다. 10대에게 소리를 치면 문제가 더 악화된다는 연구 결과도 있다.[14] 화가 나서 퍼붓는 말은 부모 자신을 위한 화풀이밖에 되지 않는다.

  나는 전화를 통해 다라 아빠에게 일단 딸과 차분히 앉아서 만약 상황이 정말 안 좋게 돌아갔다면 어떻게 되었을지에 대해 한번 이야기해보라고 권했다. 누군가가 다쳤을 수도 있고, 집이 망가지거나, 이웃집에서 경찰에 신고하거나, 파티 도중에 싸움이라도 벌어졌으면 어찌할 뻔했는지, 그러면 결국 부모가 책임을 졌어야 할 것이라고 말이다. 그리고 규칙을 정하는 것은 어른들이 권력을 행사하기 위해서가 아니라 모두의 안전을 위한 것이며, 그렇기 때문에 규칙을 따라야 한다는 점을 아이에게 꼭 짚어주어야 한다고 알려주었다.

  며칠 후 다라 아빠는 내게 상황을 알려주었다. 다라에게 화초를 사서 심게 하고 카펫을 청소하게 했다고. 처벌에 대해 다라가 구시렁거릴 때도 아빠는 굽히지 않고 아이의 용돈으로 모든 비용을 처리하게 했다. 이렇게 10대에게 자기가 저지른 일을 바로잡을 기회를 주는 것은 언어로 수치심을 주는 것과 정반대의 효과를 볼 수 있다. 말로 수치심을 주는 것이 "넌 나쁜 아이야"라고 말하는 것과 같다면, 잘못된 것을 바로잡을 기회를 주면 "네가 문제를 일으켰지만 이를 바로잡을 수 있는 것도 너야"라는 메시지를 전달할 수 있다.

한 달도 지나지 않아 다라 아빠와 엄마는 나와 마주 앉게 되었다. 엄마 트루디는 상을 당하기도 했고 딸 문제까지 겹쳐서 초췌하고 골치가 아픈 듯한 모습이었다. 기운이 하나도 없는 목소리로 그녀는 이렇게 말했다.

"다라 친구 중에 피어싱을 한 애가 있는데 몇 주 전에는 머리를 보라색으로 염색했더라고요. 그 애를 좋아하는 편은 아닌데 오래전부터 집안끼리 알고 지내기도 했고 또 다라랑 아주 친해요. 그런데 지난주에 다라가 그 애 집에서 파자마 파티를 하고 돌아왔는데 글쎄 귀 연골에 피어싱을 하고 온 거예요. 눈썹에도 세 개나 뚫고요."

이때 다라 아빠가 끼어들었다.

"우린 정말 화가 치밀어 올랐어요. 벌을 주어야 할 것 같기는 한데 어떻게 해야 할지 모르겠어요. 아니, 열여덟 살이나 된 아이한테 부모가 누구누구랑은 놀지 마라, 외모는 이렇게 저렇게 해라, 이런 것까지 계속 잔소리할 수는 없지 않겠어요?"

"맞아요. 벌은 주어봤자 별 소용이 없을 겁니다. 지금 아이가 한 짓이 마음에 안 드시겠지만 위험한 짓은 아니잖아요. 그러니까 이렇게 한번 말해보세요. '피어싱을 한 게 별로 좋게 보이지는 않는구

나. 이런 말이 부당하다고 생각할 수도 있지만 어른들은 외모를 보고 사람을 판단하기도 하거든. 피어싱을 한 걸 보고 어떤 사람들은 너를 함부로 대할 수도 있고, 또 네가 과격한 애라고 생각할 수도 있어. 우리는 다른 사람들이 너를 이상하게 생각해서 너한테 선을 긋는 것을 원하지 않아. 그리고 그것 때문에 네가 어떤 기회를 차단당하는 것도 원하지 않고. 이 자리에서 당장 피어싱을 빼버릴 수는 없겠지. 하지만 한 번만 생각해보자. 피어싱 때문에 어른들이 너에 대해 나쁘게 판단할 수도 있어.'"

이처럼 부모는 딸의 행동이 가져올 결과에 대해 지적해주고, 아이가 나중에 후회하게 될 결정을 하지 않았으면 좋겠다고 표현하면 된다.

아이들에게 필요한 것은 '규칙의 일관성'이다

다라 아빠와 엄마는 생각이 같았지만 부모끼리 생각이 완벽하게 일치해야 아이가 잘 자라는 것은 아니다. 부모의 양육 방침이 전혀 상반된 상황이라면 어렵기는 하지만(이 부분에 대해서는 '부모가 나서야 할 때' 부분에서 다루어보도록 하겠다) 아이의 성장을 위해서는 부모 양쪽이 꼭 같은 입장을 유지하기보다는 부모 각자의 입장이 일관성 있게 유지되는 것이 더 중요하다. 다시 말해 10대에게는(어린이들도 마찬가지지만) 부모들의 행동과 말이 예측 가능해야 한다.

부모가 각각 어느 선까지 허락할지, 어디까지가 엄마 아빠가 한

번 고려해볼 만한 문제이고 어디까지가 거부 의사를 밝힐 것인지를 잘 아는 아이들은 어떤 일이든 이 범위 안에서 스스로 헤쳐 나간다. 반면 부모의 규칙이 계속 변하면 아이들은 고통받는다. 예를 들어 부모가 너무 지친 나머지 주말에 아이가 멀리 떨어진 곳에서 열리는 파티에 가는 것을 허락했는데 그다음 주에 아이가 똑같은 요구를 했을 때 기겁하며 말렸다고 해보자. 이럴 때 아이들은 방향을 잃고 포기하거나 은밀하게 움직인다. 이건 아이를 위해 결코 좋은 방향이라고 할 수 없다.

부부는 서로 조금씩 상대의 입장을 수용하며 살아가야 하는데 그게 어려울 때는 시간을 내서라도 서로 의견을 조율하기 위해 노력해야 한다. 또 혼자 아이를 키우면서 규율을 정하고 아이에게 이를 지키도록 만드는 일은 엄청난 강인함을 요구한다. 어떤 상황에서든 10대와 갈등을 겪는 것은 힘든 일이지만 뒤에서 지원해주고 위로해줄 든든한 지원군 없이 혼자 아이를 키운다는 것은 더더욱 힘든 일이다. 나는 10대를 혼자 키우는 부모들을 존경하며 이분들에게 조언해줄 때 가장 큰 보람을 느낀다.

당신이 혼자 아이를 키우는 중이라면 최대한 든든한 지원군을 확보하기를 당부한다. 나와 딸을 염려해주는 믿을 수 있는 친구, 하루 24시간 어느 때 전화해도 괜찮은 그런 친구를 확보하자. 여유가 있다면 10대와 그 부모들을 위해 일하도록 교육받은 임상심리전문가를 정기적으로 찾아가 상담을 받는 것도 고려해보기를 권한다. 엄마 노릇을 제대로 못하기 때문에 심리 상담을 받으라는 것이 아니다. 단지 아이가 힘들게 할 때 신문고를 정기적으로 접하면 좋다는 의미이다.

♥ 부모가 나서야 할 때

너무도 착해빠진 아이

어른들의 권위에 절대 도전하지 않는 10대 여자아이가 있다면 아마 그 부모는 무척 행복할 것이다. 하지만 이런 경우, 뭔가가 잘못되어가고 있을 가능성이 높다. 10대라면 주변 어른들 중 누군가와 충돌하는 것이 당연하다. 만약 아이가 한 번도 그런 적이 없다면 부모는 그 이유를 궁금해해야 한다. 제1장을 다시 떠올려보면 그러한 아이는 자기 주위에 있는 어른들이 너무나 허약하다고 생각하고 있을 수도 있다. 걱정이 되는 짓을 많이 하는 10대의 행동을 생각하면 어른에게 100퍼센트 순응하는 아이는 걱정할 게 없다고 느껴질지 모른다. 하지만 이러한 태도는 눈으로 보이는 표면 뒤에 뭔가 문제가 숨어 있음을 암시하는 것일 수도 있다. 연구 결과, 남자아이들은 여자아이들보다 어른들을 짜증 나게 하며 본인의 고통을 더 적극적으로 표현한다고 한다. 반면 여자아이들은 우울증이나 불안, 섭식장애를 앓을 가능성이 더 높다고 한다.[15] 따라서 우울증을 앓고 있거나 불안을 안고 있는 여자아이들은 이 고통을 안으로 삭이고 있어서 어른에게 대항할 힘이 거의 남아 있지 않은 것일 수도 있다. 당신의 딸이 그런 상황에 놓인 것으로 생각되거든 전문의나 심리치료사에게 당신이 관찰한 바를 설명하고 상담을 받기를 바란다.

물론 예외도 있다. 아이를 위해 부모가 엄청난 희생을 한 경우. 예를 들어 다른 나라로 가면서까지 아이에게 기회를 주고자 부모가 노력한 경우나 부모 자신들은 검소한 생활을 하면서 딸에게는 최대한 많은 것을 할 수 있도록 지원해주는 경우가 있다. 이럴 때 아이는 꽤 복잡한 심경이 된다.

이러한 아이들은 정상적인 10대와 마찬가지로 반항적인 기질을 가지고는 있지만 자기를 위해 많은 것을 희생한 이타적인 부모에게 반항할 권리가 있는 것인지 의문을 품게 된다. 나는 이러한 상황에 처한 아이들이 나쁜 짓을 하고 싶은 충동을 억제하고 우리가 상상할 수 있는 가장 높은 수준의 착한 짓만 하는 경우도 심심치 않게 보아왔다. 이들은 항상 최고의 성적표를 받아 집으로 가져오고 집안일도 의무적으로 잘 도와준다. 이러한 태도는 장기적으로 볼 때 아이 자신을 위해서 좋은 일이기는 하지만 나는 이런 아이들이 작은 도발 행위라도 저지르기를 바란다.

성숙한 자세를 보여주는 10대 중에 종종 아주 안전한 방식으로 어른에게 반기를 드는 아이도 있다. 이들은 육식을 좋아하는 가정에서 혼자 채식을 하겠다고 선언한다든가, 자신이 받은 용돈을 자선 단체에 기부하겠다고 주장한다. 반항 수준이 어른이 정한 기준 내에 있든 이를 넘어서든 간에 10대가 어른의 권위에 대항하기 위한 방법을 찾는 것은 정상적인 일이다. 우리가 걱정해야 할 것은 절대 어른에게 반기를 들지 않는 아이들이다.

너무나 투쟁적인 아이

늘 어른들과 마찰을 일으키는 아이들에 대해서는 걱정해 마땅하다. 내가 여기에서 굳이 '부모'라고 하지 않고 '어른'이라고 한 이유는 10대 중에 문제 있는 부모 밑에서 자랐지만 가족 외 다른 어른들과는 탄탄한 관계를 맺고 이들의 지원을 받는 아이들이 꽤 있기 때문이다. 이러한 아이들은 선생님이나 코치, 또는 기타 멘토 덕분에 자신의 부모와 사춘기를 효과적으로 견뎌낸다. 하지만 아이가 주변 어른들 모두에게 반항적이고 무례하게 군다면 걱정해 마땅하다.

어른들이 끔찍하다고 묘사하는 10대에 대한 고정관념은 맞지도 않을뿐더러 파괴적이기까지 하다. 10대와 부모의 관계를 전문적으로 연구한 심리학자인 브렛 라우르센Brett Laursen과 앤드루 콜린스Andrew Collins는 "의견 불일치는 흔히 일어난다. 하지만 심각한 갈등은 흔히 나타나는 것이 아니다"라고 했다.[16] 다양한 연구 결과에서 일관성 있게 볼 수 있는 것은 10대는 때로 마찰을 일으키지만 대부분의 경우 부모나 기타 어른들과 별문제 없이 잘 지낸다는 것이다.[17] 단, 최근에 제시된 새로운 연구 결과를 보면 10대에 대해 부정적인 고정관념을 가진 부모들은 실제 본인의 가정이 그와 관련된 문제를 앓게 될 경우가 많다는 것을 알 수 있다.

연구진들은 중학교 1학년 아이들을 둔 학부모들을 대상으로 10대에 대해 전반적으로 가지고 있는 믿음에 대해 조사한 뒤 이 아이들이 고등학생이 되었을 때 어떻게 행동하고 있는지를 조사해보았다. 시간이 흘러 그 아이들이 고등학교에 진학한 후에 동일한 가족을 추적 연구한 결과, 사춘기에 대해 부정적인 견해를 가진 부모를 둔 10대는 긍정적으로 10대를 바라보는 부모를 둔 아이들보다 위험한 친구들과 어울리거나, 부모와 싸우고 갈등을 겪는 비율이 높았다.[18] 간단히 말해, 10대가 어른들의 기대를 충족시켜준 것이다. 어른들의 기대 수준이 낮으면 아이들은 그에 맞게 행동한다.

부정적인 고정관념은 10대에게 악마의 주문과도 같다. 이 주문은 아이들에게 나쁜 행동을 하도록 부추기며, 어른들은 10대가 심리적인 고통 때문에 하게 된 행동을 의지에 따라 한 행동으로 오역하고 만다. 항상 나쁜 짓만 골라 하고 적의에 찬 아이는 실은 고통받고 있었기 때문인데 말이다. 이들은 제3장 말미에 소개한 유형의 우울증을 앓고 있을 가능성이 있다. 이 대목에서 '바로 우리 딸 이야기네'라는 생각이 들면 심리치료사를 찾아가 상담을 받아보기를 바란다. 10대는 특히 부모와 긍정적인 관계를 맺어야 한다. 연구 결과를 보면 어른들과 긍정적인 관계를 맺지 못한 10대가 우울증에 시달릴 확률이 높고, 어린 나이에 성관계를 하며, 마약이나 술에 손을 댈 확률 역시 높다고 한다.[19] 10대의 반항이나 끝없는 '폭풍과 스트레스storm and stress'[20]가 그 나이대에는 어쩔 수 없는 것이라고 부모가 주문을 걸지 않기를 바란다. 딸과의 관계가 항상 위태롭고 가시밭길을 걷는 것 같으면 당신 자신을 위해 그리고 딸을 위해 전문가에게 도움을 받기를 바란다.

서로 싸우는 어른들에게 둘러싸인 아이

아이들이 상대를 존중하지 않는 부모의 틈바구니에 끼어 옴짝달싹 못해서는 안 된다. 한쪽 부모가 모든 걸 허용하는 방식으로 아이를 대하면 다른 쪽 부모는 이에 대한 보상 심리로 아주 엄격한 잣대를 적용하는 일은 흔히 발생한다. 이러한 역학 관계는 시간이 갈수록 더욱 악화되는 경향이 있다. 이혼한 부모 사이에서 일어난 일을 통해 나에게 그 완벽한 사례를 보여준 10대 여자아이가 한 명 있다.

"중간고사 성적이 형편없게 나오니까 엄마가 너무 화가 나서 일주일 동안 외출을 금지하셨어요. 아빠도 전화를 통해 이 상황을 알고 계셨죠. 그런데 주말에 아빠가 엄마의 벌이 너무 심했다면서 친구들과 만나 점심이나 먹으라고 제 손에 40달러나 쥐여주시지 뭐예요. 그래서 점심을 먹으러 나갔는데 거기에서 엄마 회사 동료분을 만났고 그분이 엄마한테 밖에서 절 보았다고 알려주셨어요. 엄마는 너무 화가 나서 저한테 한 달 동안 외출을 금지하셨어요."

부모끼리 의견이 일치하지 않는다는 점을 아이가 이용하도록 내버려두어서도 안 되지만 의견이 맞지 않는 부모 사이에서 아이가 기죽어 살게 만들어서도 안 된다. 정해진 규칙이 분명하지 않을 때 10대는 매우 불편해한다. 만약 부부가 서로 양육 방식이 다른 경우 중립적인 제3자의 도움을 받기를 바란다. 우리의 딸들은 납득할 수 있는 규칙을 원한다. 또한 부모 중 이쪽 또는 저쪽을 선택해야 하는 상황으로 만들어서도 안 된다. 가족 내에 팀이 나뉜다면 적어도 부모는 한편이 되어야 한다.

건강한 10대는 어른의 권위에 반항하지만 늘 반항만 하는 것은 아니다. 어른들은 아이들이 주변 어른들의 부적절한 관계에 끼여 옴짝달싹 못하게 만들지 않는 동시에 모든 어른과 싸우게 두지도 않아야 한다. 아이가 가지고 있는 모든 에너지를 어른과 싸우는 데 소비한다면 정작 자신을 위해서는 아무것도 못 하게 될지도 모른다.

미래에 대한 계획을
세우는 단계

　대부분의 어린이와 10대 청소년은 미래를 멀리 내다보지 못한다. 사실 그럴 필요도 없다. 여자아이들은 열두 살까지 다음 수업 시간에 제출할 독후감이나 생일 파티에 초대할 친구 목록을 작성하는 것 이상의 먼 미래를 내다보지 않는다. 하지만 사춘기가 끝날 무렵의 여자아이들은 진짜 목표를 세우고 그 목표를 달성하기 위한 계획을 짤 수 있어야 한다.

　발달 과정에 따라 차근차근 순조롭게 잘 성장해나가는 아이들이 있다. 이런 아이들은 자기가 원하는 것이 무엇인지 분명하게 알고, 열일곱 살이나 열여덟 살에 대학에 조기 입학하기도 한다. 하지만 이러한 아이들은 극히 예외적인 경우다. 대다수의 평범한 아이는 미래 계획이 없거나 장래 희망이 수시로 바뀌지만 사춘기가 끝나기 직전이나 성인이 되는 문턱에서 미래에 대한 희망이 있고 또 이를 추구하는 데 필요한 기본 역량만 갖추고 있다면 장래 희망이 바뀌는 것은 별문제가 아니다.

부모만큼 아이의 미래에 대해 많은 것을 걸고 있는 사람은 없다. 부모라면 흔히 사랑하는 자식이 충만하고 순탄한 인생을 살기를 바랄 것이다. 하지만 인생을 멀리 내다볼 수 있도록 도와주려고 아이에게 다가서면 아이는 냉담해지거나 오히려 지금까지 관심을 보이던 일을 포기하기도 한다. 심한 경우에는 현명한 조언임에도 이에 대해 저항하기도 한다. 청소년은 자기를 가장 사랑하는 어른이 해주는 좋은 충고를 왜 받아들이지 못하는 것일까? 왜 어떤 아이들은 부모가 미술 학원에 등록시켜주면 예술가가 되겠다는 꿈을 아예 접어버리는 것일까? 그 이유는 간단하다. 10대의 경우 대부분 자립하고자 하는 욕구가 다른 어떤 욕구보다 크기 때문이다.

사춘기에는 독립하고자 하는 욕구가 폭발하는 시기이다. 이건 아이가 정상적이며 건강하게 발달하고 있다는 것을 보여주는 좋은 신호이다. 하지만 아이가 무언가를 막 시작하려고 했을 때 부모가 그 일을 하라고 시키면 이에 대해 저항하며 오히려 손을 놔버리기도 한다. 10대의 자립 의지가 얼마나 큰 것인지를 아주 선명하게 각인시켜주었던 사례를 한번 들여다보자.

당시 나는 매주 금요일마다 어떤 여학생과 만나 상담을 하고 있었다. 차분한 성격에 통찰력도 있는 고등학교 2학년 여학생이었는데 하루는 아주 언짢은 얼굴로 나를 찾아왔다. 무슨 일이 있었느냐고 묻자 아이는 이렇게 말했다.

"제가 집 식탁 위에 며칠 숙제를 늘어놓았는데요. 사실 여기 오기 전에 다 정리할 생각이었거든요. 빨리 정리할 생각이었는데 그동안 너무 바빠서……. 그런데 오늘 제가 학교에서 돌아오자마자 부엌에 갔더니 엄마가 저더러 식탁을 어질러놓고 치울 생각은 안 한다고 뭐라고 하시는 거예요. 그래서 엄마랑 좀 싸웠어요. 근데 그렇게 싸우느라 정리할 시간을 다 써버린 거예요. 그리고 지금은 여기에 왔 잖아요. 여전히 내 숙제는 엉망으로 늘어놓은 채. 정말 짜증 나 미치겠어요."

아이는 여기까지 이야기를 마치자 갑자기 피식하고 웃어버렸다. 참 어처구니없는 상황이라는 것을 본인도 깨달은 것이다. 원래 하려 했던 일임에도 불구하고 엄마가 명령했을 때 아이는 이를 거부하고자 하는 충동을 상쇄할 수 없었다.

부모 입장에서 딸이 스스로 미래의 계획을 세우도록 도와주는 일은 아주 특이한 딜레마에 빠지는 일이기도 하다. 부모는 아이가 제대로 성장할 수 있도록 이끌어주고 지원해주고자 하지만 까딱 잘못하면 아이는 부모가 제시하는 길과 정반대의 길로 가버리기 때문이다. 이번 장에서는 딸이 의미 있는 미래를 향해 나아가도록 어른들이 어떻게 도와줄 수 있는지, 독립을 향해 노력하는 아이들의 의지를 어떤 식으로 분출하도록 유도해야 하는지에 대해 알아보도록 하겠다. 자, 그럼 먼저 딸의 목표를 활용하여 온라인상의 활동을 관리하는 방법부터 시작해보자.

♥ 인터넷 때문에 미래를 위협받는 아이들

10대가 살고 있는 세상

10대의 온라인 활동에 대해 걱정하는 부모들이 많은데 이는 당연하다. 10대는 충동적으로 내린 잘못된 판단을 첨단 기술을 사용해 모조리 기록으로 남기며 이를 광범위하게 많은 사람에게 전송한다. 이것이 미래의 본인에게 어떠한 해를 끼칠지는 까마득하게 모른 채 말이다. 10대와 시간을 보내는 사람들은 10대가 디지털 기술을 활용해 여러 가지를 공유하는데 여기에는 미래의 고용주나 대학 입학 사정관이 보아서는 안 될 내용도 포함되어 있다는 사실을 잘 알 것이다. 예를 들어서 아이들은 선정적인 문구나 그림을 주고받기도 한다. 이러한 행위를 줄여서 '섹스팅sexting'이라고 하는데 이 섹스팅은 10대 사이에 놀랄 만큼 흔하게 진행되고 있다. 연구에 따라 약간 차이가 있지만 10대 중 약 12퍼센트에서 15퍼센트가 섹스팅을 해본 적이 있다고 하며, 그런 메시지를 받아본 적이 있다고 답한 10대는 20퍼센트나 되었다. 여러 연구에서 일관성 있게 밝혀낸 것은 여자아이는 이러한 메시지에 답을 보내라는 요청이나 압박을 받을 확률이 훨씬 높다는 점이었다.[1] 휴대전화를 사용하여 은밀한 내용을 전송하는 아이들을 욕하는 것은 쉽지만 한 발 더 나아가 생각해보자. 10대는 충동적이다. 정말 괜찮은 아이라도 가끔은 멍청한 짓을 한다. 불행히도 디지털 기술 덕에 우리의 10대는 즉각적이며, 공개적이고, 영구적인 방식으로 본인의 충동을 실천에 옮기는 게 가능해졌다.

이렇게 가정해보자. 내가 중학교 1학년이었을 때 인기 있는 2학년 남자아이가 나에게 은밀한 사진을 보내달라고 요청했다면 나는 아마 생각해볼 시간을 가졌을 것이다. 그래서 결국 보내주는 것으로 결론을 내렸다면 가족들이 쓰는 카메라를 뒤져 찾아낸 후, 안에 필름이 들어 있는지 확인하고, 사진을 찍고, 카메라 안에 들어 있던 필름 한 통을 다 쓴 후 필름 안에 찍힌 다른 사진들은 어떻게 할지 결정한 뒤 새로 필름을 한 통 사고, 사진을 현상할 만한 돈이 있는지 확인하고, 속도와 효율성을 위해 한 시간 안에 필름을 현상해주는 사진관을 찾아가서 사진이 나오기를 기다렸다가 그 사진을 찾았을 것이다. 이렇게 사진이 확보되면 이제 그 남학생에게 이 물건을 어떻게 보내야 할지를 생각해볼 것이다. 하지만 그러한 과정을 거치는 동안 내가 하고 있는 짓에 대해 다시 한 번 생각할 시간을 갖게 될 것이고, 그러는 와중에 내가 정말 바보 같은 짓을 하고 있다는 사실을 깨달았을 것이다. 오늘날의 10대는 어른 세대가 10대 때 누렸던 여러 가지 '저속 요소들', 다시 말해 '속도를 내지 못하게 방해하는 요인들'이 안겨주는 혜택을 누리지 못하며 살고 있다. 오늘

날 10대는 아주 쉽게 충동에 몸을 맡길 수 있으며 충동적으로 행동하는 과정 걸음걸음을 기록해 모든 사람과 공유한다.

온라인 기록의 위험성을 알려라

이러한 관점에서 생각해보면 위험한 것은 사춘기에 찾아오는 충동이 아니라 디지털 기술이 아이들에게 허락하는 잠재적 파괴력이다. 10대 여자아이들은 예나 지금이나 자기가 얼마나 사람들의 관심을 끌 수 있을지를 궁금해한다. 하지만 옛날에는 자기 침실에서 찍은 섹시한 사진을 누군가에게 바로 보내거나 전혀 모르는 사람과 연락할 수는 없었다. 옛날에도 10대는 미성년자 음주와 같은 불법적인 행동을 했지만 누구나 볼 수 있는 곳에 이러한 사진을 올리거나 하지는 않았다. 대부분의 기성세대는 지난 10대 시절을 돌이켜보면서 그때 자신이 했던 멍청한 짓에 대해 사람들이 쉽게 접근할 수 있는 기록이 없다는 사실에 감사할 것이다.

성장하는 데는 시간이 걸리며, 그 과정에서는 대개 실수를 하게 마련이다. 그러나 부모는 사춘기 때에 아이가 했던 치기 어린 짓이 성인이 되는 아이의 발목을 붙잡는 것은 원하지 않을 것이다. 온라인상에서 일어날 문제들을 예방하는 최선의 방법은 누구든 쉽게 볼 수 있는 사춘기의 기록이 딸의 인생에 어떻게 타격을 줄 것인지를 아이에게 이해시켜주고, 부모가 이렇게 말하는 것은 모두 아이의 미래를 걱정하기 때문이라는 사실을 알려주는 것이다. 뉴스를 보면 후회스러운 이메일, 사진, 포스팅 내용 때문에 오랫동안 쌓아온 명성과 평판에 금이 가거나 일자리를 잃은 사람들의 이야기가 심심치 않게 나온다.

딸이 온라인 활동을 정기적으로 시작하면 부모는 아이와 쉽게 대화를 시작할 만한 소재를 많이 확보할 수 있기는 하다. 아이가 온라인에서 활동하기 시작하면 미성년자 보호법에 대해 한번 찾아보기를 바란다. 학부모와 10대 모두 미성년자가 관련된 성적인 영상을 만들고 이러한 것들을 요청하거나, 상대에게 보낼 때 어떤 법적인 결과가 따라오며 이에 대해 어떠한 책임을 져야 하는지에 대해 알고 있어야 한다.

딸이 휴대전화를 쓰거나 SNS를 하기 시작했다면 적당한 시기에 "너는 이제 사춘기의 기록을 만드는 과정에 들어가게 될 것"이라고 알려주자. 그리고 디지털 기술 덕분에 유발된 불행한 사례에 대해 이야기해주며 이전 세대는 이런 기술에서 자유로운 10대를 보낼 수 있었으니 얼마나 운이 좋았는지를 이야기해주어야 한다. 또한 사춘기 시절 내내 우리 딸이 천사처럼 지내리라고 기대하지 않지만 충동에 따라 생각 없이 만든 내용을 영원한 기록으로 남기는 짓을 범하지 않기를 바란다는 것을 분명히 밝혀두자.

아이의 SNS 활동을 적절하게 감시하는 방법

이렇게 인터넷을 충동적으로 사용하는 것으로부터 아이를 지키는 것과 더불어 적당한 제동 장치도 마련해두는 것이 좋다. 이미 제시한 바와 같이 아이가 휴대전화나 컴퓨터를 일상적으로 사용하기 시작하게 될 즈음에 부모가 이를 감독한다는 조건에서 활동을 시작하게 하고 또 부모에게 암호를 공유하도록 한다. 만약 아이가 이에 대해 투정을 부리면 온라인상에서 충동적으로 행동하는 것을 최대한 막기 위해서라는 점을 다시 한 번 부각해준다. 그리고 프라이버시를 원할 때는 친구와 전화로 얼마든지 수다를 떨도록 허락할 것이며, 친구와 단둘이서 놀 수 있도록 공간도 제공할 것이라는 점을 알려주자.

아이에게 알리지 않고 비밀스럽게 감독하는 게 더 낫다고 생각하는 부모들도 있다. 엄마나 아빠가 자신을 감시하고 있다는 것을 알면 아이들은 선을 넘는 내용을 삭제할 가능성이 있는 것도 사실이다. 하지만 나는 부모가 아이를 감독하고 있다는 사실을 정직하게 털어놓는 것을 추천한다. 그 이유는 두 가지다. 첫째, 부모가 감시한다는 사실을 알면 아이가 선을 지키려 노력할 뿐 아니라 친구들이 외설적으로 대화를 이끌 때 점잖게 그 상황에서 벗어날 구실을 댈 수 있다('애들아, 나한테 이런 것 좀 보내지 마. 우리 엄마가 내 계정 체크하신단 말이야'). 둘째, 몰래 아이를 감시하다가 문제가 되는 내용을 발견하게 되면 오도 가도 못 하게 된다. 아이에게 뭐라고 하려면 부모가 비겁한 행동을 한 사실을 먼저 인정해야만 하고, 자녀의 계정을 몰래 훔쳐보고 있었다는 것을 알리게 되면 앞으로 그 계정에서 중요한 정보를 확보하지 못하게 될지도 모른다는 생각이 들기 때문이다. 이 딜레마에서 허덕이는 사이 딸은 더 깊은 수렁으로 기어 들어가는 사례를 나는 너무나 많이 보아왔다.

아이들은 우리가 이 디지털 세계를 제대로 이해하지 못한다고 생각한다(아이들의 이런 생각이 꼭 틀렸다고 할 수 있을지는 의문이다). 그리고 "너를 고용하려고 했던 회사에서 네 뒷조사를 해볼 수도 있어"라는 말은 아이들에게 너무나 먼 미래의 일이어서 그다지 가슴에 와 닿지도 않는다. 하지만 10대 여자아이들은 자기들이 존중하는 또래 언니들의 이야기는 진지하게 받아들인다. 믿을 수 있는 사촌 언니나 이웃 언니·오빠가 있으면 온라인상에서 했던 실수에 대한 경험담을 아이에게 해주고, 이 기술을 어떻게 사용하는 것이 좋은지 조언해줄 것을 부탁해보기를 바란다.

딸이 나이가 들어감에 따라 부모는 아이가 디지털 기기를 어떤 방식으로 얼마나 자주 사용할 것인지에 대해 협상을 갱신해야 하는데 이는 아이가 그때까지 디지털 기술을 얼마나 책임감 있게 잘 사용했는지에 달려 있다. 보통 심리학에서는 진부한 문구가 별로 없다. 인간은 한 줄로 표현하기에 너무 복잡한 존재이기 때문이다. 하지만 여기 심리학에서 통하는 진부한 문구가 한 줄 있다. 바로 '미래 행동을 가장 잘 예측하는 인자는 과거의 행동이다'라는 말이다. 어떤 사람이 앞으로 어떻게 행동할지를 알고 싶으면 그 사람이 지금까지 한 행동을 살펴보면 된다. 지금까지 딸이 디지털 기술을 잘 이용하고 거의 모니터링이 필요 없었다면 앞으로도 최소 수준으로만 감독하고 혹시 안 좋은 이야기가 들려오면 모니터링 규율을 다시 정하겠다는 경고 정도만 해도 충분할 것이다. 반대로 충동적인 언사로 온라인상을 떠들썩하게 한 일이 잦다면 아이를 철저하게 감독하고, 믿을 수 있는 사촌 언니나 동네 언니를 찾아 아이가 온라인상에서 책임감 있게 행동하게끔 조치를 취해야 한다.

♥누가 학교 성적을 주도할 것인가?

성적을 향한 부모와 딸의 권력 다툼

거의 모든 척도상에서 여자아이들은 남자아이들보다 학문적으로 우수하다. 성적도 더 좋고, 낙제를 하거나 자퇴할 확률도 더 낮으며, 읽기나 쓰기 과목에서는 남자아이들보다 꾸준히 두각을 나타낸다.[2]

여학생들이 남학생들보다 학업 성취도가 더 높은 것은 선천적인 요인과 후천적인 요인이 모두 작용한 결과로 보인다. 섬세한 운동 기술이 남아보다 더 빨리 발달하고 이에 따라 연필과 펜을 더 일찍, 더 잘 사용하게 된 여자아이들이 결국 작문이나 문장 구사력에서도 더 뛰어난 능력을 보이는 것이다.[3] 또 어느 정도 자라면 같이 노는 친구들끼리 많은 대화를 나누는데 여자아이는 언어를 많이 구사하는 여러 활동을 하기 때문에 언어 구사력이 발달할 수밖에 없다. 자제력과 연관된 두뇌 영역도 여자아이들 쪽이 남자아이들보다 훨씬 빨리 발달하기 때문에 여자아이들은 차분히 앉아서 읽고 쓰는 능력을 더 빨리 쌓을 수 있다. 하지만 이 모든 장점에도 불구하고 여학생도 학교생활을 하다가 어려움에 봉착할 때가 있다. 이렇게 10대 딸이 학교생활에서 장애물에 부딪히면 부모들은 어떻게 해야 할지 당황하기 쉽다.

처음 만났을 때 잔뜩 화난 표정을 짓고 있던 트리나는 아주 못마땅한 표정으로 대기실 소파에 앉아 있었다. 트리나 바로 맞은편에는 엄마가 앉아 있었다. 트리나는 엄마에게 끌려 억지로 온 게 틀림없어 보였는데, 나는 트리나가 엄마랑 같이 이곳에 찾아올 줄은 전혀 몰랐다. 전화 통화 시 트리나 엄마는 딸의 숙제 문제로 조언이 필요하다며 찾아오겠다고만 했지 딸과 함께 오겠다고 말하지는 않았던 것이다. 대기실 문턱에 서서 두 사람을 보며 상황을 대충 짐작한 나는 트리나 엄마에게 간단히 목례를 하고는 아이 쪽으로 몸을 돌렸다. 그러고는 약간 의외라는 투로 이렇게 말했다.

"안녕? 나는 다무르 선생님이라고 하는데 네가 트리나인 모양이구나?"

트리나는 한쪽 눈썹을 치켜세우더니 마지못해 "네"라고 짤막하게 대답했다. 나는 트리나와 엄마 두 사람 간의 싸움에는 흥미가 없다는 것을 분명히 알리는 어조로 이렇게 말했다.

"너도 엄마랑 내가 만나는 자리에 같이 동석할래?"

이런 질문을 통해 나는 트리나에게 선택권을 주었지만 엄마가 허락한 것은 아니었기에 트리나는 엄마 쪽을 바라봤다. 그리고 나를 다시 쳐다본 후 눈동자를 한 번 굴리더니 마지못한 목소리로 말했다.

"네, 좋아요."

일단 상담실 안으로 들어서자 엄마가 낙담한 목소리로 먼저 입을 열었다.

"전화로 말씀드린 것처럼 트리나는 재작년까지만 해도 모범생이었어요. 그런데 작년에 고등학교에 진학하면서 학교 성적에는 신경 끄고 사는 애들하고 어울리더니……. 그래도 1학기 때 성적은 괜찮았어요. 뭐 훌륭하지는 않았지만. 하지만 이번 학기 성적은 B가 두 과목, C가 둘, 그리고 수학은 D를 받았지 뭐예요. 트리나는 진짜 똑똑한 애거든요. 보다 못해서 저녁 식사를 준비하는 동안 제가 지켜보는 앞에서 숙제를 하라고 시켰어요. 그래도 소용이 없더라고요. 그래서 숙제를 제대로 다 했는지 확인도 했죠. 숙제를 해당 과목 바인더에 넣어서 책가방 챙기는 것까지 지켜봤어요. 그래야 잊지 않고 선생님께 제출할 테니까요. 그런데 조금 전 선생님에게 메시지를 받았는데, 글쎄 트리나가 숙제를 제출하지 않아서 두 과목을 낙제하게 생겼다고 하시지 뭐예요."

'10대와 숙제' 문제를 생각할 때면 '프린세스 브라이드The Princess Bride'란 유쾌한 영화에서 나온 대사가 생각난다.

"고전적인 실책을 범하셨군요. '아시아의 영토 분쟁에는 절대 개입하지 마라'라는 말이 있지 않습니까?"[4]

딸이 완전히 장악한 부분에 대해서 아이와 권력 투쟁을 해서는 안 된다. 학교 숙제에 관한 한 10대는 완전히 권력을 장악하고 있기 때문에 부모가 할 수 있는 게 아무것도 없다. 아이가 숙제를 해야겠다고 스스로 책임감을 느끼면 모든 게 잘 굴러간다. 하지만 하지 않기로 마음을 굳히면 아무리 부모라 해도 어찌해볼 도리가 없다. 학습장애learning disorder나 주의력결핍장애attention deficit disorder같이 학교 공부를 하는 데 방해가 되는 병에 걸렸다는 진단을 받은 게 아닌 이상, 사춘기쯤 되면 학업에 대한 주도권은 온전히 아이에게 넘어간다. 운전석에 자리 잡은 사람은 조수석에 앉은 사람에게 도움을 요청할 수도 있고 그들의 조언을 거절할 수도 있다. 즉, 모든 게 운전석에 앉은 사람 마음에 달린 것이다. 트리나 엄마가 지금 깨닫고 있는 것처럼 10대가 학업을 죽 쑤기로 한번 결심하면 그 결심을 달성하는 것은 정말 식은 죽 먹기이다.

원숭이가 나무에서 일부러 떨어지는 이유

그러면 아이들이 공부를 게을리하는 이유는 무엇일까? 트리나는 엄마의 간섭에 짜증이 난 게 틀림없었다. 하지만 왜 트리나는 좋은 성적을 받으면 꿈을 달성하기가 더 쉬워질 거라는 걸 보지 못할까? 불행히도 10대 중에는 이렇게 현실을 파악하지 못하는 경우, 즉 덜 성숙한 경우가 가끔 있다. 특히 좋은 성적을 받는 것이 자립을 향해

가고자 하는 본인의 열망에 방해가 된다면 아이들은 더더욱 큰 그림을 보지 못한다. 트리나 엄마는 딸의 성적을 관리하기 위해 애를 쓰지만 트리나 입장에서는 엄마가 열을 올리면 올릴수록 엄마한테는 그럴 권한이 없다는 것을 증명하고자 하는 열망만 깊어질 뿐이었다.

트리나는 아주 심기가 불편한 얼굴로 앉아서는 나를 뚫어지게 쳐다보다가 내 뒤에 있는 창문으로 눈길을 주었다. 트리나 엄마가 찾아온 용건에 대한 설명을 마치자 나는 트리나에게 혹시 첨언할 게 있는지 물었다. 트리나는 예상대로 "아뇨"라고 답했다. 두 모녀는 나를 찾아오게 된 이유를 아주 적나라하게 보디랭기지로 직접 보여주고 있었다. 엄마는 딸이 숙제를 하게끔 강요할 수는 있었지만 다 한 숙제를 제출하게 할 수는 없었다. 마찬가지로 딸을 상담실에 억지로 끌고 올 수는 있었지만 입을 열게 만들 수는 없었다. 트리나는 지금 자립을 위한 투쟁 중이었으므로.

나는 아주 사무적인 어조로(10대는 상담사가 치료를 위해 건네는 말씨를 심히 못 견뎌 한다) 내 생각을 밝혔다.

"두 분은 현재 교착 상태시군요. 엄마는 딸의 학교 성적을 올려주고 싶지만 아이는 엄마의 통제를 받고 싶지가 않은 거지요. 길은 있을 듯한데 트리나가 이 자리에 계속 있을 필요가 있는 건지는 모르겠네요. 트리나, 내가 도움이 될 것 같으면 언제든 찾아오렴. 문은 항상 열려 있으니까. 너랑 단독으로 만나도 좋고, 부모님이랑 같이

도 봐도 좋아. 어머님은 아버님이랑 같이 오셔서 이 난국을 타개할 방법이 있는지 같이 찾아보시겠어요? 지금 트리나를 위해 최선을 다하고 계시지만 그게 아무 소용이 없잖아요."

트리나는 앞으로 상담을 받을 때 꼭 엄마랑 같이 오지 않아도 된다는 내 말에 안도하는 기색이 역력했고 트리나 엄마는 다음 예약을 잡았다.

아이의 자립심을 이용하라

트리나의 부모와 처음 만나 대화를 나누기 시작하고 얼마 안 되어 나는 부부가 딸을 명문대에 보내고 싶어서 안달하는 것은 아님을 깨달았다. 이 부부는 단지 트리나가 열아홉 살이 되었을 때 선택할 수도 있는 길들의 폭이 좁아지는 것이 안타까울 뿐이었다. 그런 생각에 안절부절못하던 트리나 엄마는 딸이 숙제를 하는지 여부를 꼼꼼히 관리하기 시작한 것이다.

지금은 대학원생을 가르칠 시간밖에 없지만 두 아이의 엄마가 되기 전까지만 해도 나는 학부에서 심리학을 가르쳤다. 강의실 규모는 엄청났다(미시간대학 대강당 400여 석 규모). 그래서 항상 나는 새로운 형태의 부정행위를 접할 수 있었다. 예를 들어 3주 동안 결석한 뒤 수업 필기를 어디에서 구할지 고민하는 학생, 표절하여 숙제를 제출하고 나서 후회하는 아이 등등. 나는 심리학과 교수실 라운지에서 이러한 상황을 어떻게 처리할지에 대해 다른 동료 교수들과

의논하곤 했는데 회의가 너무 길어지면 누구 한 사람이 동일한 한 문장으로 깔끔하게 회의를 마무리 짓곤 했다.

"사람은 선택을 하고, 선택에는 결과가 따른다."

트리나의 부모도 이를 알고 있었고, 트리나가 이를 이해할 수 있도록 도와주고자 했던 것이다.

트리나 입장에서는 숙제를 제출하지 않기로 한 자기 결정이 나중에 어떤 결과(대학 진학)로 이어질지 분명하게 헤아릴 수가 없었다. 트리나가 진지하게 생각하기에는 너무나 먼 훗날의 일이니까. 거기에다가 엄마가 한 행동은 권력 투쟁과 같은 구도를 굳혀버려 아이는 자기의 자립심을 지키기 위해서 숙제를 내지 않아야겠다고 결심하기에 이르고 말았다. 트리나의 부모와 나는 딸이 매일 하는 일상적인 선택이 어떤 결과를 가지고 올지를 트리나가 볼 수 있도록 해주어야 했고, 엄마는 숙제 감독자의 역할에서 하루빨리 벗어나야 했다. 우리는 모두 트리나의 자립심에 대항하는 것이 아니라 오히려 그 자립심을 지켜주기 위해 함께 노력하기로 했다.

예상대로 트리나의 중간고사 성적은 실망스러웠다. 부모는 성적이 나오기 전에 이미 나와 머리를 맞대고 딸을 위해 진행할 새로운 게임에 대한 계획을 열심히 세워두었다. 그들은 아이에게 이렇게 말했다.

"고등학교를 졸업할 때쯤 간절하게 원하게 될지도 모를 그럴 선택안을 네가 지금 막아버리는 것 같아 너무 안타깝다. 지금 너는 잘 모르겠지만 나중에 후회하게 될지도 몰라. 그리고 이 말도 해야겠다. 친구들하고 콘서트에 가고 싶지? 하지만 그런 자유를 즐기려면 먼저 성숙하게 네 할 일을 하고 올바른 판단도 내릴 줄 알아야 해. 너는 지금 학교생활이나 성적 면에서 성숙한 책임감이나 판단력을 보여주지 못하고 있어. 네가 위험한 상황을 제대로 처리할 수 있다는 증거도 없는데 위험한 상황에 빠지도록 허락하는 건 우리가 부모로서의 의무를 다하지 못하는 거지. 학교생활에서 성숙한 태도를 보여주면 네가 친구들과 시간을 보내고 싶을 때 언제든 외출하도록 허락하마."

우리는 사용할 단어를 신중하게 선택했다. 하지만 더욱 중요한 것은 그 말을 전달할 때의 어조와 느낌이었다. 우리 계획이 성공하기 위해서는 트리나와 대화할 때 절대 적의에 찬 어조로 말하면 안 되었다. 반대로 희망에 차 있다는 것을 느낄 수 있는 어조로 접근해야 하며, 또한 숙제를 제출하는 문제에서 그 권한을 모두 트리나가 가지고 있다는 사실에 아무런 이의가 없다는 것을 전달해줄 수 있어야 한다고 합의했다. 그리고 트리나가 친구들과 같이 즐거운 시간을 보내려면 먼저 아이가 바른 선택을 해야만 한다는 것을 분명히 말하도록 했다.

트리나는 부모가 선택한 새로운 방식에 대해 어처구니없다는 반응을 보였다. 그러나 부모는 이에 굴하지 않고 11월에 기말고사 성적이 나올 때까지 트리나가 위험한 모임에 나가는 것을 금지했다.

하지만 아무런 경고 없이 구금당한 듯한 기분은 느끼게 하지 않으려고 친구들이 집에 오는 것을 허락하고, 친구 부모님이 계신 경우에 한해 친구 집에 가는 것도 허락했다. 또한 이제부터 열심히 한다면 성적을 어느 정도까지 끌어올릴 수 있을 것 같으냐고 물었더니 트리나는 대부분의 과목에서 B는 가능하겠지만 수학은 C도 어려울 것으로 내다보았다. 부모는 혹시 과외 선생님이 필요하면 붙여주겠노라고 했고, 시험에서 예상한 점수를 받아 오면 콘서트에 가는 것을 허락하겠노라고 했다. 그리고 그다음 학기에 점수가 예상 이하로 떨어지지만 않는다면 이러한 특권을 계속 누릴 수 있을 것이라고 말해주었다.

 트리나가 계속 형편없는 성적표를 들고 온다면 이에 대한 대가로 용돈을 깎는다든가 집안일 부담을 늘리는 등 다른 방법을 생각해볼 수도 있었다. 하지만 대다수의 10대는 숙제를 하느니 차라리 용돈을 깎이거나 빨래를 하겠다고 할 것이 분명하다. 본인의 자립성을 희생할 아이는 거의 없다. 그러나 친구들과 보내는 시간 등 사생활과 성적을 연계하는 것은 의미가 있었는데 그 이유는 부모가 아이의 성숙도를 확인한 후에 아이에게 사생활을 확장하도록 허락하는 것이 사리에 맞았기 때문이다. 트리나의 점수는 아이가 책임감을 갖추었다는 것을 보여주는 나름의 객관적인 척도가 되었다.

 트리나가 반항을 하면 나는 부모에게 새로 적용되는 규칙이 사회생활을 할 때 부딪히는 현실과 동일하다는 점을 지적해주라고 했다. 사회생활을 하면서 자기가 맡은 업무를 허접하게 처리하거나 속도위반 딱지 벌금을 내지 않는 것과 같이 무책임한 행동을 하는 경우에도 일자리를 뺏기거나 면허를 취소당하는 등 특권을 빼앗기게 되니 말이다. 우리의 계획은 아이를 처벌하기 위한 것이 아니라 그저 세상의 이치를 보여주는 것에 불과했다.

우리는 두 발짝 전진하고 한 발짝 후퇴했다. 그렇게 천천히 진전을 보였다. 트리나는 10월에서 12월까지는 좋은 성적을 받아서 특권을 다시 누렸고, 2월에 휘청거리더니 3월에는 기준 미달의 점수를 받았다. 그래서 6월 성적이 나올 때까지 친구들과 어울려 놀 수 있는 횟수를 확 줄여버리자 트리나는 불같이 화를 냈다. 부모는 여름 방학을 어떻게 보내게 될 것인가는 트리나가 6월 성적을 어떻게 받아오는가에 달려 있다는 점을 담담하게 상기시켜주었다. 결국 모든 것은 운전석에 앉아 있는 아이 손에 달려 있다는 점을 강조한 것이다. 트리나는 친구 부모님들은 성적을 이유로 콘서트에 못 가게 하지는 않는다고 항의하며 엄마에게 싸움을 걸어왔다. 엄마는 농담처럼 이렇게 되받아쳤다.

"네 친구들의 부모님은 우리가 너를 사랑하는 것만큼 자기 딸을 사랑하지 않는 모양이다. 그렇지?"

그러면서 이 모든 게 트리나를 위한 것이라는 점을 다시 한 번 상기시켜주었다.

엄마 아빠는 아이의 반항에도 불구하고 아주 훌륭하게 중립을 지켜주었다. 여러 규칙을 정한 이유가 아이 본인을 위해서이며, 또한 아이에게는 언제나 선택권이 있다는 점을 강조했다. 내 상담실에 찾아올 때마다 트리나의 부모는 일이 계획대로 잘 진행될지 모르겠다며 불안해했다. 하지만 적어도 트리나 앞에서는 냉정한 자세를 유지해주었다.

봄 학기에 트리나의 성적은 매우 불안정했다. 그러나 학년 말이 되자 트리나는 약속했던 성적을 받아 왔고 덕분에 여름방학을 즐겁게 보낼 수 있었다. 나중에 들은 말인데, 하루는 콘서트에 차로 데려다주었더니 트리나가 엄마에게 고맙다고 했단다. 고맙다는 딸에게 엄마는 이렇게 대꾸했다.

"엄마한테 고마워할 필요 없어. 네가 잘해서 데려다주는 거니까. 네가 원하는 걸 할 수 있게 되어서 엄마도 행복하다."

트리나는 이제 자기가 가야 할 인생의 방향을 제대로 찾아가고 있었다.

우리 딸, 학습장애는 아닐까?

만약 당신의 딸이 공부를 제대로 하지 않는 경우에는 먼저 아이 스스로 어찌해볼 수 없는 어려움을 겪고 있는 것은 아닌지 여부부터 살펴보아야 한다. 예를 들어서 아이들 중에는 학습장애나 주의력결핍장애를 앓고 있는데 그 정도가 경미하거나 부모가 무심해서 사춘기가 될 때까지 적절한 진단을 받지 못하는 경우도 있다.

만약에 딸이 열심히 공부하는데도 불구하고 학업 성적이 신통치 않은 경우, 과목 간의 점수 편차가 아주 큰 경우, 선생님이 아이의 학습 능력에 편차가 많다고 지적하는 경우 아이에게 학습장애가 있는지 의심해보는 것이 좋다.

학습장애나 주의력결핍장애를 앓고 있는데도 불구하고 이에 대한 진단을 받지 못하고 지나친 아이들의 경우, 겉으로는 그냥 수업 태도가 매우 불량한 것으로 보일 수 있다. 이런 아이들은 의욕을 상실해버리거나 동기 부여가 잘 안 되며, 의욕적인 상태를 유지하기 힘들어한다. 이런 아이들이 겪는 좌절감은 충분히 이해할 만하다. 열심히 공부했는데도 성적이 신통치 않게 나온다면, 공부도 하지 않은 친구들이 좋은 성적을 받으면 당연히 포기하고 싶은 마음이 들 것이다.

아이가 학교생활에 어려움을 보일 때까지 기다렸다가 진단을 받을 필요는 없다. 학교에서도 아이가 학습장애나 주의력결핍장애가 있는지를 감지하지 못하고 지나칠 수도 있기 때문이다. 이렇게 그냥 지나치는 데는 여러 가지 이유가 있을 수 있다. 선생님들은 본인이 관찰한 바를 학부모에게 전달했다가 학부모가 화를 낼까 봐 두려워한다. 또 학교 입장에서는 이렇게 학생들을 진단하고 지원하는 데 따르는 비용을 부담하길 꺼리거나 또는 개별 학생이 어떻게 학교생활을 하고 있는지 구체적인 정보를 적시에 제공하여 도움을 줄 만한 여유가 없을 수도 있다. 어떤 아이들의 경우는 성적이 아주 좋은데 사실은 수업을 따라갈 수가 없어 집에서 매일 밤 끙끙대며 숙제를 하느라 몇 시간씩 고통스러운 시간을 보내기도 한다.

만약 우리 딸이 학습장애나 주의력결핍장애를 앓고 있다고 생각되는 경우(또는 가족 중에 이미 이런 진단을 받은 사람이 있는 경우) 선생님에게 알리거나 또는 의사에게 말해보기를 바란다. 전문적인 분석을 통해 진단명이 나오면 학교생활 중 아이에게 어떠한 도움이 필요한지에 대해 아주 중요한 정보를 얻는 것이다. 만약 아이에게 아무런 문제도 발견되지 않았다는 진단 결과가 나오면 비로소 아이의 지적 능력에 대해서 분명하게 파악할 수 있게 될 것이다. 그러면 이에 합당하게 부모의 기대 수준을 설정하면 된다.

부모의 기대 수준을 확인하라

아이에게 학습장애나 주의력결핍장애는 없지만 그래도 여전히 아이의 성적이 염려할 만한 수준인 경우에는 어떻게 할까? 우선 아이를 향한 부모의 기대 수준이 비현실적인 것은 아닌지 한번 생각해보기를 바란다. 본인이 학창 시절에 공부를 좀 했다 하는 부모들은 자기 자식도 당연히 그러할 것으로 기대하는 경향이 있다. 하지만 유전자는 굉장히 복잡한 것이다. '정상적'이라는 범주에는 아주 광범위하고 다양한 학생들이 포함된다. 우리 아이가 책임감 있게 자기 할 일을 하고, 합당한 수준의 노력을 하며, 학교생활에 긍정적인 자세를 유지하고 있는가? 만약 그렇다면 당신의 아이는 지금 본인에게 딱 맞는 점수를 받아 오고 있는 것이다.

만약 당신이 딸의 능력에 대해서 중립적인 시각을 유지할 수 없을 것 같은 경우에는 담임 선생님에게 아이의 학업 성취도에 대해서 물어보기를 바란다. 그리고 담임 선생님과 대화를 할 때는 먼저 "아이에 대해 정직한 평가를 듣고 싶으며 우리 아이에 대한 나의 기대가 정당하고 현실적인지 확인하고 싶다"라고 꼭 밝히기를 바란다. 교육 현장에 있는 선생님들은 그 누구보다 10대와 그들의 학교생활에 대해서 잘 알고 있다. 대부분의 선생님은 아이들을 위해서 최선을 다하고자 하며 당신의 딸들이 얼마나 노력하고 있는지, 얼마만큼의 능력을 가지고 있는지에 대해서 정확한 정보를 제공해줄 것이다.

아이가 학습장애나 주의력결핍장애가 아닌 경우, 부모가 딸에 대해 가지고 있는 기대 수준을 한번 생각해보기를 바란다. 내 기대 수준이 정당한가? 그래도 여전히 아이의 성적이 걱정된다면 아이에게 그 마음을 전하기를 바란다. 학교 성적이 나쁘면 이에 따라 장기적으로 어떤 결과가 따라오는지 지적해주고, 이렇게 해도 소용이 없으면 트리나의 부모처럼 아이의 자립심을 활용하여 공부에 집중시킬 방법을 찾아보기를 바란다.

♥ 시험불안증에 떠는 아이

아이들이 시험불안증을 겪는 이유

미래를 계획하고 준비하는 아이들은 때로 자기의 미래가 매일 보는 쪽지 시험이나 중간·기말고사에 달렸다고 생각하기도 한다. 그래서 수업 시간에 열심히 듣고, 숙제도 하고, 실제 시험도 잘 보는데, 그런 종류의 아이들 중 시험을 칠 때마다 엄청난 긴장과 불안을 경험하는 아이들이 있다. 별로 놀라운 일은 아니다. 연구 결과를 보면 여학생이 남학생보다 시험불안증으로 고통받을 확률이 훨씬 높으며 이렇게 불안에 떠는 것이 오히려 시험 성적에 나쁜 영향을 미친다고 한다.[5] 불안하면 긴장을 느끼고, '난 이번 시험을 망치고 말 거야'라고 생각하기도 하며, 정신적 압박감이 육체적인 증상으로까지 나타나 심상이 벌렁거리고, 손바닥에서 땀이 나고, 입이 바싹바싹 마르기도 한다. 머릿속이 하얘지기도 한다. 왜냐하면 두뇌의 기억력이 문을 닫아버려 외웠던 모든 정보를 회수했기 때문이다. 그러면 여자아이들은 포기해버리거나 답을 찍는 것, 이 둘 중에 한 가지를 택한다. 어떤 아이들은 시험에 너무 많은 에너지를 쏟아부은 나머지 답안을 다시 한 번 체크하는 과정에서 답을 바꾸기도 한다. 이들 중에 어느 쪽을 선택하든 성적은 하락한다.

임상심리전문가들은 학생들이 이러한 시험불안증을 극복할 수 있는 방법을 많이 알고 있다. 만약에 아이가 시험불안증을 앓고 있다면 먼저 긴장을 풀어주도록 도와주어야 한다. 이것이 첫 단계이다. 불안증이 너무 심하면 나쁜 결과를 가져올 수 있지만 어느 정도의 불안은 오히려 긍정적으로 작용할 수 있다. 연구 결과를 보면 운동선수나 배우, 공연을 하는 사람이나 시험을 치르는 사람들이 중간 수준의 불안감을 느끼는 경우 성공적으로 공연을 마치거나 시험을 잘 칠 확률이 높아진다고 한다.[6] 다시 말해, 불안은 너무 심할 경우에만 부정적인 결과로 이어지는 것이다.

딸이 시험불안증을 느낀다면 "시험을 치를 때면 누구나 어느 정도의 긴장감은 느끼게 마련이야"라고 위로해주기를 바란다. 명상을 통해 수도승과 같은 경지에 이르는 것을 목표로 하는 사람들조차도 순간의 불안 때문에 모든 걸 망칠 때가 있다. 불안감이 엄습해올 때 이를 잘 극복하지 못하면 눈 깜짝할 사이 기회는 사라질 수 있다. 그러면 모든 희망도 사라진다.

여학생들이 시험불안증에 떠는 경우는 생각보다 많다. 특히 시험 공부를 제대로 못 한 경우 더욱 초조해한다. 만약에 당신의 아이가 아직 충분히 공부를 하지 못해 불안해한다면 부드럽게 다음과 같이 말해보자.

"시험 때문에 불안하지? 당연해. 준비가 안 되어 있으면 누구나 불안해. 연극을 하는데 리허설도 안 하고 초회 공연 무대에 오른다고 생각해보렴. 공부를 할 때도 마찬가지야. 연습을 하고 노력하면 불안증은 가라앉는단다."

열심히 공부를 한 아이조차도 시험을 보러 가는 자리에서는 준비가 미흡했다고 생각하며 불안에 떨 수도 있다. 보통 아이들은 필기 내용을 다시 복습하고 중요한 문구에 밑줄을 긋는 등의 방법으로 시험공부를 한다. 이렇게 책과 공책을 다시 보는 것은 공부를 시작하는 출발점으로서는 좋다. 그러나 연구 결과를 보면 밑줄을 치고 다시 읽는 것은 가장 비효율적인 공부법이라고 한다.[7] 교과서를 다시 읽는 것은 대사를 암기하는 것과 같다. 대사만 암기하면 연습을 안 해도 공연을 잘할 수 있을까? 암기만 한다고 연기 준비가 되는 것은 아니다. 공연과 똑같은 상황에서 대사를 전달하는 연습도 해야 한다. 그래서 리허설이 필요한 것이다. 시험도 똑같다. 실제 시험을 볼 때와 비슷한 상황에서 본인이 알고 있는 것을 적용해보는 연습이 필요하다. 시험과 비슷하게 문제를 풀어보는 것 말이다. 내가 알고 있는 학생들 중에 공부를 정말 잘하는 아이들은 온라인상에서 모의시험을 찾아 풀어본다. 이렇게 실제 시험과 비슷한 문제를 풀어본 아이들은 수동적으로 복습만 했던 아이들보다 해당 주제에 대해서 훨씬 정확하게 이해하고 점수도 더 잘 받는다.[8]

사회적 고정관념이 아이의 성적에 미치는 영향

아이들이 시험불안증을 겪는 또 다른 이유는 시험을 실제보다 훨씬 더 크고 대단한 것으로 생각하는 성향 때문이다. 일부 아이들은 시험 점수가 자기의 전반적인 지능을 반영하는 것이며 앞으로 직업적인 성공을 거둘지 여부까지도 판단하는 잣대로 간주한다. 심한 경우에는 시험 점수를 통해 자기가 이 우주에 존재할 만한 가치가 있는지 여부를 평가당하는 것으로 생각하기도 한다.

'고정관념위협stereotype threat'이라고 하는 현상과 관련해서 실시한 훌륭한 연구에 따르면 시험에 대해 부정적인 고정관념을 가지고 있는(예를 들어 '흑인은 백인만큼 똑똑하지 못해', '여자아이들은 수학을 못해'라는 관념) 학생들은 자신이 이러한 고정관념의 증거 자료가 될지도 모른다는 불안감을 안고 시험을 치르는 경우 성적이 저조하게 나온다는 사실을 보여주었다.[9] 즉, '여학생은 수학을 못한다'는 편견이 자신을 통해서 확인될 수도 있다고 걱정한 여학생들은 실제로 수학 시험을 망칠 확률이 더 높았다. 흥미로운 점은 이러한 고정관념을 타파하고 싶어 하는 여학생(예를 들어 자신이 여자라는 사실 자체를 자랑스러워하는 여학생)이 이러한 고정관념위협의 영향 때문에 고통을 받을 확률이 가장 높다는 것이다.[10]

이러한 고정관념위협 현상을 연구하기 위해 연구진들은 피험자들을 모집해 아주 미묘한 방식으로 고정관념을 건드려주고 상황을 지켜보았다. 즉, 수학을 아주 잘하는 남학생과 여학생(모두 미적분에서 B 학점 이상을 받았고, SAT 수학 부문에서 상위 최고 15퍼센트 내에 든 학생들)으로 구성된 학부 연구 대상자들을 두 개 그룹으로 나누고 두 그룹에 똑같은 수학 시험지를 나누어주었다. 단, 이 두 그룹에 한 가지 차이점을 부여했다. 시험을 치기 전에 첫 번째 그룹에는 이제 풀게 될 수학 문제가 과거에 성별에 따라 점수 차가 현격하게 벌어졌던 문제들이라고 이야기해주었고(남자의 성적이 여자보다 좋았다고 말하지는 않았다) 두 번째 그룹에는 성별에 따른 성적 차는 없었다고 말해주었다. 그럼에도 불구하고 첫 번째 그룹의 경우 남학생들이 여학생들보다 훨씬 좋은 성적을 거두었고 두 번째 그룹에서는 남녀의 성적이 비슷하게 나왔다. 성별에 따른 성적 차이가 있었다는 말 한마디가 고정관념위협의 발단이 되었고, 이에 따라 수학을 잘하는 여학생들이 본인의 실력을 충분히 발휘하지 못한 것이다.[11]

놀랍게도 고정관념위협에 대한 연구를 보면 이러한 현상은 시험을 치는 사람의 인식 범위를 완전히 벗어난 영역에서 발생한다고 한다. 여학생의 경우 '여성'이라고 하는 중압감을 자기 어깨에 얹고 있기 때문에 자기가 불안하다는 사실을 의식하지 못한다. 그냥 자기가 긴장하고 있다는 것만 느낄 뿐이다. 그리고 이러한 불안이 시험 결과로 이어진다. 여학생이 생각하는 것은 단지 이것뿐이다.

'나 왜 이렇게 땀이 나지? 이 시험 문제들 너무너무 어려워. 아, 시험 준비를 제대로 못 한 것 같아.'

부모는 아이에게 시험의 의미를 적절히 깨닫게 하여 시험에 과도한 의미를 부여하지 않도록 도와주어야 한다.

"시험은 그 과목에 대해 네가 얼마나 잘 알고 있는지를 평가하는 것일 뿐이야. 이 시험이 여자로서, 딸로서 그리고 사람으로서의 너의 가치를 결정하는 것도 아니고, 네가 앞으로 얼마나 잘 해낼지를 보여주는 예언 지표도 아니야."

만약 딸이 이 시험으로 인해 자기의 미래가 결정될 것이라고 지레 걱정하면 다른 생각은 모두 잊고 그냥 시험에만 집중하라고 이야기해주자. 그리고 문제를 풀면서 "이 시험 문제에 대해 알고 있는 대로만 답하면 돼. 자, 내가 뭘 공부했더라?" 이렇게 스스로 자문하면 된다고 이야기해주자.

'좋은 여자 신드롬'에 시달리는 딸들

어른들은 여자아이들에게 친절하고 상냥한 사람이 되라는 말을 자주 한다. 하지만 도전적인 감정을 어떻게 잘 활용할 수 있는지 그 방법에 대해서는 잘 언급하지 않는다. 이렇게 '건강한 도전 의식'을 여자아이들에게 고취하지 않은 덕분에 여학생들은 자기주장을 잘 펼치지 못하게 되었을 뿐 아니라 시험을 볼 때도 적극적으로 능력을 발휘하지 못하고 있다. 건강한 도전 의식은 긍정적으로 경쟁하려는 마음에 불을 지피고, 어렵게 쟁취한 능력을 발휘할 수 있도록 도와준다.

불행히도 이렇게 건강한 도전 의식을 가진 여학생은 과도한 도전 의식에 찬 나쁜 아이로 묘사된다. 강건하지만 동시에 부드러운 여학생의 이미지를 표출하는 것은 쉬운 일이 아니다. 어떤 여학생들은 경쟁적인 상황에서 좋은 성적을 거두기 위해 필요한 도전 의식을 발휘하는 것 자체를 꺼려 시험을 두려워하기도 한다. 여학생들로 구성된 팀의 코치들은 경기 중에 공을 빼앗거나 상대 선수를 아웃시킬 때 상대 팀이 감정이 상할까 봐 두려워 선수들이 주저하는 경우가 많다고 불만을 토로한다.

만약 당신의 딸이 이러한 '좋은 여자 신드롬'을 앓고 있다고 생각되는 경우 시험을 보는 동안은 안에 잠자고 있던 '전사'의 본능을 일깨우도록 도와주기를 바란다. 딸에게 "시험 문제를 끝내버려"라고 말해주고 아이가 시험을 잘 보면 용기 있게 잘했다고 칭찬해주자. 또 앞으로도 계속 열심히 싸우라고 격려해주자. 같이 스포츠 경기를 볼 때면 경기장에서 금메달을 따기 위해 치열하게 싸우던 선수가 경기장 밖에서는 얼마나 겸손하고 상냥한 사람이 되는지 이야기해주자. 이렇게 하면 보통 때는 따뜻한 마음을 가진 친절한 사람으로 지내다가 경쟁할 때는 치열하게 임하는 법을 배울 수 있다.

아이들이 시험불안증을 극복하는 데는 마음 안정을 수련하는 것도 큰 도움이 된다. 전문 치료사의 도움을 받아도 되고 온라인 검색을 통해 복식 호흡, 점진적인 휴식 같은 명상 기법을 배울 수 있다. 편안한 상황에서 이러한 마음 안정법을 연습해보고 불안이 심해졌을 때 연습한 바를 활용해보자. 이렇게 긴장을 잘 극복하는 방법을 터득하고 나면 시험 보기 직전 30초를 이용해 불안감을 관리할 수 있게 될 것이다.

시험불안증은 긴장이 과도하게 증폭되는 경우 발생한다. 반대로 우리가 다음에 다룰 주제인 '지연'은 숙제를 해야 할 때 요구되는 건전한 긴장 상태가 결여되었을 때 발생한다. 만약에 당신의 딸이 해야 할 일을 뒤로 미루고 계속 질질 끄는 짓을 반복한다면 아이보다 학부모가 더 불안하고 불편한 상황에 처하게 될지도 모른다.

♥도무지 고쳐지지 않는 '미루는 습관'

어른이 개입해야 할까, 지켜봐야 할까?

만약 부모들을 대상으로 학업과 관련해 자녀의 가장 나쁜 습관이 무엇이냐고 묻는다면 가장 흔히 나오는 답이 '오늘 할 일을 다음으로 미룬다'일 것이다. 어른과 마찬가지로 어떤 10대는 재미있는 일을 먼저 하고 싶어 하고, 재미있는 일이 없어도 공부 등 하기 싫은 일을 뒤로 미루고 딴짓을 하는 경향이 있다. 일부 10대 및 어른들은 일을 미루고 미루다가 결국 기한을 놓칠지도 모른다는 두려움이 커질 때에야 가장 능률이 올라 최고의 업무 성과를 올릴 수 있다고 생각한다. 또 공부나 숙제를 하는 데 걸릴 시간을 제대로 예상하지 못해 무작정 뒤로 미루는 경우도 있다. 지연의 이유가 무엇이 되었든 아이가 이렇게 지연을 하는 경우, 결국은 본인이 책임져야 하는 문제라고 깨닫게 해주어야 한다.

카미유가 고등학교 1학년을 거의 마쳐갈 무렵 카미유 엄마가 상담을 요청해왔다. 바로 전주에 힘든 일이 있었다며. 카미유 엄마는 아이가 해야 할 일을 미루어두다가 마지막 순간에 허겁지겁 일을 처리하는 경향이 있으며, 전반적으로 학교 성적이 좋기는 하지만 항상 스트레스를 대가로 치르고 있노라고 했다. 지난주에도 중요한 보고서 제출 시점이 다가오고 있는 것을 알고 엄마가 미리미리 시작하라고 재촉했건만 카미유의 짜증 섞인 거부만 돌아왔다고 하소연했다. 결국 카미유는 보고서 제출 전날 밤샘 작업을 해야 할 상황에 몰리게 되었다. 아이는 그날 저녁 식사 시간에 짜증을 내더니 밤이 되자 눈물까지 펑펑 흘리며 보고서를 쓰는 동안 옆에 있어달라고 엄마에게 사정했다. 딸의 간청에 엄마는 할 수 없이 커피를 마시고 자기 일을 하며 딸의 곁을 지켜주었다. 이러한 상황에 지친 카미유 엄마는 아이가 대학에 진학하기 전까지 이런 버릇을 고쳐주고 싶은데 어떻게 해야 할지 모르겠다며 나를 찾아온 것이었다.

10대는 본인 스스로 내적 갈등을 겪고 있을 때 이를 부모와의 갈등으로 치환하려는 경향이 있다. 해야 할 일을 뒤로 미루는 사람들은 두 가지 갈등을 겪는다. 한쪽에서는 제때 일을 끝내서 이에 따른 혜택을 누리고 싶어 하며, 다른 한쪽에서는 지난번 상황이 재현되기를 원한다. 즉 마지막 순간에 부모가 해결해주기를 바라는 것이다. 10대의 경우, 불편한 내적 갈등으로 씨름하기보다는 부모와의 외적 갈등을 겪는 것을 선호한다. 즉, 카미유는 내적 갈등 대신에 엄마의 잔소리를 듣는 쪽을 택한 것이다. 이러한 원리는 숙제에만 국한되어 적용되는 것이 아니다. 이 문제는 10대를 키우는 부모의 경우 자주 경험하게 되는 사안이다.

사람은 본인이 불편해야 변화를 시도한다. 카미유의 경우에는 내적 갈등을 겪을 때가 가장 불편한 때이다. 카미유의 버릇을 고쳐주기 위해 나는 엄마에게 아이가 숙제를 할 때 또 그런 식으로 엄마를 끌어들이려고 하면 거절하라고 했다. 예상한 대로 카미유는 또 보고서 작성을 미루고 미루다가 엄마에게 같이 밤을 새워달라고 사정했다. 엄마는 딸에게 이렇게 말했다.

"미안하지만 지금 그 상황을 만든 건 바로 너야. 엄마는 내일 하루 해야 할 일이 많아서 지금 자야 할 것 같다. 다음에는 좀 일찍 시작하렴."

카미유는 엄마에게 그런 말을 듣고 섭섭했을지도 모르지만 적어도 엄마의 어조는 부드러웠던 것으로 짐작한다. 엄마는 딸의 요청을 거절하는 게 정말 마음 아팠노라고 내게 말했다. 몇 주 후, 엄마는 카미유가 제때 과제를 시작하기 위해 방과 후 스터디 클럽에 가입했다고 알려주었다. 다행히도 아이가 스스로 똑똑한 해결책을 찾아낸 것이다.

해야 할 일을 마지막 순간까지 미루어두었다가 해결하는 것을 아무렇지 않게 생각하는 아이들도 가끔 있다. 당신의 딸이 그러한 경우라면 하고 싶은 말이 있어도 꾹 참았다가 딸이 자기의 습관에 대해 스스로 화를 낼 때 한마디 해주는 전략을 써보기를 바란다. 딸이 자신의 성적에 불만을 품고 있거나 정해진 일정을 맞추지 못한 경우, 숙제를 하느라 밤을 새우는 게 지겨워진 게 분명해 보일 때, 마지막 순간까지 미루어둔 숙제를 하느라 뭔가 재미있는 것을 놓쳤을 때 이런 말을 던져보자.

"좀 일찍 시작했더라면 이런 일은 없었을 거란 말을 더 할 필요는 없겠지. 다음에는 잘해보자."

물론 여자아이들은 숙제 외에도 미루는 일이 많다. 딸의 이러한 버릇이 아이 본인에게만 문제가 된다면 일단 지켜보면서 지연에 따른 결과를 통해 아이가 쓴맛을 보고 스스로 교훈을 얻도록 기회를 주자. 하지만 부모에게도 불똥이 튀는 경우에는 논리적인 대응을 해야 한다. 쓰레기를 제때 안 내다 버려 결국 부모가 버려야 하면 통금 시간을 당긴다든가 하는 식으로 말이다. 10대는 여러 이유로 일을 질질 끄는데 그에 따른 결과를 뼈아프게 느껴야만 이를 통해 좀 더 빨리 이 버릇에서 벗어난다.

또, 매일 해야 할 일을 가지고 씨름하는 모습이 늘 지연의 형태로만 나타나는 것은 아니다. 마감이 언제인지 잘 모르고 지나갈 수도 있고, 과제가 무엇인지 모르는 경우도 있으며, 미리미리 공부를 하는데 그 방법이 비효율적일 수도 있다. 하지만 어른이 사소한 일에 나서서 일일이 개입하는 것은 아이들이 스스로 성장할 기회를 앗아가는 것과 같다. 숙제에 대해 세세하게 감독하는 부모는 무의식적으로 아이와의 관계를 갈등 상황으로 몰고 가는 꼴이 된다. 딸이 본인의 성적에 대해 실망하고 좌절한 경우에는 "성적이 잘 안 나와서 실망했지? 필요하면 엄마 아빠가 도와줄 수는 있어. 하지만 다음에 원하는 성적을 얻으려면 어떻게 해야 하는지 네가 스스로 깨닫게 되리라 믿는다"라고 말해주자. 아이는 자신의 성적에 대해 별 불만이 없지만 부모로서 아이의 성적에 만족하지 못한 경우, 트리나의 부모처럼 딸의 자유와 학업 성적을 연계하는 방안을 고려해보기를 바란다. 그렇게 하다 보면 아이가 미래를 위해 계획을 세워 실천하는 법을 배우게 될 것이다. 그 미래가 단지 며칠 후의 미래라 할지라도 말이다.

♥ 좌절감을 극복하지 못하는 아이

성장형 마음가짐과 고정형 마음가짐

어른들은 공공연하게 청소년들의 등급을 매긴다. 어떤 아이들은 공부를 잘해 상을 타고, 어떤 아이는 영재 수업을 받으며, 학교에서 연극을 할 때 한두 명은 주인공 역할을 맡는다. 청소년들은 상황이 뜻대로 돌아가지 않을 때, 또래 친구들보다 자기가 뒤떨어질 때 크게 상심한다.

이렇게 실망스러운 상황에 처했을 때 남자아이들보다도 여자아이들이 탈선할 가능성이 더 높은데, 연구 결과 그 이유는 여자아이들은 본인의 실패에 대해 남자아이들과는 다른 해석을 내리기 때문이라고 한다. 남자아이들은 시험을 못 보았을 때나 연극에서 주인공에 뽑히지 못했을 때, 그리고 기타 난국에 봉착했을 때 그 원인을 외부적인 요인이나 일시적인 요인에서 찾는다. 예를 들어, 남자아이들은 "시험 문제가 이상했어", "연극반 선생님이 나를 안 좋아해", "이번엔 시험 준비를 제대로 못 했을 뿐이야"라고 말한다. 그 진단이 맞든 틀리든 이렇게 생각하는 아이는 아직 자기가 인생의 주인공이라고 생각한다. 반면 여자아이들은 "난 소질이 없나 봐"라며 실패의 원인을 내부에서 찾고 영구적인 원인 때문에 실패했다고 생각한다. 따라서 상심이 크고, 이 상심을 치료하기가 힘들다. 여자아이의 이런 생각이 맞지 않음을 보여주는 증거가 바로 옆에 첩첩이 쌓여 있어도 소용없다. 설상가상으로 본인이 실패한 일을 완전히 포기하는 쪽으로 치우친다.[12]

'실망한 10대를 어떻게 도와줄 수 있을까' 하는 문제는 아주 오래된 주제이다. 심리학자 캐럴 드웩Carol Dweck은 사람을 두 가지 종류로 분류하였다. 노력에 따라 자신의 재능이 발달할 수 있다고 믿는 '성장형 마음가짐'을 가진 사람, 본인의 능력이 정적인 것이며 따라서 바뀌지 않는다고 생각하는 '고정형 마음가짐'을 가진 사람. 캐롤 드웩은 연구를 통해 성장형 마음가짐을 가진 사람이 고정형 마음가짐을 가진 사람보다 훨씬 나은 성과를 낸다는 것을 분명하게 보여주었다.[13] 성장형 마음가짐을 가진 사람은 열심히 노력하면 자기의 능력이 더 나아진다고 믿기 때문에 도전할 기회가 오면 이를 마다하지 않고, 선생님이나 코치의 조언을 받아들여 본인이 노력해야 할 부분을 확인하며, 재능 있는 또래들을 보면서 자극과 영감을 받는다. 반면 고정형 마음가짐을 가진 여학생들은 자기 능력의 한계를 보게 될까 봐 도전하는 것 자체를 꺼리며, 사람들의 의견을 듣기 싫어한다. 자기에 대해 좋은 말도 하지만 나쁜 말도 나올 것이라 생각하기 때문이다. 또한 재능 있는 또래들을 보면 열등감을 느낀다.

 성적이 잘 안 나와서, 팀에서 중요한 위치를 다른 사람에게 뺏겨서, 연극에서 주연을 못 맡아 눈물이 그렁그렁해 학교에서 돌아온 딸에게 부모는 온갖 종류의 위로를 던지고자 할 테지만 "괜찮아, 엄마도 수학은 못했어", "코치 선생님은 우리 딸이 정말 얼마나 재능 있는 애인지 잘 모르시나 보다", "걔를 주연으로 뽑았다고? 세상에, 우리 딸이 그 애보다는 훨씬 잘할 텐데"라는 식으로 고정형 마음가짐의 위로를 건네면 결국 소용이 없다. "엄마도 수학은 못했어"라는 말을 들으면 아이는 '수학은 재능 있는 아이만 잘하는 과목'이라는 생각이 더 확고해질 뿐이고, "너는 특별한 아이야", "너는 다른 것을 더 잘하잖니?"라고 말하면 성공은 노력에 따른 결과가 아니라 운이나 재능에 달렸다고 암시하는 꼴이 된다. 이렇게 위로하면 단기적으로 아이의 자존감은 회복할 수 있을지 모르지만 아이는 장기적인 노력을 통해 변화를 추구하기보다 자기가 상황의 희생자라고 생각하게 될 것이다.

아이의 노력을 칭찬해주자

어떻게 하면 아이를 성장형 마음가짐을 가진 사람으로 키울 수 있을까? 그러려면 결과보다 노력 자체를 높이 평가해주어야 한다. 딸이 자신에게 실망했다면 이렇게 말해주자.

"지금까지 피아노를 오래 쳤지? 앞으로 열심히 연습하면 더 성장할 거야. 경쟁에서 지면 초라한 기분이 들지. 하지만 앞으로 더 나아지기 위해서 어떻게 해야 할지를 배웠으니까 얻은 게 있는 거지."

자신감 있는 말투로 이런 말을 해주면 우리 딸들은 기분이 훨씬 좋아질 것이다. 부모는 아이가 느끼는 절망감에 맞장구를 쳐서는 안 되며, 다른 사람과 비교해 최고가 되는 것이 아니라 본인이 최선을 다해야 한다는 점을 알려주자.

실제로 머리가 좋거나 재능을 타고났다는 말을 많이 듣고 자란 아이들은 고정형 마음가짐을 갖게 될 위험이 크다. 머리가 좋고 나쁨에 따라 성공 여부가 결정된다고 하면 자기가 재능을 타고나지 못한 분야에서는 어떻게 하면 좋을지 몰라 헤매는 것이다. 아이에게 "너는 똑똑한 아이야"라는 말을 하지 말라는 것이 아니라 습관이나 노력에 대한 찬탄과 균형을 맞추어 해주라는 의미이다. 별 노력도 안 했는데 딸이 좋은 결과를 얻었다면 이렇게 말해주어야 한다.

"별로 열심히 안 했는데도 잘했네. 엄마는 네가 자신을 한계까지 밀어붙이며 뭔가를 하는 순간이 왔으면 좋겠구나. 그런 순간에 진짜 뭔가를 배울 수 있거든."

당신의 딸이 조금 늦게 어려움을 만나 휘청거린다 해도 절대 늦은 것이 아니다. 성장형 마음가짐은 언제든 배울 수 있다. 중학교 때까지 순항하다가 사춘기가 되어서야 진짜 도전 상황에 직면하는 아이들도 꽤 많다. 그러면 아이는 그냥 포기하거나, 핑계를 대거나, 자기가 갑자기 멍청해졌다고 불평하기도 한다. 만약 당신의 딸이 이런 경우라면 "모든 게 쉽게 이루어질 때는 사력을 다해 노력하기가 쉽지 않은 법이다. 친구들은 이미 몇 년 전부터 끈기 있게 노력하는 법을 배웠고 너도 늦지 않았다"라고 말해주자.

지금까지 딸의 지능을 칭찬해왔거든 이제부터는 머리만 믿는 사람의 한계를 지적해주기를 바란다. 좋은 지능을 타고났지만 노력하지 않는 사람들은 결국 아무것도 이루지 못하는 반면 지능은 좀 떨어지더라도 끈기 있게 노력하는 사람이 궁극에는 더 많은 것을 성취한다는 것을 우리는 잘 알고 있다.

드웩 박사의 연구는 나의 사고방식에만 영향을 미친 것이 아니라 내가 부모 역할을 하는 방식도 바꾸어놓았다. 내가 드웩 박사의 연구 내용을 처음 접했을 때 우리 맏딸은 다섯 살이었다. 드웩 박사의 논문을 읽고 나는 부모로서 드웩 박사의 믿음을 수용한 전향자가 되어버렸다. 심리학 연구 결과를 통해 그렇게 신선하고 우아하며 실용적인 아이디어를 제시하는 것은 드문 일이다. 성장형 마음가짐은 아이들의 자신감을 함양하고, 성적을 올려주며, 도전 상황을 받아들이게 하는 데 큰 도움이 되었다. 어느 날 우리 딸이 어린이집에서 돌아와 다음과 같은 말을 했을 때 나는 이런 양육 자세가 우리 아이에게 얼마나 큰 영향을 미쳤는지를 깨닫게 되었다.

"엄마, 오늘 어린이집에서 우리 반 애가 정말 멋진 걸 만들었어요. 나도 열심히 하면 그렇게 멋진 걸 만들 수 있다는 말은 안 해주셔도 돼요."

내가 전달하고자 했던 메시지가 아이에게 충분히 전달된 것이다.

♥부모가 나서야 할 때

목표 달성에 올 인, 노는 건 절대 사절일 때

10대 아이들과 상담을 하면서 가장 흥미로운 부분은 바로 아이들의 급속한 변화를 목격하는 것이다. 지난주에는 껄렁하게 행동하더니 이번 주에는 갑자기 전속력으로 목표를 향해 치닫는 아이들도 있다. "젊은 아이들은 많이 변한다. 글씨체, 말하는 방식, 머리 스타일, 옷 입는 방식 등 모든 습관에서 10대는 그 어느 시기보다 빨리 변하고 적응한다"[14]라는 안나 프로이트의 말은 사실이었다. 사실 10대의 변화 속도는 너무 빨라서 내 동료는 이런 농담도 했다.

"사춘기 아이들의 변화에 대해 우리에게 너무 많은 공을 돌리는 것 같아(가만히 두었어도 어차피 변할 부분은 변했을 텐데 말이야)."[15]

그러면 부모가 나서야 할 때를 우리는 어떻게 감지할까? 미래에 대한 계획 달성에 너무 집착한 나머지 현재의 즐거움을 모두 저버리는 아이라면 당연히 걱정을 해야 한다.

꿈에 그리는 대학에 들어가기 위해 재미없는 과외를 여러 개 하고, 코치가 권하는 것보다 연습을 더 하며, A 이하 점수를 받으면 세상이 무너진 듯 낙심하고, 부모가 좀 자라고 권해도 밤늦게까지 공부하며 안달복달한다.

이렇게 성공을 향해 과도하게 몰입하는 여자아이를 둔 부모는 도대체 우리 딸에게 무슨 일이 일어난 것인지 어리벙벙해진다. 보통 부모는 아이들에게 성공을 향해 노력하라고 고취하므로 목표 지향적인 성향이 과도한 아이들을 보면 우리는 부모가 지나치게 애를 몰아세우고 있을 것이라 짐작하지만 사실은 그 짐작이 틀릴 때가 많다. 이런 아이의 부모는 아이에게 하나하나 지시하지 않는다. 보통 이런 유형의 아이는 어느 순간 어른에게 배운 '열심히 노력하고 큰 꿈을 가져야 한다'라는 교훈을 모두 받아들여 스스로 이 방향을 향해 돌진하는데 그 정도가 과도해진 것이다. 그리고 이런 유형은 보통 여자아이들이 훨씬 많은데, 연구 결과를 보면 남자아이들보다 여자아이들이 더 큰 긴장 상태에서 학교생활을 할 확률이 높고, 보통 남자아이들보다 월등히 우월한 성적을 거두지만 성적에 문제가 생기면 우울해질 확률도 더 높다고 한다.[16]

일단 미래 계획을 세우고 이에 대해 매진하는 정도가 이렇게 과도해져버리면 딸에게 좀 더 여유를 가지고 살라고, 기준을 낮추라고 설득하는 건 쉽지 않다. 아이 입장에서는 열심히 하라고 격려하던 어른이 이제 좀 천천히 가라고 하면 놀란다. 자기는 하라는 대로 하고 있을 뿐이라며 의아해한다. 또 이렇게 열심히 하는 건 비판이 아니라 칭찬을 받아야 할 일이라고 생각한다.

'이거 딱 우리 딸 이야기네'라는 생각이 들면 앞으로 아이에게 조언해줄 때는 먼저 아이가 많이 노력하는 점과 그 노력에 따른 결과를 인정해준다. 또한 미래의 다양한 가능성을 모두 열어두기 위해 지금 열심히 잘하고 있다고 치하해주자. 그리고 나서 이렇게 말해보자.

"지금이 네게 아주 중요한 시기인 건 잘 알아. 그리고 이를 늦추어서도 안 되겠지. 지금 이렇게 열심히 하니까 앞으로는 이렇게까지 힘들게 안 해도 좀 편한 길이 열릴 거야. 곧 생활에 균형을 좀 잡을 수 있기를 바란다."

이렇게 말하면 아이는 지금처럼 악바리같이 노력하는 시절이 영원할 필요는 없다는 당신의 말뜻을 순순히 이해할 것이다.

꼭 이런 경우는 아니어도 비효율적으로 공부를 하며 자기를 혹사하는 아이도 있다. 암기 카드를 스무 개 정도만 만들어 공부해도 충분한데 굳이 100개를 만들기도 하고, 두 장 정도 연습 문제를 풀면 될 것을 다섯 장씩 푼다. 이렇게 과하게 공부하는 버릇이 들어버린 아이들은 전술을 바꾸기를 싫어한다. 지금까지 그렇게 해서 성적이 좋게 나왔으니까. 이런 아이들에게는 다음 단계에 집중하게 하는 방식으로 조언해주기를 바란다.

"지금까지 했던 방식이 좋은 성과를 거두었지? 이제 다음 단계로 넘어가보자. 좀 더 효과적으로 공부를 하는 거야. 앞으로는 가장 똑똑한 학생들이 하는 것처럼 시간은 더 적게 투자하고 성과는 그대로 거둘 수 있게 해보자."

지나치게 공부하는 아이들은 때로 똑똑하게 공부하는 것이 열심히 공부하는 것과 다르다는 사실을 잊곤 한다.

만약 우리 딸이 미래만 생각하며 현재의 즐거움을 모두 밀어내는 경우, 비이성적일 정도로 과도하게 공부에 집착하는 경우에는 전문가에게 도움을 청해보기를 바란다. 또 아이에게 열심히 해서 좋은 성적은 올리고 있지만 그로 인해 다른 즐거움들을 모두 포기하는 것 같아 보인다고 우려를 표현해보자. 그러고 나서 아이가 다른 것에 관심을 가지고 즐기는지 지켜보자. 만약 아이가 편안히 쉬기를 거부한다면 그 정도 했으면 이제 즐길 권리도 있다고 말해주고, 공부 외의 것들을 즐기고 싶지만 잘 안 된다면 전문가에게 도움을 받았으면 좋겠다는 말도 해주자.

미래에 대해 아무 생각이 없을 때

목표 달성에만 올 인 하는 아이의 반대편 끝에는 미래에 대해 아무런 꿈도 없고 욕망도 표현하지 않는 아이들이 있다. 만약 우리 딸이 그렇다면 걱정해 마땅하다. 나도 상담을 하며 이러한 유형의 아이들을 가끔 봐왔다. 이런 아이들은 무언가를 즐기는 일에도 계획이 없다. 졸업 후에 무엇을 할지 아무 생각이 없기 때문에 학교 공부에도 소홀하다. 학교 성적 때문에 부모가 외출을 금지해도 아이는 별로 상관하지 않는다. 주말에 친구들과 같이 놀고 싶은 욕망도 없고 집에 틀어박혀 영화만 보아도 만족하기 때문이다. 이런 아이들에게서는 사춘기의 특징이라 할 수 있는 추진력이나 에너지를 찾아볼 수 없다.

이렇게 하고 싶은 게 없는 아이들은 부모가 마음에 들어 하지 않는 걸 굳이 하고 싶어 하는 보통 10대와는 차원이 다르다. 딸이 펑크 록 드러머가 되고 싶어 하는 경우, 부모들은 이로 인해 속을 끓이겠지만 이를 활용할 수도 있다. 예를 들어, 좋은 성적을 받아 오면 드럼을 사준다든가, 창고를 밴드 연습실로 꾸며주겠다고 제안해볼 수도 있다. 아이의 꿈이 꼭 부모의 욕심과 일치해야 할 필요도 없고, 그 꿈이 끝까지 지속되어야만 하는 것도 아니다. 10대 때에는 목표가 자주 바뀌는데 꿈을 위해 열심히 노력해왔던 것들이 있으면 이를 이용해 새로운 계획을 추진할 수 있다. 간단히 말해 모든 10대에게는 꿈이 있어야 한다.

딸에게 아무런 목표가 없다면, 부모 마음에 안 드는 목표조차 없다면 아이를 걱정해 마땅하다. 10대 중에는 아무런 계획이 없다가도 자라면서 목표를 찾는 경우가 많다. 부모는 딸이 관심 있는 분야에서 성장해나갈 수 있도록, 포기하는 것들의 수를 최소화할 수 있도록 도와주는 것을 목표로 삼아야 한다. 아이에게 봉사활동을 해야 한다고 주장하면서 구체적으로 어디에서 어떤 일을 할지는 아이의 선택에 맡기는 부모들이 있는데 이러한 행동은 바람직하다.

성적을 올리고 이를 유지하도록 도와줌으로써 아이의 인생에서 선택의 폭을 넓혀줄 수도 있다. 학교 선생님과 이야기해 왜 아이의 동기가 결여되었는지, 어떻게 하면 아이가 목표 의식을 가질 수 있을지 의견을 구해보는 것도 좋다. 가장 냉담하고 무관심한 10대도 뭔가 자극을 받는 것은 있게 마련이다. 하다못해 돈이라든가 비디오 게임 같은 것 말이다.

보통 정상적인 발달 과정을 겪는 10대는 독립을 위해 꾸준히 노력하며 다음 단계를 기대하고, 본인이 관심을 갖고 있는 분야를 지나치게 열정적으로 추구하는 나머지 어른들을 짜증 나게 만들기도 한다. 만약 당신의 딸이 무기력한 상태에서 헤어 나오지 못하거든 육체적인 문제를 앓고 있는 것은 아닌지 전문가에게 상담을 받아보기를 바란다. 사춘기 기간 동안에는 고치기 어려운 무기력함이 발생하는 경우가 거의 없으며 만약 그렇다면 심각하게 다루어야 한다.

우리의 딸들이 미래에 대한 계획을 세워야 한다는 생각에 동의하는가? 그러면 이제 한 걸음 더 나아가 앞으로 다가올 미래를 준비하도록 해야 한다. 이 부분은 다음 장에서 다루게 될 '연애 세계에 입문하는 단계'와 대비된다. 학부모들은 대부분 딸이 연애 세계로 들어갈 때 복합적인 감정을 느낀다. 우리는 모두 젊은 시절의 불장난이 얼마나 강렬한 것인지 기억하고 있고, 딸이 잘못되지는 않을지 부모로서 당연히 걱정한다. 로맨스의 희열이 언젠가는 비참한 상실감이나 비탄으로 바뀔 수 있다는 것도 잘 알고 있기 때문이다. 딸들에게 남자 친구가 생기면 부모는 그 어느 때보다도 방어적으로 변하고 딸이 부모의 개입을 전혀 반가워하지 않는다는 것을 알면서도 끼어들고 싶어 한다. 다음 장에서는 오늘날 여학생들이 하는 연애의 본질에 대해 살펴보고, 이 발달 과정에 따라 딸을 어떻게 잘 인도해줄지, 오늘날 10대 아이들의 로맨스를 어떻게 이해해야 할지에 대해서 다루도록 하겠다.

제6장
연애 세계에 입문하는 단계

　지금까지 살펴본 발달 과정상의 특징들은 딸의 친구들을 관찰하거나 성적과 같은 객관적 증거를 찾아보면 대충 상황을 파악할 수 있었다. 하지만 '연애 세계 입문'과 같은 발달 과정에 관한 한 우리 딸들이 어떤 일을 벌이고 있는지 부모들은 아주 깜깜할 때가 많다. 10대 여자아이들은 본인의 연애에 대해 극도로 말을 아끼기 때문에 부모와 이 주제에 대해서 이야기를 나누는 것은 고사하고 심지어 친구에게도 잘 털어놓으려 하지 않는다. 이번 장에서는 우리 딸들이 '그냥 친구' 이상의 복잡한 세계로 들어가기 시작할 때 어른에게 주어지는 얼마 되지 않는 제한된 기회를 그나마 잘 활용하여 딸을 올바른 길로 인도해나갈 방법에 대해 안내하려 한다.

　이 단계에는 특이한 점이 하나 있는데 그것은 바로 상황이 빨리 변한다는 것이다. 연애 면에서 볼 때 열네 살과 열아홉 살 사이에는 공통점이 거의 없다. 그만큼 빨리 변화하기 때문이다. 미국 통계를 보면, 열네 살쯤에 성 경험을 한 여학생은 3퍼센트 정도인데, 이 수치는 중학교 3학년에는 28퍼센트로 껑충 뛰고, 고등학교 1학년은 42퍼센트, 2학년은 54퍼센트, 3학년은 63퍼센트로 뛴다.[1] 이번 장에서는 여학생의 연애에 대해 긴박하게 펼쳐지는 진화 과정을 다루어보도록 하겠다. 먼저 10대 초기에 남학생에게 한눈에 반하는 것부터 시작해서 어떻게 어른들처럼 이 남자 친구와 관계를 맺어가기 시작하는지를 하나씩 살펴보겠다.

나는 좀 급진적인 자세로 연애 입문이라는 주제를 다루어보고자 한다. 뉴욕시립대학 심리학과의 미셸 파인Michelle Fine 교수와 미시간대학의 세라 맥클러랜드Sara McClelland 교수는 일반적으로 어른들은 10대 여자아이들의 애정 관계에 대해 언급할 때 거의 여자아이들 앞에 어떤 '위험'이 도사리고 있는지에만 초점을 맞춘다고 콕 집어 이야기했다.[2] 물론 여자아이들이 연애를 하면서 겪게 되는 위험한 함정은 현실적으로 존재한다. 아이들은 연애를 하다가 잘못되면 상심도 할 것이며, 때로 학대를 당할 수도 있고, 성생활을 시작하면 원치 않는 임신을 겪기도 한다. 하지만 그러한 감정적 위험이나 육체적 위험은 전체 그림에서 일부에 지나지 않는다. 이 주제에 대해서는 제7장 '자기 관리를 시작하는 단계' 편에서 다루도록 하겠다.

딸의 연애에 대해 부모마다 생각이 좀 다를 수는 있겠지만 아이가 이 발달 과정을 겪으며 본인이 희망하는 것이 무엇인지 잘 알고, 준비가 되었을 때 어떻게 이를 추구할지를 파악하며, 본인이 원하지 않는 것을 분명하게 밝힐 줄도 알았으면 하고 바라는 것은 어느 부모나 비슷할 것이다. 이번 장에서는 여학생이 남학생과 낭만적인 만남을 가질 때, 육체적인 만남을 가질 때 어떤 기제가 작용하는지 살펴보고, 자신을 LGBTQ(Lesbian, Gay, Bisexual, Transgender, Questioning 등의 성소수자)라고 말한 여학생들의 경험에 대해서도 다루어볼 것이다.

그러면 먼저 우리가 평소 충분히 생각해보지 않는 아주 중요한 질문에서 출발하도록 하자. 여자아이가 애초에 로맨스를 추구하도록 몰고 가는 원동력은 도대체 무엇일까?

♥ 아이들에게 연애가 의미하는 것

'아무것도 아닌 연애'를 하는 아이들

지금 생각하니 우습지만 그때 당시에는 전혀 우습지 않았던 내 개인적인 일화부터 하나 소개하고자 한다. 내가 6학년이었던 어느 날 밤, 나는 가족과 함께 저녁을 먹다가 무심코 마이크라는 우리 반의 귀여운 남자아이와 사귀고 있다고 말했다. 그 말을 들은 부모님은 충격에 빠진 모습이었다. 나는 가벼운 뉴스 정도로 생각하고 던진 말이었는데 마치 식탁 위에 폭탄이라도 떨어진 듯이 반응하는 부모님의 모습을 보고 나는 어쩔 줄을 몰랐다. 부모님은 갑자기 허리를 꼿꼿이 세워 바로 앉고는 미간을 찌푸리며 질문을 퍼붓기 시작했다.

"사귄다는 게 무슨 뜻이야? 마이크 부모님께 전화드릴까? 같이 있으면 둘이 뭘 하니? 다른 아이들도 서로 사귀고 뭐 그러니?"

나는 왜 두 분이 그렇게 과민 반응을 보이는지, 내가 도대체 뭘 잘못한 건지 알 수가 없었다. 당시 친구들은 이미 5학년 때부터 남자아이들과 사귀기 시작한 터라 나는 좀 늦은 편이었으며, 커플을 선언한 다른 아이들과 마찬가지로 이제 마이크와 나는 커플이라는 것을 우리 반 아이들로부터 공식적으로 인정받은 것 외에는 별 특별한 게 없었다. 가끔 서로 쪽지를 주고받는 게 전부였다. 아, 그리고 뽀뽀를 한 번 했는데 그런 순전히 친구들이 옆에서 선동해대는 바람에 어떨 수 없이 했던 거였다. 하지만 그게 다였다. 나는 그날 저녁 시간 내내 진땀을 흘리며 엄마 아빠에게 우리의 관계란 대수롭지 않은 것이며, 마이크의 부모님께 전화를 걸 일은 아니라고, 그럴 필요가 전혀 없다고 설득하느라 진땀을 흘렸다. 하지만 그다음 날 부모님은 담임 선생님에게 전화를 했고, 선생님이 아이들에게 '사귄다'라는 건 별 의미가 없다고, 거의 아무것도 아니라고 부모님께 말해준 덕분에 상황이 좀 나아졌다.

다음 날 저녁, 부모님은 담임 선생님과 통화한 사실을 내게 알려주었다. 담임 선생님 말씀을 들으니 내가 한 말이 맞는 것 같다고 하고는 앞으로 펼쳐질 나의 연애에 대한 조언도 잊지 않았다. 부모님은 내가 누군가와 사귀는 것은 괜찮지만 육체적인 관계로 발전하는 것은 안 된다고 했다. 그리고 '진짜' 데이트(이게 무엇을 의미하는 것인지 모르겠지만)는 최소한 고등학교에 들어가고 나서나 생각해볼 일이라고 못 박으며 그 문제는 고등학생이 된 후에 이야기해보자고 했다. 그 외에도 뭔가 계속 말을 한 것 같은데, 당시 나는 머릿속이 너무 복잡해 부모님 말에 집중을 할 수가 없었다. '그때 가서 이야기하자고? 세상에, 어젯밤 그런 반응을 보여놓고 내가 다시 그런 주제를 엄마 아빠한테 말씀드릴 걸로 생각하시나?' 뭐 이런 생각 말이다.

초등학교 5, 6학년 딸이 반 친구 중 누군가가 좋아졌다고 말하면 부모는 모두 깜짝 놀란다. 20년 이상 집적된 연구 결과를 보면 초등학교 5, 6학년 정도 되면 점심시간에 누가 누구를 좋아한다고 하는 수다가 대화를 점령하기 시작한다고 한다.[3] 그런데 이 나이 때는 이렇게 수다의 주제가 되는 남자아이들과 직접 대화를 나누기보다는 여자아이들끼리 모여서 자기들끼리 이런 뜨거운 소문을 떠드는 게 대부분이다. 요크대학 심리학과 제니퍼 코널리Jennifer Connolly 교수와 아델 골드버그Adele Goldberg 교수는 10대 초반의 여자아이들은 자기들끼리 나누는 수다를 통해 연애 감정에 불을 지피며, 훨씬 나중에 가서야 진짜 남학생과 그 연애 감정을 불태운다는 사실을 지적했다.[4]

남자아이와 여자아이가 연애를 시작할 때는 보통 남자아이가 "너

나랑 사귈래?"라고 물어보고 여자아이가 이에 대해 동의하는 식으로 진행된다. 사귀지 않겠느냐는 질문을 하는 쪽은 거의 남자아이이며, 남자아이는 자기 주변의 외교 채널을 풀가동해서 자기가 거절당하지 않을 거라는 게 확실할 때에만 구애를 한다. 이러한 구애는 직접 말로 하기보다는 문자메시지로 할 가능성이 높으며, 일단 사귀기 시작하면 서로 문자를 주고받고, 학교에서 기회가 되면 나란히 앉기도 하며, 또래 아이들과 같이 어울려 놀기도 한다.

   지금 생각하니 당시 우리 부모님은 내가 왜 남자 친구를 사귀는지 그 이유를 이해하지 못한 것 같다. 커플이 되었다고 해도 특별한 게 없다는 것을 파악하고는 "그럼 뭐하러 사귀는 건데?" 하고 의아해했다. 게다가 남자 친구가 생긴 뒤에도 나는 계속 여자아이들과 파자마 파티를 하고 우정의 팔찌를 만들곤 해서 더욱 부모님을 헷갈리게 만들었다. 부모님의 시각에서는 당시 초등학교 6학년인 내가 남자아이에게 관심을 갖는 것은 시기상조로 느껴졌고 내가 남자 친구와 같이 노는 것은 마치 열두 살밖에 안 먹은 아이를 대학에 보내는 것과 같은 것으로 생각한 것 같다. 하지만 당시 내게 '진짜 연애'는 아직 먼 나라 이야기였고, 대부분 10대 초반의 아이들 역시 마찬가지였다.

아이들은 특별한 관계를 원한다

일단 지나고 나면 이 발달 과정에 대해 기억하는 사람이 거의 없기는 하지만 우리는 네다섯 살쯤에 이미 애정 관계란 아주 특별한 관계를 의미하며 자신에게는 그런 특별한 관계의 사람이 없다는 것을 깨닫는 단계를 거쳤다. 네 살 때까지 아이들은 자기가 세상 모든 중요한 관계의 중심에 있다고 생각한다. 아장아장 걸어 다니는 유아기 때 아이들은 엄마 아빠와 유대 관계를 형성한다(전통적인 가족의 형태로 가정해 기술하는 점 양해 바란다). 그러다가 다섯 살쯤 되면 엄마와 아빠에게는 둘만의 특별한 관계가 형성되어 있다는 것을 눈치채기 시작한다. 이 엄연한 현실 앞에서 아이가 얼마나 큰 충격을 받는지는 다음 상황과 비교하면 이해가 쉬울 것이다. 내가 중학교 1학년 학생이라고 가정해보자. 나의 절친이 지난여름 캠프에 다녀오더니 그곳에서 만난 나의 친구와 단둘이 만나 즐거운 시간을 보내기 시작했다. 그것도 주말마다. 어떤가? 마음이 쓰리지 않은지?

취학 전 아동은 종종 부모의 관계 속에 자기를 밀어 넣는 방법으로 이 놀라운 현실을 극복하려 한다. 토요일 밤 엄마 아빠가 데이트를 하기 위해 도우미를 부르면 아이는 놀라고 심지어 화를 낼지도 모른다. 어떤 아이들은 애완용 동물을 사달라고 조르는데 동물과 나만의 특별한 관계를 형성함으로써 자기가 무용지물인 듯 느껴지는 씁쓸한 감정에서 벗어나려는 것이다. 또한 취학 전 아동은 친구들과 소소한 애착 관계를 형성해 부모를 놀라게 하기도 한다. 유치원 선생님들은 아이들이 놀이 시간 동안 자기들끼리 가짜 결혼식을 하는데, 자신이 그 자리에 주례를 서야 하는 일이 잦다고 말한다.

결국 여자아이들은 가족 내에서 자기에게 주어진 적합한 자리를 찾아가며, 다음과 같은 두 가지 사실을 깨닫고 내적 타협에 다다르게 된다. 첫째, 누군가의 '여자 친구'나 '아내'가 되는 것은 그냥 누군가의 '친구'가 되는 것과는 확실히 다른 것이며, 둘째, 이러한 로맨틱한 관계에 따라오는 특별한 감정을 누리려면 자신은 아직 몇 년이나 더 기다려야 한다는 것이다. 내가 6학년 때 터뜨린 그 사건을 되돌아보면 나와 마이크는 드디어 수년 동안 기다려왔던 로맨틱한 세계의 일원이 되었던 것인데 부모님 관점에서는 우리가 위험한 어른들의 영역으로 서둘러 들어가려 하는 것으로 비쳤던 것이다. 부모님은 열세 살짜리 머리에 피도 안 마른 남자아이가 한잔하지 않겠느냐고 나를 꼬이는 모습을 상상했을지 모르지만 나는 그저 오랫동안 내가 바라왔던 것이 드디어 내게도 찾아왔음을 부모님께 알렸을 뿐이었다. 어른들이 '연애' 하면 떠올리는 복잡한 감정적·육체적인 끌림 같은 것은 그때 마이크와 나 사이에 존재하지 않았다. 대부분 5, 6학년짜리들과 마찬가지로 나도 드디어 커플이 되었다는 사실 자체에 기뻐 흥분했을 뿐이었다.

딸의 연애에 대처하는 부모의 자세

당신의 딸이 남자 친구가 생겼다는 발표를 아직 한 적이 없다면 생각보다 그런 날이 빨리 올지도 모른다는 마음의 준비를 하기를 바란다. 그리고 아이가 반 친구들이 데이트를 시작했다거나 사귄다는 등 '그냥 친구' 이상의 관계를 의미하는 단어를 사용해 대화를 꺼내더라도 우리 부모님이 그랬던 것처럼 뒤집어져서 딸과의 소통의 끈을 완전히 끊어버리는 실수를 범하지 말고 침착하고 세련된 방식으로 반응해주기를 바란다. 그게 불가능할 것 같다면 내가 부모가 아니라 다른 문화권의 연애 의식을 연구하는 고고학자가 되었다고 상상해보자. 아이가 자기 부족의 낭만적 관행에 대해 이야기해주는 것을 듣는 것보다 더 좋은 방법은 찾기 어려울 것이다. 아이에게 어디까지 물어봐도 될 것인지에 대해서는 아이가 전해주는 신호를 잘 이해하고 포착하여 그 순간을 최대한 활용하기를 바란다. 관계를 묘사할 때 아이가 사용하는 단어의 의미에 대해, 10대 커플은 같이 무엇을 하고 또 무엇을 하지 않는지, 얼마나 신체 접촉을 하는지에 대해 중립적이면서도 진솔한 질문을 던져야 한다. 우리 부모님이 다르게 반응했다면, 즉 마이크와 사귄다는 게 무슨 뜻이냐고 쿨하게 물어주셨더라면 내가 그날 저녁을 생각할 때마다 아직도 속이 메스꺼워지는 일은 없었을 텐데.

또 한 가지, 딸을 대상으로 연애에 대한 인류학적 연구를 진행할 때는 '딸이 진정 원하는 것이 무엇인가?' 하는 시각에서 상황을 체크해보기를 바란다. 아직 풋사랑일 때, 사랑의 색깔이 가장 연할 때, 꼭 우리 딸뿐 아니라 그 세대 아이들에게 모두 적용할 수 있는 관점에서 접근하면 다가가기가 쉽다. 너무 진지하게 묻지는 말고 "여자아이들은 맘에 드는 남자아이가 생기면 사귀고 싶다는 걸 어떻게 표현하니?", "마음에 안 드는 애가 사귀자고 하면 여자아이들은 어떻게 해?", "나는 이걸 하고 싶은데 친구들이나 남자 친구는 다른 걸 하고 싶어 하면 어떻게 해?"라고 질문을 던져보자. 아이가 질문을 듣고 어깨를 으쓱하거나 눈동자를 한 번 굴리고 말더라도 답변을 들은 것처럼 환영해주자. 당신이 어떤 답을 듣느냐가 중요한 게 아니라 아이가 이러한 질문에 대해 생각해볼 기회를 갖는다는 것이 중요한 거니까.

♥연예인을 쫓는 10대

왜 10대 여자아이는 연예인에 빠질까?

여자아이들 중에는 낭만적인 생각과 느낌은 끓어넘쳐 주체하지 못할 정도이지만 실제 데이트를 하면 따라오게 마련인 소통 문제나 육체적인 관계를 원하지 않는 아이들이 많다. 반면 아직 아무 생각이 없는 반 남자아이에게 혼자서 흠뻑 빠지는 아이들도 있고, 주변 남자아이들에게서는 볼 수 없는 그런 낭만적인 느낌이나 매력을 찾는 아이들도 있으며, 주변 남자아이들에게는 전혀 흥미를 느끼는 못하는 아이도 있다. 요약하자면 자기가 원하는 게 무엇인지 아는 여자아이들 중에는 현실적으로 주저하거나 좌절하는 경우가 많다는 것이다.

바로 이러한 연유로 우리의 10대는 남자 아이돌의 세계로 들어간다. 10대 여자아이들은 이러한 아이돌 스타들이 비현실적이기는 하지만 그래도 자기의 진정한 소울메이트라고 생각한다. 하지만 사실 이들의 결합은 하늘이 아닌 마케팅 회의가 맺어준 것이다. 음악, 텔레비전, 영화 산업 관계자들은 연애에서 좌절을 겪었거나 어른들과 같은 성생활을 할 준비가 되지 않은 사춘기 여자아이들이 원하는 것을 꽤 오래전부터 정확하게 꿰뚫고 있었다.[5] 그 덕분에 이들은 사춘기 여자아이들의 낭만적인 희망 사항에 맞추어 욕구를 충족해준 대가로 수십억 달러씩 긁어모으고 있는 것이다.

젊은 남자 스타들은 객관적으로 볼 때 항상 매력적이며, 일부 여자아이들에게 위협적으로 느껴질 수 있는 남성적인 박력은 결여되어 있다. 이들을 뒤에서 조련하는 기획사는 스타들의 머리 모양만큼이나 가슴에 난 털을 제거하는 데에도 신경을 쓴다. 사실 아이돌 스타 중에는 잘생긴 여자아이처럼 보이는 아이들이 많다.

이 남성 아이돌들의 면면을 살펴보면 보통 터프해 보이는 아이, 이국적인 아이, 활발한 아이, 약간 촌스러운 아이, 그리고 진짜 잘생기고 로맨틱한 분위기의 아이, 이런 식으로 구성되어 있는 것을 볼 수 있다. 이렇게 멤버들을 다양하게 구성해주는 덕에 여자아이들은 이 중에서 자기가 좋아하는 아이 하나를 당당하게 고를 수 있으며, 동시에 친구들이 같은 밴드를 좋아해도 멤버 중 한 사람을 두고 사랑싸움을 할 필요가 없다. 이렇게 잘 구성된 패키지를 통해 진짜 상품인 노래를 파는 것이다. 남성 아이돌이 부르는 노래를 들어보면 기획사에서 일하는 중년 아저씨들이 어쩌면 그렇게도 10대 여자아이들이 듣고 싶어 하는 말을 잘도 아는지 아연실색할 정도다. 너는 정말 아름다워, 특별해, 너를 보면 다리에 힘이 빠져, 너랑 같이 있을 수 있다면 얼마나 좋을까, 그런 행운이 나에게 올까, 네가 나의 여자 친구였으면 좋겠어, 네가 나의 여자 친구가 된다면 내가 원하는 것은 너의 손을 잡는 거야, 그리고 키스.

젊은 남자 연예인 뒤에 숨어 있는 마케팅 공장에서는 로맨스를 꿈꾸는 수많은 여자아이들의 마음속을 꿰뚫고 있다. 이렇게 현혹적인 스타는 강렬하고, 잘 통제되어 있으면서도 위험은 없는 연애 판타지를 10대 여자아이들에게 선사해주고, 여자아이들은 현실에서 연애를 할 때까지 아이돌과 연애를 하는 것이다. 어떤 여자아이들은 사춘기 중반에 연예인에게서 옆집 남자아이에게 관심을 옮기지만 또 다른 아이들은 아이돌과의 관계를 서둘러 청산하고 굳이 동네 남자아이들이 던져오는 헷갈리는 신호를 받을 필요를 느끼지 못한다.

혹 당신의 딸이 잘 포장된 스타에게 모든 핑크빛 에너지를 쏟아붓거든 다행이라고 생각하시길. 아이가 차를 타고 몇 시간이나 가야 하는 곳에서 벌어지는 콘서트에 가겠다며 티켓을 사고 여행 계획을 세우는 게 이상하게 보이겠지만 지금 이 연애는 적어도 상처 깊은 이별이나 계획에 없던 임신으로 끝날 위험이 없다는 사실에 감사하기를 바란다. 단지 우리 딸들은 지금 강력한 마케팅의 힘에 휘둘리고 있을 뿐이며 이 시기가 곧 끝난다는 것을 염두에 두고, 아이가 해도 되는 것과 해서는 안 되는 것(예를 들어 특정 남자 연예인과 관련된 모든 것을 구매해 방을 꾸미는 등)의 협상에 총력을 기울이기를 바란다.

♥ 미디어가 10대 딸에게 보내는 메시지

미디어가 아이들을 재단하고 있다

아이들은 나이가 들어감에 따라 연애 및 성생활은 어때야 하는지에 대한 온갖 메시지의 융단폭격을 받게 되는데 이러한 메시지는 보통 여자가 정말 원하는 것에 대해서는 일체의 관심이 없는 곳에서 뿌려댄다. 아이러니하지만 젊은 남성 스타의 이야기를 전하는 매체 정도가 여자아이들이 원하는 메시지를 전달한다. 대부분의 대중 매체, 패션 산업계, 그리고 때로 말실수를 범하는 주변 어른들(예를 들어 "와, 너희 딸 정말 예쁘다. 집에 가둬놓아야지 안 그러면 큰일 나겠는걸?" 같은 말을 하는 어른)은 여자아이들에게 "너희는 이런 걸 원해야 해", "이런 모습이어야 해", "이렇게 보여야 해"라고 끊임없이 말을 걸어온다. 아이를 사랑하는 부모로서 이러한 메시지가 10대 여자아이들에게 미치는 영향을 완충시키기 위해 어떤 조치를 취해야 할지 살펴보도록 하자.

10대 여자아이들의 애정과 성생활을 전문적으로 연구하는 팀이 있는데 이들은 미국 문화가 10대 여자아이들에게 말도 안 되는 '미친' 조건을 요구하기 때문에 아이들이 연애에 흥미를 쉽게 잃는다고 입을 모았다. 잡지, 노래, 비디오, 온라인, 인기 있는 매체 등에서는 여자는 섹시해야 하지만 매춘부처럼 헤퍼 보이면 안 되고, 성적인 욕망을 갖는 여자는 나쁘며, 남자아이와 로맨틱하거나 성적인 관계를 갖는 것은 멋지지만 동시에 자기에게 뭔가가 부족해서 이 부족한 면을 남자로 채우려 한다고 의심을 받을 수도 있으며, 이런 식으로 남자를 붙잡으려 기를 쓰고 있다는 의심을 받거나 멍청하다는 비난을 받게 될 수도 있다는 메시지를 흘려댄다. 이는 마치 놀이공원에 있는 '거울의 집'에 들어가 다양한 형태로 왜곡된 자기 모습을 보는 것과 같다. 매체를 통해 제시되는 여성성에 대한 이미지가 너무 황당해서 아이들은 자기가 진짜 원하는 게 무엇인지에 대해서는 고찰해볼 시도조차 하지 않게 된다고 한다.6

특히 더 바람직하지 않은 것은 여성을 성적 대상화하는 메시지가 여학생들의 정신 건강이나 육체 건강뿐 아니라 이들의 생각과 행동에도 영향을 미친다는 사실이다. 연구 결과를 보면 매체를 통해 여성 차별적인 내용을 많이 소비하면 할수록 여자는 남자를 유혹하고 꼬신다는 것과 같은 판에 박힌 모습이 마치 진리인 것처럼 생각하게 된다고 한다.[7] 또한 남성우월주의에 대해 의문을 제기하는 여자들에 비해 매체가 뿌려대는 여성 차별적인 내용을 그냥 수용하는 아이들은 10대 때 임신을 하거나 성병, 섭식장애, 우울증을 앓을 확률은 더 높은 반면 자존감은 떨어진다고 한다.[8]

한 연구진은 연구를 통해 여성의 성적 대상화가 여성의 사고에까지 영향을 미친다는 것을 증명해 보여주었다. 미시간대학교 연구진은 학부생들을 대상으로 '감정과 소비자 행동'이라는 연구에 동참해줄 자원자를 모집했다. 피험자들이 심리학 실험실에 모두 모이자 연구진은 이들을 전신 거울이 있는 개인 탈의실에 한 사람씩 배치했다. 이 탈의실 중 절반은 수영복(여성은 원피스 수영복, 남성은 트렁크 수영복)을 갖추어두었고, 나머지 탈의실에는 스웨터를 놓아두었다. 수영복과 스웨터 모두 다양한 사이즈가 구비되어 있어 피험자는 이 중에서 자기에게 맞는 것을 골라 입기만 하면 되었다. 피험자가 옷을 다 입은 것을 확인한 연구진들은 15분 동안 탈의실에서 대기하다가 15분 후에는 해당 복장을 구매하고 싶은지 여부를 묻는 설문지에 답해달라고 말했다. 피험자들이 15분을 기다리는 동안 연구진들은 피험자들에게 '교육부에서 주최하는 실험'이라고 설명하며 수학 문제를 풀어줄 것을 요청했다.

이미 짐작했겠지만 이 연구는 교육부를 위해 진행된 것이 아니라 단지 수영복을 입고 수학 문제를 푸는 것이 점수에 영향을 미치는지 여부를 살펴보기 위한 것이었다. 연구진의 예상대로 수영복을 입은 여성들의 점수가 스웨터를 입고 문제를 푼 여성들보다 낮았다. 흥미로운 것은 남성들의 점수는 입고 있던 복장과는 상관이 없었다는 점이다. 이 연구를 통해 연구진은 자기의 몸에 대해 의식해야 하는 상황에 처한 여성들은 집중을 잘 못 한다는 것을 증명해 보여주었다.[9] 혼자 거울 앞에 앉아 있는 여대생도 이렇게 흔들리는데 매일매일 비현실적으로 아름다운 연예인이나 모델과 자기를 비교해야 하는 10대 여학생들은 얼마나 흔들릴지 한번 생각해보자.

'나'를 중심으로 미디어를 보는 연습

'여성을 성적인 목적물로 보는 것이 여학생들에게 어떠한 영향은 미치는가'라는 주제에 대해서는 이미 훌륭한 책이 많이 출판되어 있다. 이러한 책에서 전반적으로 권하는 것은 우리 문화에서 여성을 어떻게 보고 또 대변하는지 그 방식에 대해 아이들과 대화를 나누는 것이다. 그리고 이러한 주제에 대해 대화를 나눌 때는 매체가 전달하는 메시지는 진정으로 여자들이 원하는 것을 대변하지 못한다는 사실을 아이들에게 꼭 짚어주어야 한다. 성차별적 메시지를 전달하는 매체를 뒤에서 움직이게 하는 원동력에 대해 아이가 비판적인 견해를 갖도록 고무하기를 바란다.

딸과 함께 있을 때 외설적인 광고가 나오는 등 적당한 순간이 포착되면 이렇게 질문해보자.

"저 여자가 정말 저 옷을 입고 싶어서 입은 걸까? 다른 사람이 입으라고 해서 입은 거 아닐까?"

남자의 시각만을 담은 노래가 나올 때는 이렇게 말해보자.

"이 노래는 그냥 저 남자가 원하는 걸 이야기하는 것 같구나. 과연 상대 여자도 이런 걸 바랄까?"

건강한 비판적 사고를 가진 여성으로 아이를 키우기 위해서는 어른의 권위에 대항해서 싸우고자 하는 아이의 욕구를 충분히 활용하기를 바란다. 여성을 성적으로 묘사하고 투사함으로써 누군가 이를 통해 이득을 취하고 있다는 사실을 지적해주자. 비키니 차림의 여자가 등장하는 광고를 통해 누군가는 돈을 벌고 있다는 사실을 아이에게 말해주는 걸 회피할 필요는 없다. 그리고 부자가 되는 건 사진 속 비키니 차림의 여자가 아니라는 점도 확실히 알려주기를 바란다. 또 기회가 되면 상품을 팔기 위해 섹시한 여자의 이미지를 사용하는 것이 무엇을 의미하는지에 대해 좀 더 폭넓은 대화도 시도해보기를 바란다. 단, 매체의 해악에 대해 장황하게 세미나라도 열 기세로 접근해 딸이 무슨 강좌에라도 등록한 기분이 들게 만들지는 않기를 바란다. 작가인 메리베스 힉스Marybeth Hicks는 이렇게 말했다.

"다른 사람들이 저런 식으로 저 여자를 이용해서 돈을 버는 건데, 저는 이런 영상을 보면 매우 심기가 불편해집니다. 꼭 제가 저 여자를 착취하는 데 일조하고 있는 느낌이 들거든요."[10]

포르노가 10대 아이에게 미치는 영향

10대가 연애와 성에 대해 받는 문화적인 메시지는 인터넷 포르노에 접속하기가 쉬워지면서 더욱 왜곡되고 있다. 대부분의 어른들은 부정하고 싶겠지만 포르노가 오늘날 10대가 생각하는 '정상적인' 구애 과정과 성적인 행위에 영향을 끼치고 있는 것은 엄연한 사실이다. 어쨌든 10대는 포르노에 노출이 되어 있는 상태이며, 통계상으로 보면 남자아이들이 여자아이들보다 더 많이 포르노를 소비한다고 한다.[11] 여기에 좀 새로운 소식은 포르노에서 다루는 내용이 상당히 노골적이라는 것이다.[12]

한 고등학교에서 사춘기 성에 대한 강의를 하기로 한 며칠 전, 그 학교에 아들을 보내고 있는 친구가 내게 다음과 같은 문자메시지를 보내왔다.

> 요즘 중3 아이들이 어떤 걸 보고 있는지 알고 있으면 강의에
> 도움이 될 듯해서 알려준다. 한번 들어가봐.

나는 그 친구가 알려준 웹사이트에 들어가 영상을 보았는데 솔직히 마음의 준비를 좀 하고 보았어야 했다는 후회가 밀려왔다. 요즈음 온라인상에서 무료로 볼 수 있는 포르노에 대해 잘 모르는 분들을 위해 설명하자면 그 영상들은 정말 너무도 생생하고 폭력적이거나, 아니면 상상하는 것 이상으로 괴상망측했다. 혹시 품위 있는 성

애 영화 정도를 상상한다면 꿈에서 깨어나시길. 다수의 임상심리전문가와 마찬가지로 나는 다양한 인간의 성에 대해 잘 알고 있으며, 자신을 꽤 진보적인 사람이라고 생각하고 있었다. 하지만 그날 내가 본 영상은 너무 생경했고, 또 너무 심해서 열네 살짜리 남자아이들에게 성인 잡지를 쥐여주며 "이거 너희들에게 줄게. 이걸 보는 대신 너와 모든 여자아이를 위해 앞으로 온라인 포르노는 보지 않기로 약속할 수 있지?"라고 말하고 싶다는 생각이 들었다.

하지만 아이들은 결국 온라인에서 포르노를 볼 것이며, 아이들이 보는 것은 아이들의 성적인 행위에도 영향을 미칠 것이다. 연구에 따르면 열다섯 살경이면 남자아이들의 3분의 2, 여자아이들은 3분의 1 이상이 노골적인 성행위 영상을 본 경험이 있다고 한다.[13] 연구라고 하는 것이 항상 디지털적인 접근이나 기민성 면에서 시대에 뒤쳐지기 때문에 이 수치는 과소평가된 것으로 볼 수 있다. 또한 10대, 그중에서도 남자아이들은 자기들이 본 포르노를 통해 자극을 받고, 환상을 품으며, 본 그대로 실천하고자 하는 목표를 세운다고 한다.[14] 실제로 열다섯 살 이전에 포르노를 접한 아이들은 열일곱 살 이전에 구강성교를 포함해 성관계를 할 가능성이 높다고 한다.[15]

당신의 딸도 음란 메시지에 고통받고 있을 수 있다

당신의 딸은 포르노를 안 볼지라도 중학교 2학년 정도 되면 포르노를 본 남자아이들에 의해 아이를 둘러싼 상황은 변해 있을 가능성이 높다(이미 말했듯 이 발달 과정은 변화의 속도가 매우 빠르다). 상담을 하러 오는 여자아이들 중에서는 남자아이에게서 성적인 무엇인가를 요구받거나 영상을 보내달라는 부탁을 받은 적이 있다는 경우가 제법 있었다. 꼭 사귀는 사이에서만 이런 요구를 하는 것도 아니었다. 이렇게 디지털 기술로 인해 10대가 충동적으로 행동하는 게 얼마나 쉬워졌는지 그리고 보내서는 안 되는 영상을 보내는 게 얼마나 쉽고 간단해졌는지는 확인했지만 우리 어른들은 여자아이들이 성적인 내용을 담은 문자메시지를 통해 얼마나 많은 압박을 받고 있는지는 아직 잘 모른다.

내가 알아본 바에 따르면 야한 사진을 보내달라고 하는 요구는 보통 문자메시지로 이루어지며, 모든 남자아이가 다 그러는 것은 아니고 학교 별로 한 무리의 아이들이 이런 짓을 한다. 이러한 문자메시지를 보내는 남자아이들은 나체 사진이나 구강성교 또는 성행위를 요구하는 걸 아무렇지도 않게 생각하는 것 같다.[16] 여자아이가 이를 거절하면 계속해서 졸라댄다. 그래도 여자아이가 계속 거절하면 욕을 한다. 기막혀서 말이 안 나오는 심정 나도 이해한다. 여자아이들이 이런 비슷한 이야기를 할 때마다 나도 '어쩌다가 세상이 이렇게 되어버렸나?'라는 생각이 든다. 이러한 문자메시지를 받는 여자아이들은 엄청난 압박과 딜레마에 처하게 된다. 요구를 거절하면 여자아이는 인신공격을 당하고, 인신공격의 정도가 너무 심해 거의 사면초가에 몰리게 된다. 요구에 굴복해서 사진을 보내면 남자아이들 사이에서는 인기를 얻겠지만 이미 자기 이름에 먹칠을 했으며 사랑에 대해 가지고 있던 본인의 생각에 반하는 일을 하게 된 것일 수도 있으니 비참한 기분도 들 것이다. 하지만 남자아이는 '이래도 내가 이기고 저래도 내가 이기는 게임이야'라고 생각한다. 이런 식으로 음란 사진을 요구하고 조르는 남자아이의 뒤에는 서로 남성성을 겨루는 그룹이 있게 마련이다. 여자아이가 요구를 거절하면 거의 성희롱에 다다를 만큼 퍼부어대고 이를 통해 자기가 얼마나 마초적인 남자인지 그 증거를 남긴다.

아이가 이러한 압박을 받는 경우 어른이 도와줄 수 있는 길이 많이 있으므로 너무 낙심하지 마시기를 바란다. 먼저 기회가 닿는 대로 아이에게 다음과 같이 이야기해주는 것이 좋다.

"요즘에는 남자아이들이 아무렇지도 않게 여자아이들한테 나체 사진이나 성적인 사진을 보내달라고 계속 조르는 모양이더라. 그런 짓은 정말 잘못된 거지. 절대로 해서는 안 되는 짓이야. 그리고 어쩌다 그런 것을 요구했더라도 상대가 거절하면 그만둬야지 계속 졸라대고 괴롭히는 건 말도 안 돼."

당신의 딸은 "맞아. 나도 알아요. 그런 짓 말도 안 된다는 거"라고 그냥 한마디로 일축해버릴 수도 있다. 이것만으로도 효과는 있다. 디지털 기기를 통한 성희롱과 이에 대한 신속한 회답을 마치 당연한 것으로 생각하는 아이들도 있어 우리 딸들은 가끔 자기가 시대에 맞지 않게 사는 게 아닌가 의심하고 있었을 수도 있다. 부모가 이렇게 말해주면 아이는 자기가 이상한 게 아니라는 것을 확인할 수 있어서 내심 기뻐할 것이다.

♥ 남자 친구에게 휘둘리는 아이들

아이들은 자신이 원하는 것이 무엇인지 혼란스러워한다

어느 날 오후, 내 개인 상담소에 중학교 3학년 여학생이 찾아왔다. 몇 주 전부터 사귀기 시작한 고등학교 1학년 남학생이 "만지게 해줘"라고 조르는데 어떻게 해야 할지 모르겠다는 것이었다. 이전 상담에서 그 아이는 해당 남학생과 사귀게 되어 기쁘며 남자 친구가 자기를 깐깐한 여자라고 생각하지 않았으면 좋겠다고 했는데, 아이는 이번 일로 남자 친구도 잃고 연애를 시작함으로써 친구들 사이에서 높아진 자신의 위상도 놓치게 될까 봐 전전긍긍하고 있었다. 그 남학생은 이런 요구를 문자메시지로만 하고 둘이 만난 자리에서는 이와 비슷한 이야기를 꺼내거나 팬티 안으로 손을 넣으려는 시도는 한 번도 한 적이 없었다. 하지만 문자메시지로는 꾸준히 요구해오고 있었고 자기의 요구가 별 대수롭지 않은 일이라고 설득이라도 하려는 듯 그는 여자 친구랑 이미 이 짓을 해본 남자아이들의 이름을 문자로 보내주기까지 했다. 내가 "너는 그 아이의 손가락을 너의 질에 안에 넣고 싶니?"라고 묻자 그 애는 마치 정신병자라도 쳐다보는 표정으로 나를 보며 "아뇨!"라고 펄쩍 뛰었다. 나는 "넌 네가 원하는 게 뭔지 잘 아네. 근데 네가 원하는 것을 고수하기가 힘든 거지, 그렇지?"라고 물었다.

'네가 원해야 하는 것들은 바로 이거야', '너는 이렇게 행동해야 해'와 같은 메시지들이 넘쳐나는 세상에서 나는 우리 딸들이 본인의 마음속에 있는 나침반을 쫓아갔으면 좋겠다. 우리 딸들이 연애와 성생활에서 주도권을 쥐고 본인이 원하는 것과 원치 않는 것을 스스로 결정하고 살아갔으면 한다. 내면의 나침반을 따라 살다 보면 원하는 것을 할 수 있는 힘이 자신의 안에 있음을 느끼고, 또 원하는 것을 파트너에게 표현할 수 있을 것이다.

대부분의 아이는 자신이 원하는 것이 무엇인지 파악하는 데 시간이 걸린다. 이는 단순한 문제가 아니기 때문이다. 로맨스에 관한 한 생각하는 것과 느끼는 것과 실제 행동하는 것은 분명히 다르다. 좋아하는 남학생 옆에 앉거나 그와 성관계를 하는 상상을 즐기기는 하지만 실제로 그것을 하고 싶은 것은 아닐 수도 있다. 어떤 아이들은 먼저 실험을 해보고 나중에 질문을 던진다. 이런 아이들은 일단 행동을 한 후에 이에 대해서 곱씹어보면서 자신이 원하고 또 좋아하는 게 무엇인지를 파악해나가는 유형이다.

내면의 나침반을 읽는 세 가지 방법

그러면 딸이 자기 안에 있는 나침반을 읽도록 부모는 어떤 식으로 도와줄 수 있을까? 총 세 가지 방법이 있다. 첫째, 딸에게 네 안에는 나침반이 있다고 알려준다. 둘째, 너 자신이 원하는 것을 찾으라고 응원해준다. 셋째, 본인이 원하지 않는 것에 대해서는 원치 않는다는 사실을 상대에게 분명히 표현하라고 가르친다.

조금 더 구체적으로 말해보자. 첫 번째 단계, 딸이 자기 안에 있는 나침반을 찾도록 도와줄 때는 적절한 때를 잡아 "우리는 네가 사랑하는 사람과 좋은 시간을 갖고 사랑을 즐기기를 원한다"라는 것을 알려주자. 딸이 남자 친구와의 관계에 대해 이야기하고 싶어 하면 같이 대화하고 이야기를 들어주자. 아니면 적당한 기회를 잡아서 그때그때 적합한 대화를 나누어보자. 남자 혼자 연애 관계를 주도하는 영화를 보고 난 후라면 "저 영화에서는 남자가 모든 걸 좌지우지하네. 여자가 무엇을 원하는지를 아는 것도 중요하다는 걸 네가 알았으면 좋겠다. 상대를 사랑한다면 상대가 원하는 것도 알아주어야지"라는 말을 해주면 좋다. 같은 반 여자아이가 어떤 남학생을 사정하도록 도와주었다는 말을 아이가 꺼내면 "그걸 해주면서 자기도 좋았는지 모르겠네"라고 말해보자. 그런 언급을 하면 딸이 방으로 도망가버릴지도 모르지만 어쨌든 말해보자. 우리 문화권에서는 여자아이들에게 내면의 나침반을 들여다보도록 가르치지 않고, 그렇게 가르치는 일에 관심도 없다. 하지만 나는 아이들이 스스로 원하는 것을 생각해보도록 누군가는 옆에서 지원해주어야 한다고 생각한다.

두 번째 단계에서는 자신이 원하는 게 무엇인지 딸 스스로 자문해볼 수 있도록 도와주고, 자기가 원하는 것을 자신 있게 밝힐 수 있는 여성으로 자랄 수 있도록 북돋워주어야 한다. 누구든 자기 딸들이 우정이나 연애 관계에서 타인의 권리를 존중하면서 동시에 자신을 위해 당당하게 발언하고 자기를 방어할 수 있는 사람이 되기를 바랄 것이다. 딸이 오랫동안 친구로 지내왔던 남자아이가 이성으로 좋아졌다고 말하면 그 아이에게 고백하고 싶은지 한번 물어보자. 지금까지 10대를 위해 일하면서 나는 아이들에게 이렇게 말해보라고 가르쳤다.

"네가 나랑 친구 이상으로 발전하는 것에 관심이 있는지 모르겠지만, 사실 나는 그래. 하지만 만약 네가 아니라면 그냥 친구로 남아도 좋아."

이런 말을 해주고는 있지만 아이들이 그런 말을 실전에서 써먹는지는 잘 모르겠다. 하지만 어쨌든 나는 여자아이들이 자기가 원하는 것을 요구할 줄도 알아야 한다고 생각한다. 만약 당신의 딸이 자기가 바라는 것을 말하지는 않고, 자기 친구가 남자 친구에게 키스를 하고 싶어 하는데 남자아이가 먼저 해주기를 기다리고 있다고 말하면 그 친구는 무엇 때문에 남자 친구에게 그 말을 못 하는 것인지 물어보면 어떨까?

세 번째 단계, 본인이 원하지 않는 것은 분명히 거절하는 법을 가르치는 단계에서는 기회를 엿본 뒤 핵심을 찔러본다.

"이미 알고 있는지 모르겠지만 어쨌든 엄마가 생각하는 걸 말해볼게. 누군가가 네가 원하지 않는 걸 강요하는 경우, 그게 손을 잡는 거든 성관계든 네가 하기 싫으면 '난 그걸 하고 싶지 않아'라고 말할 권리가 있어. 네가 거절했는데도 불구하고 상대가 계속 같은 요구를 반복한다면 그건 나쁜 일이지. 또 너는 거절하는 것에 대해 미안해하거나 우울해할 필요도 없는 거야. 하고 싶지 않은 걸 안 할 권리는 누구에게나 있는 거니까."

부모로서 딸의 연애나 성관계에 대해 선을 그어주고 싶다는 생각도 들겠으나 현실적으로 그 바람이 실현될 가능성은 0에 가깝다. "자, 여기까지가 선이야. 셔츠 안쪽까지는 돼. 브래지어 안은 말고 바깥 정도까지. 남쪽으로도 절대 안 돼. 자 이제 시작해"라고 말할 수 있는 10대는 거의 없을 것이다. 10대 여자아이가 원하는 것은 그 순간, 그 분위기, 상황에 따라 결정된다. 그리고 때때로 경험을 통해서만 자기가 원하지 않는 게 무엇인지를 깨달을 수도 있다. 이렇게 말해보면 어떨까?

"계속 진도를 나가다 보면 네가 좋아하는 게 뭔지를 깨닫는 순간이 올 거야. 하지만 네가 꼭 기억했으면 하는 건 한 번 했다고 다음에도 다시 해야 하는 건 아니라는 거야. 상대도 그 점은 존중해주어야 해."

관계에는 상호 동의가 중요하다는 말을 아이들에게 해줄 때 우리는 보통 남자아이들의 공격적인 행동에 대해 여자아이들은 이를 거부할 권리가 있다는 틀 안에서 이야기를 하곤 한다. 하지만 현실에서는 파트너가 원하지 않는 것을 하도록 강요하고 압박하는 여자아이들도 꽤 많다. 따라서 그 가능성도 염두에 두고 이야기를 풀어 나가는 것이 좋다. 나는 로컬학교와 기타 학교에서 '연애 시의 의사결정'이라는 주제로 강연을 많이 하는데 강연 중에 '자신의 욕구를 이해하고, 파트너의 욕구도 존중해야 한다'라는 메시지를 전달하고자 할 때는 보통 이렇게 말한다.

"자신이 원하는 게 무엇인지, 파트너가 원하는 게 무엇인지를 이해하고 이를 존중하세요. 양쪽이 합의가 안 되는 경우라면 덜 나아가기를 원하는 쪽의 의사를 존중해야 합니다. 강요도 질문도 해서는 안 돼요."

또한 여자아이들에게는 남자 친구의 요구를 거절할 때 친절하고 상냥하게 하라고 이야기해주어야 한다(물론 말도 안 되는 요구일 때는 예외다). 연애의 세계로 발을 들일 때 남자도 여자만큼이나 조심스러워지는데 '진짜 남자'는 자신감에 찬 모습을 보여야 한다는, 다소 허세를 요구하는 문화적 습성 때문에 남자아이들의 이러한 연약한 부분에 대해서는 배려를 해주지 않는 것이 사실이다. 여자아이들은 남자들의 겉모습에서 비치는 허세를 액면 그대로 받아들이기 때문에 그 이면에 상처받기 쉬운 부분이 있다는 사실을 잊곤 한다. 내가 아는 아주 멋진 10대 여자아이는 통화 도중에 남자아이가 데이트 신청을 하자 깜짝 놀라서는 그만 전화를 끊어버리고 말았다.

그러고 나서는 본인도 자기가 한 짓에 놀랐고, 분명 그 남자아이도 상처를 받았을 것이라고 생각했다. 물론 만나자는 요구를 거절할 권리는 누구에게나 있다. 하지만 거절할 때도 정중하게 해야 한다.

"데이트 신청해줘서 고마워. 하지만 우리 관계가 이렇게 빨리 진전될 줄은 몰랐어."

이렇게 말하면 둘에게 좋은 출발점이 되지 않을까?

내면의 나침반을 읽고 그것에 충실하게 행동하는 여자들은 자기가 좋아하는 사람, 자기를 존중해주는 사람과 데이트를 하고 만족스러운 성생활을 한다. 또, 내면의 나침반을 읽는 10대는 관계를 오래 이어갈 확률이 높다. 비록 요즘 10대에게는 이런 관계가 드물기는 하지만. 혹 사귀는 사람이 자주 바뀌더라도 본인이 스스로 흡족한 관계를 이어간다. 어느 쪽이건 출발이 좋다는 말이다.

♥ 동성애자로 산다는 것

낙인과 현실

중학교 1학년쯤 되면 10대는 은근한 모욕을 뜻하는 말로 서로를 '게이'라고 부르기 시작한다. 여학생들보다는 남학생들이 동년배 친구들을 놀릴 때 이런 단어를 많이 쓰지만 여학생들도 때로 '게이'나 '레즈비언'이란 말을 사용한다. 사랑하는 가족이나 친척, 가족과 친한 친구들 중에 동성애자가 있는 아이들도 때때로 다른 아이들을 동성애자라고 놀려대곤 한다.

10대가 '게이'라는 단어를 모욕적인 의미로 사용하는 데에는 분명한 이유가 몇 가지 있다. 이제 다 아는 바와 같이 10대는 그룹에 소속되기 위해서 부단히 애를 쓰는데 이렇게 자기 그룹에 속하지 않는 아이를 비난함으로써 그룹 내에서 본인의 위치를 공고히 하는 것이다.[17]

자기의 성 정체성 문제로 고민하는 청소년들도 때때로 다른 친구에게 화살을 돌린다.

"저는 우리 반 여자아이들한테 성적으로 안 끌려요. 하지만 수지는 저랑 좀 다른 것 같더라고요."

심리학에서는 이를 두고 '다른 사람에게 자기의 모습을 투사하는 방법을 통해 본인의 불편한 심정을 다스리려는 시도'라고 분석해왔다. 이러한 과정은 우리가 인지하는 의식 세계의 밖에서 발생하며, 원치 않는 느낌을 없애고 싶은 상황에서 모습을 드러낸다. 동성에게 성적으로 끌릴 때 다른 사람을 게이라고 비난함으로써 본인의 감정을 타인에게 적대적으로 투사하고, 이를 통해 자신이 이성을 사랑하는 사람이라며 성 정체성을 확인하려 드는 것이다. 사실 연구 결과를 보면 동성애공포증을 행동으로 보일 가능성이 가장 높은 사람들은 바로 동성에게 끌리는 사람들이라고 한다.[18]

자기의 성 정체성에 대해 의문을 품은 10대는 본인의 감정을 들여다보고 이를 분석할 시간이 필요하다. 이들은 친구들과 달리 성 문제에 대해 공개적으로 고민하지도 못한다. 특히 LGBTQ라는 사실이 알려지면 사회적으로 외면하거나 심지어 신체적인 공격까지 불사하는 마을에서 사는 경우에는 더더욱 그럴 것이다.

이러한 아이가 부모에게 본인의 성 정체성에 대해 밝힐지 아닐지는 여러 가지에 달려 있다. 일부 연구 결과 부모가 자식의 선택에 대해 지지하는 분위기의 가정에서는 자신의 성 정체성을 부모에게 밝힐 확률이 더 높고, 부모가 독단적으로 자식을 지배하려는 분위기의 가정에서는 밝히지 않을 확률이 높다고 한다. 또 역설적으로 부모와 관계가 끈끈한 아이일수록 부모가 실망할까 봐, 부모와의 관계가 망가지는 것을 두려워해 커밍아웃을 하지 않으려고 한다.[19] 뒤집어 말하면, 커밍아웃을 했을 때의 장점이 단점보다 큰 경우에는 커밍아웃을 할 가능성이 높아지는 것이다.

아이가 동성애자라는 사실을 알았다면

이 문제에서 어른이 어떤 식으로 개입할 것인가 하는 데는 두 가지 방법이 있다. 첫째는 '게이'나 '레즈비언' 같은 단어를 모욕적으로 사용하는 것과 연관이 있고, 둘째는 당신의 딸이 스스로 LGBTQ라고 밝힐 때 어떻게 반응할 것인가 하는 문제이다. 나는 이 두 가지 문제를 별개로 다루어보겠지만 사실 이 두 가지는 중첩되는 문제이기도 하다. 당신은 딸에게 동성애자를 폄하하는 그런 표현들을 써서는 안 된다는 메시지를 분명하게 전달하면서 동시에 LGBTQ에 속하는 사람들을 지원하고 보호해야 한다는 바람도 표현해야 한다. 만일 당신의 딸이 LGBTQ라면 이를 듣고 반가워할 것이며, 적어도 가족에게만큼은 커밍아웃을 하는 부담감을 덜 수 있을 것이다.

10대 딸을 통해 아이의 친구들이 '게이', '레즈비언'이란 표현을 욕설로 쓰는 것을 알게 된 경우, 또는 딸이 그렇게 말하고 있다는 판단이 들 때면 이를 학교 폭력의 관점에서 보아야 한다.[20] 제2장에서 우리는 '동기들에게 지속적으로 부당한 대우를 받고 아이가 자신을 보호할 수 없을 때 이를 학교 폭력으로 본다'는 것을 살펴보았다.

만약 우리 딸이 자신을 LGBTQ라고 생각하거나 커밍아웃을 할 때는 어떻게 해야 할까? 10대는 본인의 성 정체성을 부모에게 밝혔을 때 무슨 일이 일어날지 두려워한다. 딸이 커밍아웃을 하면, 또는 커밍아웃을 하고 싶어 한다는 걸 부모가 눈치챈 경우 "네가 누구를 사랑하든 부모는 너를 사랑하고 지원한다"라고 표현해주기를 바란다. 10대 LGBTQ에 대한 연구 결과를 보면 안 그래도 청소년기가 힘든데 사회적으로 낙인이 찍히는 그룹의 일원이 되었을 때 스트레스는 한층 더 쌓인다고 한다. 한 연구에서는 10대 LGBTQ 중 절반이 본인의 성 정체성이 앞으로의 인생에서 걸림돌이 될 것이라고 걱정하고 있으며, 3분의 2가 자살을 생각해본 적이 있다고 답했다.[21] 또 연구에서 밝혀낸 것은 부모가 아이의 성 정체성을 수긍하고 받아들여주는 경우, 10대 LGBTQ들이 겪는 스트레스가 감소하며 이에 따라 마약 남용이나 우울증, 자살에 대한 생각과 실천 가능성이 줄어들고 동시에 자존감은 높아진다고 한다.[22]

딸이 LGBTQ라고 밝힌다면 부모로서는 아주 힘든 순간이 될 것이다. 마찬가지로 커밍아웃을 하려고 하는 아이는 부모의 성향에 대해 지극히 민감하게 조율되어 있기 쉽다. 그래서 많은 10대가 우선 친구들에게 커밍아웃을 하고, 부모로 하여금 서서히 깨달아가게 하는 방법을 쓴다고 한다. 이미 간을 보았기 때문에 부모가 어떤 반응을 보일지 알기 때문이다.

수요일 저녁, '페이지'라는 고등학교 2학년 아이를 둔 부모가 내 상담소에 찾아왔다. 페이지의 아빠는 딸이 몇몇 친구들에게 자신을 '레즈비언'이라고 표현한 문자메시지를 여러 건 발견하고는 나에게 전화를 걸어 약속을 잡은 것이었다. 내 상담실 소파에 나란히 앉은 페이지의 부모는 두 가지 놀라움을 표현했다. 먼저 딸이 레즈비언이란 것을 알고 놀랐고, 딸이 그 사실을 반 친구들에게 공개적으로 알리고 있다는 사실에 놀랐다고 했다.

"오해는 마세요."

어깨를 으쓱하고 그 큰 손을 휘 저으며 페이지 아빠가 먼저 입을 열었다.

"저희는 아이가 동성애자라고 해도 상관은 안 합니다. 아니, 그게 복잡하기는 하죠. 하지만 저희는 항상 딸 편이거든요."

"저희가 힘든 건 애가 그 사실을 아무한테나 말한다는 거예요. 그리고 이제 겨우 열여덟 살인데 자기가 레즈비언이라고 어떻게 확신할 수 있죠? 다행히 친구들은 그걸 대수롭지 않게 생각하는 것 같기는 한데……. 하지만 그 밖의 또 누구한테 그런 이야기를 하고 다니는지."

페이지 엄마가 말했다.

나는 궁금해서 이렇게 물었다.

"문자메시지를 보았다는 걸 딸한테 이야기하지 못하는 이유가 뭐예요?"

페이지 엄마가 답했다.

"아이의 휴대전화를 우리가 본다는 걸 페이지도 알아요. 문자메시지를 읽어볼 권리를 확보했거든요. 그래도 일부러 본 적은 없어요. 그런데 어느 날 페이지가 식탁 위에 휴대전화를 두고 갔는데, 문자가 와서 소리가 나니까 애 아빠가 식탁 옆에 있다가 우연히 열어본 거죠."

아빠는 한숨을 쉬더니 이렇게 말했다.

"그냥 어떻게 운을 떼어야 할지 모르겠어요. 우리는 네 편이라는 걸 말해주고는 싶은데, 솔직히 말씀드리면 또 언젠가 정상으로 돌아설 수도 있지 않을까 하는 기대도 있고……."

엄마는 고개를 끄덕이며 이렇게 덧붙였다.

"작년 여름에는 동네 남자아이한테 완전 혼이 나갔었거든요. 그건 어떻게 된 건지 모르겠어요."

"페이지한테 어떻게 말을 할까 생각은 해보셨어요?"

페이지의 엄마가 희끗희끗한 머리를 귀 뒤로 넘기며 말했다.

"우리가 문자를 보았다고 말하고 '네가 누구를 좋아하든 그건 상관없다. 그냥 네가 사람들과 좋은 관계를 가졌으면 한다'라고 이야기하자, 뭐 그런 생각은 했어요."

남편은 아내가 이야기하는 내내 고개를 끄덕이다가 이렇게 말했다.

"'근데 네가 지금 그런 감정을 가졌다고 해도 그 감정이 계속 유지될지는 모르는 거다. 하지만 나중에 어떻게 되든 우린 항상 너의 편이다' 뭐 이렇게 이야기하는 게 괜찮은 건지는 잘 모르겠어요."

나는 이렇게 답했다.

"앞부분은 괜찮네요. 하지만 '나중에 마음이 바뀔 수도 있지 않을까'라고 이야기하면 설득력이 떨어질 듯해요. 감정은 바뀔 수 있겠지만 동성에게 관심을 갖는 건 타고난 성적 정체성일 수 있거든요. 그냥 이렇게 이야기하면 어떨까요? 너의 성 정체성에 대해서 어떻게 표현하면 좋을지 이야기해달라고 하는 거예요. 그리고 만약 다른 표현을 쓰는 게 맞다고 생각되면 그때 또 알려달라고 하는 거죠."

페이지의 엄마 아빠는 서로 마주 보다가 나를 보았다. 그리고 아빠가 이렇게 말했다.

"한번 생각해보겠습니다."

"페이지가 친구들에게 자기 정체성을 알리는 건 어떻게 하죠?"

내가 이렇게 묻자 엄마가 답했다.

"그게 좀 마음에 걸려요. 비판적으로 보이고 싶지는 않지만 지금처럼 동네방네 떠드는 식은 곤란하다는 걸 페이지가 알았으면 좋겠어요. 그리고 또 한 가지 걱정되는 게 있는데, 페이지한테 '모니카'라는 아주 친한 친구가 있어요. 우리 집에도 자주 놀러 오는데 그때마다 페이지 방에 들어가서 몇 시간씩 같이 있곤 해요. 이제 생각해보니 이 문제에 대해서도 뭐라고 이야기를 좀 해야 할 것 같아요."

나는 잠깐 생각하다가 답했다.

"그럼 해야 할 이야기가 너무 많아질 듯해요. 그냥 지금은 가장 중요한 것만 해결하시는 게 어떨까요? 페이지한테 엄마 아빠가 자기편이라는 걸 알려주는 거요. 그러면서 동시에 엄마 아빠는 네 편이지만 모든 사람이 엄마 아빠처럼 너의 편이 되어주지는 않을 거라는 말을 덧붙이면 좋을 듯해요."

페이지 아빠가 말했다.

"그렇게 하는 게 좋겠습니다. 그럼 모니카가 오는 문제는 어떻게 하죠?"

"그건 페이지랑 같이 이야기해보셔야 할 것 같아요. 만약 모니카 문제를 거론하면 페이지가 어떻게 나올까요?"

이번엔 페이지 엄마가 답했다.

"아마 성질 낼 거예요."

"그래요. 그럼 이런 식으로 말을 해보시는 게 어떨까요? '네 마음을 상하게 하고 싶지는 않지만 집에는 나름의 규칙이 있어. 우리가 알기론 너랑 모니카는 그냥 친구야. 하지만 만약 레즈비언 파트너를 데려와서 네 방문을 닫고 같이 있는 거면 받아들일 수가 없구나. 엄마 아빠는 모니카가 올 때 어떻게 해야 할지 모르겠어' 이렇게 말이에요."

페이지 아빠가 답했다.

"'모니카가 왔을 때는 방문을 열어라'라고 하면 프라이버시를 침해한다고 펄쩍 뛸 거예요."

"그럴 테죠. 이런 문제는 쉽게 결론이 나지는 않습니다. 하지만 페이지의 성 정체성을 존중한다고 해서 모든 규율을 무시해도 좋다는 뜻은 아니라는 걸 아이에게 분명하게 밝히셔야 해요. 페이지한테 너의 프라이버시를 지켜주면서도 우리 집을 호텔로 만들지 않을 수 있는 방법에는 뭐가 있을지 한번 제안해보라고 하세요. 물론 모니카와는 순수한 우정 관계인 것으로 믿지만 어쨌든 부모로서 지킬 건 지켜야 한다는 걸 보여주셔야 합니다."

나는 페이지의 부모에게 10대는 비록 부모가 정한 규칙에 대해 불만을 표하기는 하지만 어른이 어른처럼 행동하기를 바란다는 사실을 말해주었다. 이성을 데려와서 재워도 된다고 허용한 부모의 말이 몹시 불편했다고 털어놓은 아이들에 대해서도 말해주었다. 그중에서도 자기표현이 확실한 10대 여학생은 자기 방에 남자 친구랑 둘만 있다는 사실을 뻔히 알고도 부모가 집을 비우니 마치 자기가 늑대 굴에 버려진 느낌이었다고 표현하기도 했다. 10대는 맘만 먹으면 잘 곳은 문제없이 찾아낸다. 딸들은 부모가 집을 러브호텔로 만드는 걸 묵과하지 않을 때 더 편안해한다. 그리고 그렇게 해야 당연히 부모 마음도 편할 것이다.

이렇게 상담은 끝났고 앞으로 부모가 페이지와 많은 대화를 나누어야 할 일만 남았다. 페이지의 부모는 아이와 대화할 때 '네가 원하는 것이 무엇이든 우리는 너를 지지할 것이며, 네가 따뜻하고 건강한 연애를 즐겼으면 좋겠고, 동성애를 혐오하는 사람들로부터 괜한 피해를 당하지 않았으면 좋겠다'라는 마음을 전달하기로 했다.

만약 딸이 커밍아웃을 하는 경우 당신은 딸이 어떠한 아이인지를 감안해 개인적 감정은 배제하고 부모로서 반응해야 한다. 페이지의 부모와 같이 열린 마음을 가지고 있기는 하지만 뜻밖의 말에 놀라고 또 수많은 의문이 고개를 내밀 수도 있다. 반면 수년 동안 딸의 성 정체성에 대해 의문을 품고 있다가 딸이 커밍아웃을 하면 오히려 안도하는 부모들도 있다. 딸이 더는 부모에게 숨기는 것이 없으니까.

아이가 동성애자라는 사실을 받아들일 수 없다면

딸이 동성애자라는 사실을 받아들이지 못하는 부모들도 있다. 딸들은 부모 자신보다 부모를 더 잘 알지만 부모는 딸이 사춘기를 훨씬 지나고 나서야 아이의 성향에 대해 알게 될 가능성이 높다. 딸과 좋은 관계를 유지하고 싶다면 아이에 대한 사랑과 본인들이 가진 세계관을 어떻게 조화시켜야 할지에 대해 전문가에게 조언을 구하기를 권한다.

여자아이들은 본인의 성 정체성 및 성에 대한 성향에 대해 의문을 품을 수 있다. 성 정체성(본인이 얼마나 여성적 또는 남성적이라고 느끼는지)은 성에 대한 성향(어느 쪽 성에 끌리는지)과는 서로 별개의 문제이다. 이 두 가지를 같은 것으로 생각하기도 하는데 이는 잘못된 것이다. 다시 말해, 본인을 남성적으로 인식하는 여자가 남자에게 끌릴 수도 있고, 여자에게 끌릴 수도 있으며, 양성에게 모두 끌릴 수도 있는 것이다. 성에 대한 성향 및 성 정체성 문제를 서로 별개의 문제로 인식해야만 우리는 '성 정체성'이라고 하는 문제에 주의를 집중할 수 있다.

우리가 자랄 때는 남성과 여성, 이렇게 두 가지 성만 존재했고, 이 두 가지 성의 모습은 엄격히 구분되었다. 하지만 오늘날에서는 획일적인 양성 구분에 갇히지 않고 유연한 시각을 갖게 되었다. 요즘은 남자 운동선수들이 긴 머리를 묶고 나타나는 건 그리 드문 일이 아니다.

딸이 본인의 성 정체성에 대해 알릴 때 객관적으로 담담히 받아들이려 노력해보자. 딸의 장래 희망이 '남자'가 되는 것이 아니라 '축구 선수'라면 받아들이기 쉽겠지만, 그게 아니더라도 딸의 성 정체성에 대해 실질적인 딸의 옹호자가 되어주기를 바란다. 여기에서 '실질적'이란 의미는 딸이 앞으로 살면서 어떤 장애물에 부딪히게 될지, 이러한 장애물을 어떻게 극복해야 할지, 부모가 어떻게 도와주어야 할지, 누가 딸을 힘들게 할 것인지를 생각하고 도와주어야 한다는 의미이다.

사회가 다양한 성적인 취향과 정체성에 대해 존중하는 분위기로 가고는 있지만 LGBTQ로 사는 것은 본인에게나 부모에게 모두 힘든 일이다. 이들에게 도움을 주기 위해 PFLAG Parents, Families and Friend of Lesbians and Gays와 같은 조직이 많은 지역에서 활동하고 있다. 같은 어려움을 안고 있는 사람들이 한자리에 모여서 서로의 경험을 공유하면 많은 것을 배울 수 있다. 이러한 단체에는 자식이 동성애자란 사실을 이제 막 알게 된 부모부터 오랜 세월 동성애인 자식을 보며 살아온 사람까지 다양한 단계에 있는 가족들이 모이기 때문에 오랜 경험을 가진 회원들이 아직 헤매고 있는 회원들에게 경험에서 우러나온 조언을 해준다. 우리 딸들이 연애의 세계로 들어가는 것을 잘 도와주는 것은 어려운 일이다. 그런데 여기에 한술 더 떠서 성 소수자의 세계로 들어가는 딸을 도와준다는 것은 더욱 힘든 일이다.

♥부모가 나서야 할 때

자신의 자존감을 연애에서만 찾을 때

우선, 연애를 시작할 마음이 아예 없어 보이는 딸들을 키우고 있다면 걱정은 붙들어 매도 좋다. 연애나 남자 친구 없이도 행복하게 10대를 보내는 여자아이들도 많다. 따라서 당신의 딸이 연애에 대해 단 한 점의 관심도 보이지 않고, 남자아이들에 대해 수다를 떨지도 않고, 남자아이들의 관심을 끌기 위해 옷을 예쁘게 차려입는 것에도 아무 관심이 없다 해도 걱정할 필요 없다. 딸이 연애 외에 무엇인가 원하는 것이 있으면 이를 찾아가게 두면 되는 것이다. 연구 결과에 따르면 보통 여자아이들보다 조금 늦게 성을 알게 된 여성의 경우가 사춘기 초에 성 경험을 한 여성들보다 본인의 경험에 더 만족한다고 한다.[23]

때로는 주변 친구들이 모두 연애에 과도하게 집중하기 때문에 이에 관심 없는 아이는 소외감을 느끼거나 본인에게 뭔가 이상이 있는 것은 아닌지 걱정을 하는 경우가 있다. 당신의 딸이 이런 경우라면 아이에게 지금 당장은 이성에게 관심이 없어도 나중에 충분히 멋진 연애를 할 수 있다고 자신감을 심어주고, 본인이 좋아하고 즐기는 기타 활동을 하도록 지원해주자. 사실 연애 외에 자존감을 높일 수 있는 것들을 다양하게 쌓은 아이들은 실제 기회가 왔을 때 더 건강한 연애를 한다. 어른들이 걱정해 마땅한 아이들은 자신의 자존감을 연애에서만 찾는 아이들이다.

사람은 본인이 잘하는 것을 하면 기분이 좋아진다. 자존감의 가장 큰 원천은 살아가면서 뭔가를 하며 성취하는 것이라 할 수 있다. '여자아이들과 자존감'이란 문제를 생각할 때 나는 여러 지류에서

물이 들어와 항상 가득 차 있는 호수가 떠오른다. 호수로 들어오는 지류는 아이들마다 다를 것이다. 자기 안에서 찾을 수 있는 수많은 모습들이 지류를 형성한다. 예를 들어 열심히 공부하는 학생, 재능 있는 운동선수, 믿을 수 있는 친구, 유기견 센터 자원봉사자, 이제 막 도전을 시작한 발명가, 멋진 언니 등 수많은 지류가 있을 수 있다. 10대 아이들은 부서지기 쉬운 유리와 같아서 쉽게 상처를 받기도 한다. 따라서 자존감의 근원을 하나 이상 확보하는 것이 중요하다. 학교 성적이 안 좋아서 낙심한 아이가 아르바이트를 하는 식품점에서 월급을 받아 기분이 좋아질 수 있고, 농구팀에서 주전 자리를 못 따낸 아이가 토요일 오후 보육원에서 아이들을 가르치며 다시 기운을 차릴 수도 있다.

그런데 자기의 호수를 채우는 지류가 연애밖에 없는 아이들에 대해서는 걱정해 마땅하다. 불행히도 본인에 대해 기분 좋게 느낄 만한 일이 별로 없는 아이들 중에서는 남자아이들의 관심을 끄는 데 모든 것을 투자하는 경우가 가끔 있다. 이런 아이들은 본인의 외모에 지나치게 집착하며, 우정은 뒷전에 두고, 모든 일에서 사랑을 최우선 순위에 두고, 남자아이들이 원하는 것에만 관심을 두어 본인의 나침반을 완전히 무시하기도 한다.

10대 여자아이들 중에는 '연애'라고 하는 물이 끊이지 않고 자기 호수에 흘러 들어오도록 하기 위해 최악의 결정을 하는 아이들도 있다. 인기 많은 남자아이가 초대한 파티에 가고 싶어서 위험한 밤

길을 혼자 걸어 다녔던 아이도 있었고, 잘 알지도 못하는 남자아이를 부모가 없을 때 집으로 초대한 아이도 있었다. 남자아이의 관심을 유지하는 데 너무 급급한 나머지 성관계를 해주고 나중에 후회하는 경우도 보았다.

만약 당신의 딸이 성적인 매력을 통해 자존감을 유지하려 하거든 부모는 아이에게 다른 지류를 만들어주기 위해 노력해야 한다. 학교 성적을 창피해하는 경우 아이가 공부하는 데 왜 어려움을 겪고 있는지 그 원인을 찾아내어 도와주어야 한다. 남자아이들 이외에 관심을 두는 게 거의 없는 경우 다른 취미 활동을 갖도록 딸을 부추겨보자. 동성 친구들과 우정을 유지하기 힘들어 남자아이들에게 의지하는 경우도 가끔 있는데 만약 당신의 딸이 그런 경우라면 믿을 수 있는 곳에서 조언을 받아 아이의 사회생활을 개선할 수 있는 방법을 찾아 실행해보기를 바란다. 다양한 활동을 히도록 딸의 일성을 채워주면 자존감을 높일 수 있는 여러 가지 방법을 찾을 수도 있고, 남자아이의 관심을 끄는 것을 통해서만 자존감을 채우려 하는 일도 줄어들 것이다.

연상의 남자아이와 사귈 때

중학교에서 생활하다 보면 여학생들이 남학생보다 적어도 2년 정도는 더 빨리 사춘기를 겪는 게 분명해 보인다.[24] 이러한 발달 과정상의 차이로 인해 마치 고등학교 1학년 여자아이들이 초등학교 4학년쯤으로 보이는 남자아이들과 한 반에 있는 듯한 코믹한 광경을 연출하기도 한다. 우리가 만약 성적인 성숙도를 나타내는 성조숙도 지표만을 기준으로 커플을 지어준다면, 중학교 1학년 여학생들의 짝은 대부분 중학교 3학년이나 고등학교 1학년 남자아이가 될 것이다. 하지만 내가 아는 한 여자아이가 자기보다 한 살 이상 많은 남자아이들과 사귀는 것에는 장점이 거의 없다.

연구 결과 두 살 또는 그 이상의 연상과 사귀는 아이들은 동갑내기와 사귀는 아이들에 비해 더 어려서 성행위를 하고, 성병에 걸릴 확률이 더 높으며, 콘돔이나 기타 안전한 피임 기구를 사용할 확률은 낮다고 한다. 또한 연상과 사귀는 여자아이들은 음주 및 우울증 증상을 보일 확률이 높다고 한다.[25] 이러한 연구 결과를 살펴보는 방법에는 두 가지가 있다. 첫째, 나이 많은 10대 남자아이들은 어린 10대 남자아이들보다 위험한 짓을 할 확률이 더 높다. 둘째, 중학교 1학년짜리 여학생 뒤를 쫓아다니는 고등학교 1학년 남학생을 관찰해볼 기회가 있다면 당신은 '우리 아이는 이런 아이와 절대 같이 다니지 않았으면' 하고 바라게 될 것이다.

물론 모든 남자아이가 이렇다는 말은 절대 아니다. 고등학교 2학년 여학생을 동등하게 대접하고 존중해주는 3학년 남학생들도 더러 있다. 하지만 만약 아이가 한 살 이상 차이 나는 남학생과 사귄다면, 또는 아직 중학생인데 고등학생과 사귄다면 둘 사이가 '정말 동등한 파트너 관계인지'를 한번 의심해보아야 한다. 동등한 관계가 아닌 것으로 의심이 들 때는 단지 자존감을 얻기 위해 남자 친구를 사귄 아이의 경우와 같이 부모가 마땅한 조치를 취해주어야 한다. 부모가 딸의 남자관계를 다 통제하기는 불가능하지만 아이의 시간을 채워줄 다른 활동을 하게 하고 자존감을 다른 곳에서 찾을 수 있도록 유도하는 것은 가능하다.

부모 입장에서는 딸이 사귀는 남자아이가 나이 차가 많이 나면 날수록 걱정도 커진다. 수상쩍은 만남을 주선하는 어플리케이션과 온라인 사이트가 난무한 덕분에 10대 여자아이들이 위험한 남자와 쉽게 만날 수 있는 세상이 되었다. 어떤 열일곱 살 여학생은 부모와 가족 여행 중에 휴대전화 어플리케이션을 통해 스물네 살짜리 한 남자를 알게 되었고 실제 그 남자를 만나러 나갔다. 딸은 열세 살 동생에게 자기가 남자를 만나러 간 사실에 대해 엄마 아빠에게 절대 말하지 말라고 신신당부를 했는데 다행히도 동생이 부모에게 이를 알려서 부모는 재빨리 아이를 뒤쫓아가 둘이 끔찍한 상황으로 치닫기 전에 현장에서 딸을 잡을 수 있었다. 남자에게는 한 번만 더 우리 딸에게 연락했다가는 당장 경찰에 신고하겠다고 말했다. 만약 미성년자인 딸이 성인 남자와 만나거나 사귄다면 당연히 걱정을 해야 한다. 또 "만약 이런 일이 생긴다면 적극적으로 개입하여 너를 보호할 거야"라고 딸에게 미리 말하고, 온라인 접속을 제한해야 한다.

이제 딸이 원하는 것에 집중하는 영역에서 벗어나 여자아이들이 자기를 더 효율적으로 관리하기 위해서는 어떻게 해야 하는지에 대한 문제로 들어가보자. 아이 스스로 자기를 돌보기 시작할 무렵이 되면 부모로서 해주어야 하는 중요한 대화에는 어떠한 것이 있을지 살펴보도록 하자.

자기 관리를 시작하는 단계

드디어 사춘기 발달 과정 마지막 단계에 도달했다. 이 단계에서 우리 딸들은 본인의 건강과 안전에 대해 현명하고 독립적으로 의사 결정을 하는 방법을 배워야 한다. 물론 우리 딸들은 어렸을 때부터 자신을 챙기는 방법을 배우고 익혀왔다. 길을 건너기 전에는 오른쪽 왼쪽을 차례로 살펴보고 추운 날에는 꽁꽁 껴입고 나가는 등의 일들을 잘해왔다. 안나 프로이트는 이 단계를 "아이들이 자기 몸을 점진적으로, 천천히 챙기기 시작하며 위험으로부터 자신을 보호하는 방법을 배우는 과정"이라고 표현했다.[1] 이번 장에서는 이러한 아이들의 습관이 10대 시절까지 어떻게 이어지는지를 살펴보겠다. 먼저 우리 딸들의 식사와 수면같이 아주 기본적인 측면부터 살펴보자. 이 두 가지는 10대 여자아이들이 독립적으로 되어가는 과정 중에서 거의 맨 처음 숙달하는 과정이라고 할 수 있다. 그리고 나서는 사춘기 후반부에 들어서면서 10대 여자아이들이 직면하는 아주 위험한 선택의 순간들을 살펴보도록 하겠다.

10대 여자아이들에게 그냥 말로 "이렇게 저렇게 해"라고 해서 다 된다면 자기 관리 방법을 가르치는 것은 정말 식은 죽 먹기일 것이다. 어른이 해줄 수 있는 충고는 매우 단도직입적이다. "건강에 좋은 음식을 먹어라. 밤에는 잠을 푹 자라. 술은 절대 마시지 마라"와 같이 말이다. 이러한 조언을 해주는 게 잘못되었다는 건 전혀 아니다. 단지 문제는 말만 한다고 해결되는 게 아니라는 사실이다. 10대 아이를 키우는 것은 그렇게 단순하지가 않다. 자기 관리를 하는 문제에 관한 한 대부분의 10대 여자아이는 어른이 아무리 사려 깊은 조언을 한다고 해도 거의 무조건 거부부터 하고 본다. 그 충고가 부모로부터 오는 것이면 더더욱 거부 가능성이 높아진다. 제5장에서 살펴본 바와 같이 10대의 독립 욕구는 너무도 강력해서 이를 능가할 만한 욕구는 찾아보기 힘들기 때문이다.

♥어른의 조언을 흘려듣는 10대

'복종의 가면'을 쓴 아이들

여자아이들은 실제로는 어른들의 말을 완전히 무시하면서 겉으로는 잘 듣고 있는 척하는 데 선수다. 10대 여자아이를 대상으로 보건과 안전 문제에 대해 강연을 할 때 나는 항상 이렇게 시작한다.

"나는 여러분들이 어른에게서 충고를 들을 때 어떻게 하는지 잘 알고 있어요. 마음속으로는 어른이 하는 말에 동의하지도 않고 귀 기울여 듣지도 않으면서 계속 고개만 끄덕거리죠?"

내가 이렇게 말하면 딴짓을 하고 있던 청중들은 눈을 반짝이며 나를 쳐다보고, 일부는 이렇게 답하기도 한다.

"맞아요. 잘 아시네요."

그 답을 듣고 내가 이렇게 덧붙인다.

"나는 그걸 '복종의 가면'이라고 부릅니다. 여러분은 구미에 맞지 않는 어른들의 이야기를 들을 때마다 이 복종의 가면을 쓰지요?"

이 말을 들은 나의 10대 청중들은 의미심장한 미소를 지으며 진정으로 동의한다는 뜻으로 고개를 끄덕인다.

남자아이들도 때로는 복종의 가면을 쓴다. 남자아이들의 경우에는 대놓고 어른의 말에 동의하지 않는다는 것을 표현할 가능성이 여자아이들보다 훨씬 높으며 아니면 아예 딴청을 부리거나 먼 산을 바라본다. 반면 여자아이들은 어른들 앞에서는 어른들이 원하는 것을 준다. 적어도 말을 듣는 척을 하는 것이다. 만약 당신의 딸이 부모 말에 계속 반항하고 반대 의사를 표현하거든 운이 좋은 줄 아시길. 적어도 당신은 딸이 당신의 말에 동의하지 않는다는 사실을 알고는 있으니까.

10대는 이럴 때 귀를 닫는다

딸한테 자기 관리법을 가르치기 위해서는 어떻게 해야 할까? 이 방법을 생각해보기 전에 먼저 아이들은 복종의 가면을 쓴다는 사실부터 고려해야 한다. 지난 몇 년 동안 나는 기회가 있을 때마다 여자아이들에게 어른들의 충고를 무시하는 이유에 대해 물어보았다. 그 질문에 대해 내가 들은 답을 정리해보겠다.

여자아이들은 어른들이 설교를 하려 들면 귀를 닫아버린다. 딸을 붙잡고 오랫동안 잔소리를 하거나 부모가 중요하게 생각하는 점에 대해서 밀어붙이려 들면 딸은 분명 복종의 가면 뒤로 숨어버릴 것이다. 그러면 잔소리를 하는 시간은 그냥 시간 낭비로 끝나고, 당신이 물려주고자 하는 지혜는 아무짝에도 활용되지 못하는 운명에 처한다. 누구든 다른 사람이 설교를 하려 들면 이에 대해서 방어적으로 변한다. 설교 시간이 길어지면 길어질수록 듣는 사람은 더욱 방어적이 된다. 사람들은 보통 남이 자기한테 이래라저래라 하는 것을 싫어하기 때문이다. 10대도 마찬가지다. 더하면 더했지 덜하지 않다.

여자아이들은 어른들이 의심스러운 어조로 접근해올 때 복종의 가면을 쓴다. 엄마가 "그 파티에 가면 술도 마시니?"라고 물어보면 딸들은 그 파티는 전혀 술을 마시지 않는 무알코올 파티라고 강조하며 '어떻게 하면 내가 파티에서 술을 마신 사실을 엄마 모르게 지나갈 수 있을까' 하는 궁리를 하기 시작할 것이다. 본인도 '혹시 그 파티에 가면 사람들이 술을 마시지 않을까?' 하고 걱정했더라도 부모가 이렇게 물어오면 10대는 대부분 저런 방식으로 생각을 비튼다. 여자아이들은 부모가 뭔가 캐물으려는 듯한 질문을 들고 달려들면 비록 숨기는 게 아무것도 없다고 해도 최대한 빨리 대화를 끝내고 싶어진다고 말했다. 고등학교 3학년 여학생 한 명은 이렇게 표현했다.

"친구 집에 가서 그냥 친구랑 텔레비전만 보고 왔는데 엄마가 '누구랑 같이 있었니? 너희들 뭐 했어? 남자애들도 거기 있었니?'라고 물어오기 시작한다면 최대한 단답형으로 답을 끝내고 잽싸게 방으로 들어가고 싶어요."

여자아이들은 어른들이 도덕적인 잣대를 들이대고 판단을 해댈 때면 아예 귀를 닫아버린다. '혼인 후의 성관계만 옳다'라고 믿는 것은 자유지만 절대로 당신의 딸들이 부모의 견해에 동의해줄 것이라고는 기대하지 말자. 도덕 기준이라고 하는 것은 항상 상대적이고 매우 개인적인 기준에서 결정된다. 권위에 대해 질문하고 도전하는 10대에게 어른들의 원칙을 강요하는 것은 오히려 10대에게 어른들의 주장에서 허점을 찾아보라고 하는 꼴이다. 실제로는 그 10대가 어른의 견해에 동의한다 해도 어른이 강요하면 분명히 거부하려 들 것이다. 당신이 10대 딸에게 자기 관리법에 대해서 말해주고 싶고, 딸이 그대로 따라주기를 원한다면 우선 도덕 강의부터 접어야 한다.

그리고 자식을 사랑하는 부모들은 자식을 위하는 마음으로 과장을 하기도 하는데 여자아이들은 어른들이 위험에 대해 과장해서 이야기하면 그만큼 깎아 듣는다. 예를 들어서 어떤 부모는 "술은 독약이야!"라고 말한다. 그러면 여자아이들은 복종의 가면을 쓰고 고개를 끄덕이지만 마음속으로는 '주말에 파티에 가서 술을 잔뜩 마시고도 월요일에 멀쩡하게 등교하는 애들도 있는데 뭐'라고 받아친다.

그러면 우리 딸들에게 자기 관리법에 대해 이야기할 때 아이가 그 말을 새겨듣고 따르게 할 방법은 없는 것일까? 어른들이 아무리 노력해도 여자아이들은 가면 뒤로 살짝살짝 잘 숨어버린다. 따라서 성공적으로 딸을 이끌어주기 위해서는 부모의 충고를 받아들이기 싫어하는 아이들의 속성까지 감안하여 접근해야 한다.

♥ '외모'라는 수렁에 빠지다

10대 아이들이 외모에 집착하는 이유

여자아이들의 식생활과 몸무게에 대해 이야기하는 것은 특히 어려운 일이다. 부모라면 영양을 제대로 섭취하지 않거나 너무 많이 먹어서 이에 수반되는 건강상의 문제들 때문에 아이들이 고통받는 것은 원하지 않을 것이다. 부모 입장에서는 딸에게 건강한 식습관에 대해 이야기해주고 싶어 안달을 하지만 우리의 10대 딸들은 몸무게나 몸매에 대해서 신랄한 메시지로 가득한 세계에서 살고 있다.

각종 매체에서 비정상적으로 깡마른 여자들만 보여주기 때문에 여자아이들이 자신의 몸매에 대해서 불만을 품는 것인지, 아이들이 매체를 보기 전부터 꿈꾸던 몸매를 비로소 매체가 보여주는 것에 불과한 것인지에 대해 궁금증을 품은 전문가들이 있었다. 하버드대학의 연구진들은 남태평양 섬 피지에 살고 있는 원주민들을 대상으로 연구에 착수했다. 피지 섬에서는 아주 오랫동안 통통한 여성의 몸을 건강의 상징으로 여겨왔다. 연구진들은 1995년 미국 텔레비전 방송이 전파되기 직전 이 섬에 살고 있는 10대 여자아이들의 섭식 장애 비율이 굉장히 낮았다는 점에 주목했다. 하지만 미국 텔레비전 방송이 시작되고 3년 후, 다이어트를 하는 여자아이들의 비율과 자신의 몸매에 대한 불만율이 치솟았다. 서방의 텔레비전 프로그램이 들어오기 전까지는 다이어트라고 하는 것이 사실 존재하지도 않았던 문화권에서 이제는 10대 여자아이의 69퍼센트가 '살을 빼기 위해서 식사량을 조절한다'라고 답했고 73퍼센트는 '나는 과체중이라고 생각한다'라고 답했다.[2]

　연구 결과를 분석할 때 연구진들은 서방의 텔레비전 프로그램이 도입될 때 다양한 문물이 함께 들어와 피지 원주민들이 수많은 현대화를 겪고 있다는 점을 감안했다. 그러나 연구진들과 면담을 하는 동안 10대 여자아이들은 텔레비전에서 본 것에 대해 구체적인 표현을 사용했다.

　"그 영화배우들하고 거기 나오는 여자들…… 정말 멋져요. 저도 그 사람들처럼 되고 싶어요. 그런 몸매를 가졌으면 좋겠어요. 딱 그

런 몸매 말이에요. 텔레비전에서 멋진 여자들을 보면 저도 그렇게 되고 싶어요."³

미국 10대 여자아이들을 대상으로 한 연구도 피지에서 진행한 연구 결과와 동일한 결과를 보였다. 날씬한 여성들을 보여주는 매체에 노출이 많이 되면 될수록 본인의 몸매에 대해 불만을 품을 확률은 더 높았다.⁴ 태어날 때부터 눈이 보이지 않은 시각 장애 여성들, 살다가 눈이 멀게 된 여성들, 평생 시력에 문제가 없었던 여성들을 비교한 연구도 있다. 이 연구에서는 시각 매체에서 보여주는 노출 장면들이 신체 이미지에 어떤 영향을 미치는지를 살펴보았다.⁵ 연구 결과 선천적으로 눈이 먼 여성들이 본인의 몸매에 대해서 가장 만족도가 높았고 평생 눈이 보이는 채로 살았던 여성이 가장 불만이 많았다.⁶

시각 매체가 삶에서 멀어지면 그 자리에는 또래 집단의 문화가 들어선다. 여자아이들은 같이 모였을 때 몸무게, 다이어트, 외모에 대해서 이야기를 많이 한다. 연구 결과 이러한 대화를 자주 하면 할수록 본인의 몸매에 대해서 불만을 품을 확률과 섭식장애를 앓게 될 확률이 높다고 한다. 이렇듯 아이는 매체를 통해, 일부 친구들을 통해 다이어트와 몸무게에 대해서 수많은 메시지를 접하기 때문에 10대 딸과 대화할 때는 몸매나 몸무게에 대한 평가는 삼가는 것이 좋다.

건강한 식사 습관을 키워주는 법

'본인의 몸매에 대한 만족도가 높은 사춘기 여자아이들: 이런 아이들은 도대체 누구이고 이들이 우리에게 주는 교훈은 무엇인가?'라는 훌륭한 제목의 연구 결과에 따르면 10대 여자아이들은 부모가 다이어트를 하라고 하기보다 건강한 몸무게를 유지하라고 하며 긍정적인 방법을 강조할 때 본인의 몸무게에 대해서 만족한다고 한다. 특히 본인의 몸에 대해서 만족도가 높은 아이들의 경우 부모가 운동을 하고 있을 확률이 높으며, 또한 딸에게 건강을 위해 노력하고 식사도 균형 있게 해야 한다고 강조하는 사람들이라는 사실을 발견했다.[7] 따라서 딸을 건강하게 키우고 싶거든 당신부터 운동을 하고, 특정 음식을 제한하는 대신 적당량의 음식을 먹는 데 중점을 두도록 하자.

또한 음식과 관련해서 가치 판단은 되도록 하지 않는 것이 좋다. 음식을 가지고 '좋은 음식', '나쁜 음식'으로 편을 가르면 10대 여자아이들의 경우 '좋은 음식' 외에는 아무것도 먹지 않으려는 완벽주의와 같은 성향을 키워 오히려 섭식장애를 앓을 가능성이 높아진다. '건강에 좋은 음식'과 '건강에 나쁜 음식'이라고 불렀을 때도 똑같은 효과를 가져올 수 있다. 내가 이 주제에 대해서 가장 훌륭한 가르침을 얻은 원천은 '세서미 스트리트 Sesame Street'라는 텔레비전 어린이 프로그램이다. 그 프로그램에서는 식품을 '늘 먹는 식품'과 '가끔 먹는 식품'으로 분류했다. 당신의 딸들에게 이 두 가지 분류

기준에 대해서 이야기할 때는 '늘 먹는 식품'은 가공하지 않은 식품으로 우리 몸에 가장 맞는 음식이며 '가끔 먹는 식품'이란 가공식품이라고 이야기해주자. 필요하면 이 가끔 먹는 식품을 어떻게 구분하는지도 가르쳐주자. 가끔 먹는 식품은 공장에서 만들며, 포장이 되어 나오고, 보통 다섯 개 이상의 성분으로 구성되어 있으며, 그중에 쉽게 발음할 수 없는 성분들이 꽤 있는 것들을 말한다.

그리고 얼마나 먹어야 할지에 대한 대화를 나눌 때에는 몸에서 보내오는 신호를 느껴보라고 하자. 우리 몸에는 배가 고플 때 음식을 먹으라고 알려주는 정교한 시스템이 장착되어 있다. 이 시스템은 내가 지금 배가 고픈지 배가 부른지를 알려준다. 따라서 시간이나 음식량과 같은 외부적인 잣대보다는 본인의 몸 안에 있는 내부적인 기준에 따라 음식을 먹을 때와 방법을 결정하는 것이 좋다. 대부분의 아이는 이것을 아주 자연스럽게 잘 해낸다. 하지만 당신의 아이가 그렇지 않은 경우라면 딸에게 이렇게 물어보자.

"배고프니?"

"얼마나 배고프니?"

"배부르니?"

"좀 더 먹고 싶니?"

이렇게 사실적인 질문을 하면 아이들은 본인의 몸에서 보내오는 신호에 귀를 기울인다.

아이가 자신의 몸에 대해 불평한다면

아이가 자기 몸에 대해서 불만을 표시할 때는 어떻게 해야 할까? 만약 객관적으로 보았을 때 몸무게도 딱 좋고 건강한 상황이라면 아이에게 "지금 너는 건강하고 활력 있어 보여서 좋구나. 아주아주 잘하고 있어"라고 이야기해주자. 이 이야기를 하다 보니 내가 10대였을 때의 그날이 떠오른다. 나는 그날 여성 잡지를 뒤적이고 있었는데 다이애나 아주머니(엄마의 친구분으로 우리 집에 자주 드나들던 분)가 내가 보고 있던 잡지의 모델을 가리키며 이렇게 말했다.

"너도 알겠지만 이 사람한테는 이게 직업이야."

그 사진 속의 모델은 사무직 여성의 모습을 하고 있었는데 의상과 몸매가 정말정말 멋졌다. 그러나 아주머니의 말을 듣고 그제야 나는 깨달았다.

'맞아. 이 여자는 진짜 사무직 여성이 아니지. 모델이야. 멋져 보이는 게 이 여자의 직업이었어.'

적어도 나는 그 순간 그 사진 속 여성이 사실은 모델이었다는 깨달음을 얻었다. 덕분에 나는 후에 직업을 갖고 일터에서 일할 때도 내가 잡지 속 모델처럼 보여야 한다는 강박 관념을 갖지 않게 되었다. 조금은 흐트러지고 대충 차려입은 듯한 모습이어도 내 일만 잘하면 된다고 생각하게 된 것이다.

스스로 건강을 관리하도록 딸을 이끌어라

나는 이미 '딸이 전권을 쥐고 있는 분야에서 권력 다툼을 하는 것은 바보짓'이라는 이야기를 앞에서 한 바 있다. 숙제와 마찬가지로 음식도 딸이 전권을 가지고 있는 분야라고 할 수 있다. 딸이 어떠한 음식을 먹고 먹지 않아야 하는지에 대해서 좌지우지하려 하거나 딸에게 운동을 시키려고 강요하는 부모들은 오히려 정반대 방향으로 가고 있는 아이를 보게 될 것이다. 아이는 이렇게 함으로써 본인의 독립성을 주장하는 것이다.

부모가 운동을 하라고 압박을 넣곤 했던 통통한 10대 여자아이가 있었는데 당시는 휴대전화라는 게 없어서 부모는 아이에게 만보기를 채워주었다. 이 10대 여자아이는 내게 이런 말을 했다. 숙제를 하는 동안 만보기를 양말 뭉치에 돌돌 말아서 빨래 건조기에 넣어 돌린다고. 그러면 만보기 숫자가 올라가 부모가 만족하니까. 또한 아이는 체중 미달이었는데 부모나 의사 선생님의 지시와는 반대로 매일매일 침실에서 미용 체조를 하곤 했다. 아이와의 승산 없는 싸움을 하지 않기 위해서는, 이 무익한 권력 다툼에서 벗어나기 위해서는 음식과 몸무게에 대해서 이야기할 때 영양에 중점을 두기를 바란다.

열여섯 살짜리 헤일리는 부모의 권유로 나를 찾아왔다. 갑자기 살이 많이 쪄서 이 때문에 부모와 사이가 나빠진 것이다. 헤일리의 아빠는 온화한 성격으로 집에만 있는 분이었는데 나에게 헤일리가 단것을 엄청나게 좋아하며, 공부하는 동안 초콜릿이나 사탕을 옆에 쌓아두고 계속 먹는다고 하소연했다. 탁아소를 운영하는 엄마는 헤일리가 살이 쪄서 맞는 옷이 없는데도 불구하고 옷을 사달라는 말을 하지 않는다고 했다. 아이는 자기의 체중 문제에 대해서 단 한 마디도 언급한 적이 없으며, 가지고 있는 옷들 중에 그나마 들어가는 옷을 꾸역꾸역 입고 다니고 있었다. 헤일리 아빠는 딸에게 초콜릿 같은 단 음식을 금지하고 운동을 시켰다. 반면, 엄마는 언니가 섭식장애로 입원까지 했던 것을 본 터라 딸에게 상처를 줄 수도 있을 만한 행동이나 말은 아무것도 하지 않았다.

나는 부모가 걱정하는 것은 당연하다고 말한 후 헤일리가 자기 관리를 얼마나 잘할 수 있는지에 대한 관점에서 문제를 보자고 제안했다. 또한 아빠는 헤일리에게 다음과 같이 말하기로 했다.

"숙제를 할 때는 에너지를 보충하기 위해서 뭔가를 꼭 먹어야 하는 것 같구나. 그런데 네가 먹고 있는 이 초콜릿은 사실 너에게 정말로 필요한 에너지를 공급해주지는 못해. 숙제를 하는 동안 과일을 준비해줄까? 그러면 몸에도 좋고, 단것도 먹을 수 있으니 일석이조지?"

나는 헤일리에게 초콜릿을 완전히 금지하는 것은 바람직하지 않다고 말했다. 체중을 줄이고 싶어 하는 과체중 10대 아이들은 부모가 집에서 달고 맛있는 디저트를 먹지 못하게 할 때 밖에 나가서 몰래 사 먹는다고 내 내담자들이 알려주었기 때문이다.

헤일리 엄마는 이렇게 물었다.

"아이가 집에 혼자 있을 때 정크 푸드를 먹으면 어떻게 하죠?"

"분명 그런 일이 안 생기지는 않을 겁니다. 그럴 때는 몸무게 문제를 건강 문제로 연계시켜 이야기해주시고 심각할 때는 의사에게 도움을 청하세요. 그리고 아이가 스스로 건강을 챙기도록 부모님이 유도해주시는 게 가장 중요합니다."

여자아이들은 때때로 내적인 갈등을 외적인 갈등으로 치환하려는 경향이 있다. 따라서 부모 입장에서는 아이의 내면에서 일어나는 내적 갈등도 이해해야 한다. 아이 안에서는 잘해보려고 노력하는 자아와 자꾸 나약해지는 자아가 서로 싸우는 갈등 상황이 진행되고 있다.

보통 청소년기 여자아이들은 살을 빼고 싶다는 말을 많이 한다. 10대 여자아이들은 섭식장애 고위험군이다. 음식 문제에 관해서는 부모가 일방적으로 딸에게 이래라저래라 하며 규칙을 정하면 안 된다. 규칙을 정해서 시행한다고 해도 딸은 부모가 바로 옆에 있을 때만 말을 듣는 척할 뿐이다. 혼자가 되는 순간 아이는 모든 규칙을 던져버릴 것이다. 그러면 어떻게 해야 할까? 딸이 현명한 선택을 하는 경우, 즉 건강에 좋은 음식을 먹고 체중을 잘 조절할 때 이에 대해서 칭찬해주고, 잘하지 못할 때는 부모가 옆에서 바른길로 아이를 이끌어주어야 한다.

♥ 휴대전화 때문에 밤잠을 포기하는 아이들

침대에서 휴대전화를 만지면 안 되는 이유

어른들이 '전형적인 10대의 행동'에 대해 평가하고 판단하려 들면 10대 여자아이들은 그 어느 때보다 빨리 복종의 가면을 써버린다. 사춘기 초기쯤 되면 아이들은 휴대전화에 완전히 중독되어 휴대전화를 마치 어릴 때 껴안고 자던 담요나 항상 끌고 다니던 동물 인형처럼 다룬다. 그런데 이들 사이에는 큰 차이점이 있다. 곰 인형은 아이가 쉽게 잠들 수 있도록 도와주었지만 휴대전화나 컴퓨터 등 기술이 탑재된 모든 것은 아이들에게 정반대의 효과를 미친다. 그래서 부모는 디지털 기술이 얼마나 수면을 방해하는지에 대해 아이들과 건설적인 대화를 나누어야 한다. 이를 위해서는 먼저 요즘 10대가 디지털 기술을 어떻게 이용하는지에 대해 비평을 하는 등 고압적인 어른의 자세를 취하면 절대 안 된다. 그 대신 누구에게나 적용될 수 있는 문제, 즉 수면에 따른 생리학적인 리듬의 상관관계에 초점을 맞추도록 하자. 10대 초반이든 후반이든 10대의 하루 권장 수면 시간은 아홉 시간이다.[8] 그러나 요즘 10대의 절반 정도는 일곱 시간도 채 못 잔다.

자, 그러면 디지털 기술이 어떻게 수면을 방해하는지에 대해 알아보자. 실험 심리학을 통해 우리는 우리가 생각하는 것만큼 자신의 일상생활을 완전히 장악하지는 못하고 있다는 사실을 알았다.

우리의 몸은 우리가 행동하는 패턴을 배운다. 즉, 우리가 언제 어디서 무엇을 하는지와 같은 패턴이 우리의 행동을 형성하는 것이다. 이러한 이론은 '소변을 보고 싶은 충동'이라는 최적의 예를 통해 가장 잘 설명할 수 있다. 어렸을 때 엄마 심부름을 하러 밖에 나갔다가 화장실에 가고 싶었던 경험은 누구나 한 번쯤 있을 것이다. 이때 소변을 보고 싶은 충동은 0에서 10까지 점수로 매겼을 때 한 3점 정도 된다. 이 정도는 화장실에 들르지 않고도 한 군데 더 심부름을 갔다 올 수도 있을 정도의 충동이다. 하지만 심부름을 끝내고 막 집에 들어오면 갑자기 방광이 터질 듯이 외쳐댄다. "빨리빨리 화장실! 10! 10! 10! 10점!"이라고. 왜 이런 일이 생기는 것일까? 우리의 몸은 우리가 식료품 가게나 드라이클리닝 가게, 자동차 안에서는 보통 소변을 보지 않는다는 사실을 잘 알고 있다. 그리고 보통 집에서 소변을 본다는 사실 또한 잘 알고 있어서 집에 도착하자마자 방광을 비우고 싶은 충동이 나를 장악하는 것이다.

이게 '10대와 디지털 기술과 수면'이라는 문제와 무슨 상관관계가 있느냐고? 지금부터 그 상관관계를 보여주겠다. 바람직하지 않은 일이지만 10대 여자아이들은 침실을 사무실처럼 사용한다. 요즘 아이들은 자기 침실에서 숙제도 하고, 온라인에 게시물도 올리고, 드라마도 보고, 친구들과 수다도 떤다. 침대에 앉아 쿠션 위에 올려놓은 노트북으로 작업을 하는 데 익숙해지면 침대란 잠을 자는 장소라는 인식이 점점 더 희미해진다. 이 덕분에 오래지 않아 딸의 신체는 잠을 자기 위한 장소로써 침대를 10점짜리로 인식하지 않게 된다.[9] 아이가 잠을 자려고 하면 신체는 "왜 사무실에서 자려고 하는 거지?" 하고 의아해한다. 설상가상으로 디지털 기기에서 뿜어져 나오는 빛은 멜라토닌을 교란시킨다. 멜라토닌은 주위가 어두워질 때 비로소 분비되어 우리를 졸리게 만드는 호르몬인데 인공조명은 멜라토닌 수치를 떨어뜨리고, 디지털 기기에서 뿜어져 나오는 푸른색 스펙트럼 빛은 건강한 피로감을 해치는 데 소질이 있다.[10] 침대에 들기를 바로 직전에 이메일을 체크했는데 갑자기 에너지가 솟구쳐 오르는 느낌을 아마 다들 한 번쯤 경험해보았을 것이다.

침대에서 휴대전화를 몰아내는 효과적인 방법

단언컨대 디지털 기술은 침대로 들어와서는 안 된다. 그리고 적어도 잠자리에 들기 30분 전부터는 모든 가족이 디지털 기술을 멀리해야 한다. 10대가 있는 집에서 이러한 원칙을 적용하는 것은 쉽지 않은 일이지만 절대 포기할 일도 아니다. 아이에게 일단 수면의 과학적 원리에 대해 설명해준 다음 숙제는 침대 말고 다른 곳에서 하는 게 좋겠다고 말하자. 만약 아이가 꼭 침대 위에서 숙제를 해야 한다고 고집한다면 안방 침대를 이용하게 해서 적어도 본인의 침대만이라도 잠을 자고 싶은 충동과 연계되도록 한다.

학교 숙제를 하기 위해 컴퓨터를 사용해야 하는 경우에는 초저녁까지는 관련 작업을 끝내도록 하고 읽기나 복습은 그다음에 하는 것으로 순서를 정해 멜라토닌이 잘 분비되도록 관리해주자. 숙제를 다 끝내고 재미로 디지털 기기를 사용하려 하는 경우, 적어도 침대에 들어가기 30분 전에는 휴대전화와 결별하고 일기를 쓰거나 텔레비전을 보라고 권하자. 자는 동안에는 부모의 침실에서 휴대전화를 충전하도록 하면 밤늦게까지 노트북과 휴대전화를 사용하고 싶은 유혹에서 아이를 벗어나게 할 수 있으며 휴대전화 경보음이 수면을 방해하는 것도 차단할 수 있다.

딸이 벌써 자기 침대를 책상으로 만들어버려 이러한 습관을 바꾸는 것 자체가 힘든 집도 많을 것이다. 만약 아이가 침대에서 모든 일을 다 처리하며 수면도 충분히 취하고 있다면 그대로 두기를 바란다. 하지만 그렇지 않다면 디지털 기기가 수면에 미치는 영향에 대해 딸과 이야기를 나누고 습관을 바꾸어보도록 이야기해보자. 언제 어디에서 디지털 기기를 사용해도 되는지 장소와 시간에 대해 처음에는 엄격하게 규칙을 적용하고 시간이 지나면 조금씩 느슨하게 풀어주는 게 좋다. 아이가 집을 떠나 독립해 살게 되면 스스로 규칙을 실행해야 하는데 부모와 살 때 이러한 규칙이 몸에 배어 있도록 하는 것이 좋다.

이렇게 휴대전화 사용 규칙을 적용할 때는 먼저 규칙을 정하는 이유를 아이에게 납득시켜야 한다. 수면이 연령대를 불문하고 사람을 지탱해주는 기둥과 같은 역할을 하기 때문이라는 사실을 강조하자. 적정 수면을 취할 때 우리는 육체적으로 힘이 나고, 정신적으로 기분이 좋아지며, 따라서 효율적으로 업무를 할 수 있게 되고 기억력·집중력도 좋아지며, 스트레스를 덜 받고, 덕분에 병이 들 가능성도 줄어든다.

♥음주에 눈뜨기 시작하다

10대 음주의 현실

여자아이들은 10대가 되면 언젠가는 '음주'라고 하는 리그에 들어가 자기 관리를 해야 하는 현실과 마주하게 된다. 단순히 법에 의존해서 "만 19세가 될 때까지는 술 마시면 안 돼", "10대가 음주하는 자리에는 가지 마"라고 명령한다고 해서 아이들이 술을 가까이 하지 않는다면 이보다 더 간단하고 좋을 수는 없을 것이다. 하지만 현실은 그렇지 않다. 청소년의 약 80퍼센트가 음주 경험이 있다고 하는데 이 통계를 세부적으로 분석해보면 열다섯 살경 아이들 중에서 음주를 시도해본 아이들은 43퍼센트에 달한다. 또 이 수치는 열여섯 살이 되면 65퍼센트로 치솟는다.[11] 그리고 빈곤 지역에서 음주 비율이 높을 것이라는 편견과는 달리 부유한 가정의 10대가 음주, 흡연, 마약을 하는 비율이 더 높았으며[12] 친구들이 술을 마시면 따라서 술을 마실 확률이 높았는데 이는 놀라운 결과는 아니라 하겠다.[13]

10대에게 술을 마시지 못하게 하거나 그나마 안전하게 술을 마시게 할 방법을 강구하지 못하는 한 부모는 대부분의 사춘기 청소년이 술을 마신다는 사실을 인정하는 것이 최선이다. 딸과 함께 이 주제에 대해 토론할 때 부모가 현실을 인정하면 딸이 복종의 가면 뒤로 숨어버리는 상황을 피할 수 있고, 술을 마실 때는 어떻게 해야 한다는 부모의 충고나 조언을 딸이 진지하게 받아들일 가능성도 높아진다. 10대 음주에 대해 언제부터 대화를 하는 게 좋다는 구체적인 지침은 없다. 자기 딸에 대해 가장 잘 아는 사람은 당신이기 때문에 딸과 언제부터 이런 이야기를 해야 할지는 당신이 가장 잘 알 것이다. 하지만 앉은자리에서 한 번에 모든 이야기를 끝낼 수 있을 것이라고 기대해서는 안 된다. 음주라고 하는 주제에 대해서는 아이가 사회적으로 성숙해짐에 따라 꾸준히 많은 대화를 해나가야 한다.

음주에 대해 딸과 토론하라

아이가 아직 사춘기 초반일 때 성인의 음주가 10대 음주와는 어떻게 다른지에 대해 토론하는 것부터 시작해보자. 우리 딸들은 이미 어른들이 술을 많이 마신다는 것을 알고 있으며 만약 어른이 이를 인정하지 않고 대화를 시도하면 아이들 눈에 어른은 위선자처럼 비칠 것이다. 그러면 아이들이 복종의 가면 뒤로 숨어버릴 가능성은 더더욱 높아진다. 여자아이들과 음주에 대해 이야기할 때 나는 술을 마시면 바보 같은 짓이나 위험한 짓을 하는 어른도 있다는 사실을 인정하고, 그래도 어른들은 믿을 수 있는 친구나 동료와 같이 술을 마시거나, 안전한 집에서 마시거나, 본인의 주량을 잘 알고 있는 등 주요한 변수가 관리되는 상황에서 술을 마신다는 사실을 짚고 넘어간다. 연구 결과를 하나 살펴보면, 술을 마시고 기분이 좋아지면 상을 받고 좋아할 때와 같이 기분과 연관된 신경 구조가 바뀌는데 사춘기의 뇌가 술이나 마약에 반응하는 기제는 어른과 달라서 10대가 술이나 마약을 하면 이에 중독될 가능성이 훨씬 높다고 한다.[14]

딸이 나이를 더 먹으면 10대의 음주가 위험할 수밖에 없는 이유들에 대해 대화를 나누도록 하자. 술을 마시면 판단력이 흐려지는데, 보통 10대는 판단력이 필요한 위험한 순간에 술을 마신다는 사실을 강조해 이야기해주어야 한다. 10대 여자아이들과 대화를 할 때 나는 항상 여러 가지 요소들이 상호 작용하여 결국 어떠한 결말까지 가는지 이를 총합한 등식을 아이들에게 이야기로 풀어 제시하곤 한다.

"다음 변수를 고려한 상황을 생각해보자. 친구들이랑 어딘가에 놀러 갔는데 친구들이 너를 두고 어딘가로 가버렸고 수상한 남자아이들만 남아 있어. 거기에 네가 제정신으로 멀쩡히 있는 상황과 술 몇 잔을 들이켠 상황을 비교해보자."

딸이 친구들과의 모임에서 술을 마시게 될 것 같거든 이렇게 말해보자.

"10대가 술을 마시는 파티는 으레 통제 불가능한 쪽으로 흘러서 걱정을 안 할 수가 없어. 우리 딸은 파티에 가서도 자기 관리를 잘해 안전을 도모하리라 믿어. 위험해질 수 있는 상황이면 정신을 더욱 바짝 차려야 한다는 거 잊지 말고."

적절한 때가 오면 10대의 음주량에 대해서도 이야기를 나눌 수 있을 것이다. 만성적 음주건 주기적인 폭음이건 청소년기의 음주는 두뇌 발달에 영향을 미친다고 한다.[15] 폭음은 학습과 기억력을 관장하는 두뇌의 전두엽 네트워크와 해마를 손상시키며 결국 장기적 신경 손상으로 이어질 수 있다.[16] 또 음주 운전이나 폭음 때문에 음주는 청소년 사망 사고의 주요 요인으로 꼽히고 있다.[17]

이 문제에 대해서는 딸에게 이렇게 말해볼 수 있겠다.

"폭음은 어느 연령대에 하든 나쁜 일인데 특히 아직 두뇌가 발달 중인 10대의 경우에는 술이나 마약으로 인한 장기적인 뇌 손상을 입을 위험이 훨씬 커. 앞으로 살날이 창창한데 IQ를 최대한 지켜야지. 우리 딸은 음주로 인해 다치거나 하는 일이 일어나지 않도록 조심할 거라 믿는다."

부모로서 딸이 법적 음주 연령을 지키기를 요구할 권리는 있다. 하지만 큰 틀 안에서의 대화는 생략하고 아이에게 규칙만 요구하지는 않기를 바란다. 술을 마시지 않았으면 하고 바라는 이유가 딸의 안전과 뇌 신경 손상을 염려해서라는 점을 분명히 밝히고, 친구들이 술을 마시자고 압박하면 이를 어떻게 극복할지, 직접 술을 권할 때 이를 어떻게 하면 전략적으로 거절할 수 있을지 방법을 강구하도록 도와주자.

　우리 가족에게는 알코올중독 이력이 있어서 술을 마시면 너무 위험하다고 친구들에게 이야기하는 방법으로 술을 거절할 전략을 고안한 가족들도 있다. 엄마나 아빠가 파티를 여는 집에 직접 전화를 걸어 아이가 가는 파티에 어른이 감독을 하고 있는지 확인하는 것도 좋은 방법이다. 또한 딸이 "우리 엄마는 내가 조금이라도 술을 마시면 귀신처럼 금방 알아내"라고 말해 술잔을 거절할 수 있도록 분위기를 조성하는 것도 좋고, 술잔을 손에 들고 있기만 하고 마시지 않는 것도 좋은 방법이다. 나도 술을 잘 못 마시는 축에 들기 때문에 대학생 시절 파티가 열릴 때마다 반쯤 찬 잔을 손에 들고만 있었다. 대부분의 경우 고등학생 또래끼리 술을 마실 때 아이들은 술을 안 마시는 친구들이 자기들을 나쁘게 보고 있다고 느끼기 때문에 꼭 같이 마시자고 권하곤 한다. 그런 자리에서는 잔을 받아 손에 들고만 있으면 분위기를 망치지 않을 수 있다.

　마지막으로 딸이 위험에 빠지는 것을 방지하기 위해 중요한 핵심 사항을 한 번 더 되짚어보자. 딸에게 그 어떤 규칙이나 규율보다도 너의 안전이 우선이라는 점을 강조한다. 또 집이나 그 밖의 장소에서 술을 마시는 것에 대해 어떤 규칙을 적용하고 있든, 아무리 조심을 한다고 해도 위험한 상황에 처할 수도 있다는 것을 전제하고 그럴 때는 언제든 부모에게 전화를 걸어 도움을 청하라고 말해야 한다. 그리고 앞에서도 이미 이야기했던 것처럼 사춘기 초기의 음주는 반드시 말려야 한다. 또한 고통을 잊기 위해 음주하는 경우도 부모가 적극 개입해야 한다. 이 모든 노력을 했음에도 불구하고 딸이 조절할 수 없을 정도로 술에 빠진 경우라면 전문가에게 도움을 청하도록 하자.

♥아이에게 해줄 수 있는 최고의 성교육

여자 대 여자로 이야기해야 한다

대부분의 부모는 딸과 성생활에 대해서 대화를 나눌 때 몹시 불편해서 마치 못 올 곳에 와 있는 기분이 든다고 한다. 하지만 지금까지 살펴본 규칙, 즉 10대와 미묘한 주제에 대해 이야기를 나눌 때 지켜야 할 규칙을 모두 따르기만 하면 이번에도 잘 해낼 수 있는 것이다. 무엇보다 훈계나 강연을 하기보다는 일련의 대화 과정을 계획하여 체계적으로 접근하기를 바란다. 딸이 친구들에 관해 전해주는 소식을 활용하여 몇 가지 질문을 하고(잘잘못을 따지며 비판하지는 말고) 중요한 점을 짚어주면 좋다. 강제해보았자 소용없는 규칙을 전달하기보다는 성관계에 따른 위험에 초점을 맞추어 대화하도록 하자. 딸이 성관계에 대해 질문을 해오면 성관계에 대해 딸이 알았으면 하는 내용을 모두 쏟아놓지 말고 해당 질문에 대한 답만 하도록 하자. 또 성에 대해 꼭 해주고 싶은 말이 있을 때에는 딸이 상대적으로 좀 편하게 느낄 수 있는 분위기에서 대화를 하도록 한다. 이러한 대화는 보통 부모 중 한쪽하고만(주로 엄마) 하는 게 좋고, 자동차를 타고 갈 때나 산책을 할 때가 좋다. 서로 눈을 마주 볼 필요가 없으니까. 그리고 집에 거의 도착할 무렵(한 5분 정도 남았을 때)에 이야기를 시작하면 집에 오자마자 아이가 자기 방으로 도망칠 수 있으므로 좋다.

이러한 규칙을 명심하고 몇 가지 구체적인 내용을 한번 생각해보자. 이러한 주제에 대해 부모가 취할 수 있는 가장 효과적인 태도는 어떤 것일까? 성관계에 대한 우리의 생각을 어떻게 하면 아이에게 효과적으로 전달할 수 있을까? 그리고 언제 무슨 말을 해주면 좋을까?

부모라면 모두 딸이 성관계에 따른 위험을 고려하여 성숙하게 잘 처신하기를 바랄 것이다. 따라서 성에 대한 대화를 나눌 때는 딸을 사려 깊은 아가씨로 대해야 한다. 만약 이 주제에 대해 부모가 "성관계는 성인들이나 하는 거야. 너는 아직 어리잖아. 그러니 성관계 근처에도 가지 마라"라는 식으로 접근하면 아이는 복종의 가면을 쓰고 고개를 끄덕일 것이다. 그러고는 원래 자기 생각대로 밀고 나가거나 혹은 적극적으로 성관계를 해서 본인이 이미 어른처럼 성숙하다는 것을 증명해 보이려 들 것이다.

나는 10대 여자아이들에게 '성관계를 할 때 스스로를 지키는 방법'에 대해 이야기할 때 보통 이렇게 말한다.

"성관계에 따라오는 위험은 연령과는 하등의 관계가 없단다. 나이가 몇 살이 되었든 성관계에 따라오는 위험을 항상 신경 쓰고 관리해야 해. 나는 성관계를 할 때 제대로 자기 몸을 지키지 않는 서른다섯 살 여성을 알고 있는데 이러한 사람은 관계를 해서는 안 된다고 생각한다."

이렇게 서른다섯 살이나 먹은 여자도 자기 관리를 제대로 하지 못할 수 있다는 사실을 전달함으로써 '나는 당신과 여자 대 여자로서 대화를 하고 싶어 왔다' 뭐 이런 태도를 보이는 것이다. 자, 이 대목에서 놀라지 마시길. 아이들은 내 이야기에서 서른다섯 살이나 된 여자도 성관계를 한다는 사실에 매우 역겨워했다. 그리고 이러한 느낌을 숨기지 않고 표현했다. 정말 재미있는 세상이다.

사람마다 아이들에게 조심하라고 일러주고 싶은 내용이 다를 것이다. 여기 10대 딸과 나누는 대화의 주제로 고려해볼 만한 몇 가지를 추려보았다. 원하지 않는 임신, 성병, 상대방에게 성관계가 무엇을 의미하는지에 대한 오해, 동의한 범위를 넘어선 행위. 10대 여자아이들과 이러한 주제로 대화를 나눌 때 나는 이렇게 말한다.

"피임, 서로의 성관계 이력, 육체적 건강 상태 및 성관계가 서로에게 미치는 영향, 그리고 성관계를 통해 서로 원하는 것과 원치 않는 것을 분명히 소통하는 성숙한 경우에 한해서만 성관계에 따르는 위험을 잘 관리할 수 있어."

출산과 육아의 민낯을 보게 하라

성관계에 대한 주제를 다룰 때 10대 여자아이들을 지적인 청중으로 대접해야 한다는 것은 연구를 통해서도 드러난 바이다. 미국 10대 출산율은 1991년부터 꾸준히 하락하고 있는데 2009년에는 급격한 하락을 기록했다. 1년에 2.5퍼센트 정도 하락하더니 2009년과 2012년에는 연간 하락 수치가 7.5퍼센트를 기록한 것이다. 경제학자이자 10대 임신(미혼모) 문제의 전문가인 메릴랜드대학의 멀리사 커니Melissa Kearney 및 웰즐리대학의 필립 러빈Phillip Levine은 그 이유가 궁금했다. 이 두 사람은 원인을 찾던 중 '16세 예비 엄마16 and Pregnant'라는 리얼리티 쇼가 원인일지도 모른다는 생각을 하게 되었다.[18]

'16세 예비 엄마'는 2009년 6월 MTV 채널에서 처음 전파를 탄 순간부터 큰 인기를 끌었다.[19] 10대 임신을 미화했다는 비판을 듣기도 했지만 프로그램에서 다룬 내용은 미 전역 곳곳에서 10대에 엄마가 된 아이들의 출산 전후의 일상사였다. 매일 산처럼 쌓이는 집안일, 육아, 제왕 절개 수술, 임신과 출산에 따른 합병증, 수면 부족, 아기 아빠와의 이별. 연구진은 프로그램이 회차를 거듭할 때마다 피임 및 낙태 관련 단어가 인터넷에서 줄을 잇는 것을 발견했다.[20] 텔레비전 시청률 정보를 사용하여 연구진이 밝혀낸 것은 '16세 예비 엄마'의 시청률이 높은 지역에서 10대 출산율이 가장 급격하게 떨어졌다는 사실이었다. 참고로 같은 기간 동안 낙태율도 같이 떨어졌다. 즉 출생률이 하락한 것은 낙태율 증가 때문이 아니라 임신율 자체가 감소해서였다. 그리하여 연구진은 '16세 예비 엄마'의 첫 방송 18개월 후 미 전역에 걸쳐 10대 출산율이 3분의 1까지 떨어진 원인이 이 프로그램 덕분이라고 결론 내렸다.

연구 결과를 보면 10대 여자아이들이 결코 바보가 아니라는 사실을 알 수 있다. 피임을 하지 않은 상태에서 성관계를 했을 때의 결과를 객관적으로 묘사한 프로그램을 보고 나서 아이들이 행동을 바꾼 것이다. 부모는 이와 비슷한 프로그램을 찾아서 아이와 보고 성관계에 따르는 위험과 어떻게 하면 자기 관리를 잘할 수 있는지에 대해 딸과 현실적인 대화를 나누어보기를 바란다.

"에이미는 잘 알지도 못하는 남자랑 잤대요. 그러다가 성병이라도 걸리면 어떻게 하려고."

만약 딸이 이렇게 말하면 이렇게 답해주자.

"저런, 정말 큰일이구나. 만약 에이미가 당시 상황을 돌이킬 수 있는 리셋 버튼을 누를 수 있다면 어떻게 할 거라고 생각하니?"

딸을 동등한 인격체로 대하면서 성관계를 할 때 자기 관리를 할 수 있는 방법에 대해 생각해보도록 대화를 이끌어나가기를 바란다. 또 부모의 견해와 가치관을 같이 전달해줄 수도 있다. 대부분 가정의 경우, 언제부터 남자와 같이 자도 되는지에 대해 적당한 연령대를 정해놓지는 못했을 것이다. 하지만 만약 이에 대해 확고한 생각이 있다면 이를 딸에게 전달하도록 하자. 꼭 이때부터 가능하다고 강요할 필요는 없고 단순히 부모의 생각을 전달하기만 하는 것이다. 연구 결과를 보면 딸들은 부모의 생각에 대해 신경을 쓰기 때문에 이에 따라 본인의 행동을 바꾼다고 한다.[21] 오랫동안 사귀어온 사람이면 가능하다든가, 서로 사랑하는 사이어야 한다든가, 성인이 되어 결혼해야 가능하다, 또는 위의 사항이 모두 충족되어야 같이 잠을 자도 좋다고 생각하는 경우 이러한 생각을 딸에게 전달해주자.

또 이러한 대화를 하면서 성관계를 나중에 경험할수록 그에 따르는 위험에 더 잘 대처할 수 있다는 연구 결과가 있다는 것도 말해주자.[22] 예를 들어, 이렇게 말해볼 수 있다.

"아빠랑 엄마는 성관계란 사랑하는 성인들끼리 나누는 거라고 생각해. 진정 서로를 위하고 관계에 따른 복잡한 결과까지도 잘 해결할 수 있는 그런 사이에서 나누는 행위라고 생각하거든."

"아빠랑 엄마는 언제부터 성관계를 시작해도 괜찮은지 그 시기는 중요하다고 생각하지 않아. 다만 아빠랑 엄마는 네가 상대와 함께 행위의 결과를 책임질 수 있다는 생각이 들 때 하는 게 좋을 것 같아."

"사랑을 나눈다는 것은 좋은 일이야. 하지만 임신할까 봐, 성병에 걸릴까 봐 전전긍긍한다면 마음이 개운하지 않겠지. 위험을 잘 관리할 수 있다고 생각될 때 성관계를 하게 되면 좋겠다."

언제부터 남자와 관계를 해도 좋은지에 대해 종교적인 믿음이 있는 경우, 왜 우리 종교에서는 그렇게 생각하는지에 대해 설명해주자. 이때도 딸을 동등한 입장에서 대해야 하며, 규칙을 정하고 하달하는 식으로는 효과를 거두기 힘들다는 점을 명심하자. 부모의 견해를 전달하고 난 후에는 왜 딸이 부모의 믿음을 따랐으면 하는지에 대해 열린 토론을 해보도록 하자.

마지막으로 언제 이런 대화를 나누어야 할까? 이 문제에 대해 전 세계적으로 정해진 기준 같은 것은 없지만 여기 한 가지 지침은 있다. 아이가 중학교 2학년이나 3학년 때쯤(아직 성관계에 대해 깊이 고민하지 않을 때) 대화를 시작하면 전체적인 큰 그림을 보여주는 이야기부터 할 수 있고 아이는 뭔가 잘못해서 취조를 당하는 듯한 기분을 느끼지 않으니 좋다. 우선 임신과 피임에 대한 대화부터 시작해서 시간을 두고 차차 성병 예방이나 상호 동의, 이성 관계에서 성관계가 의미하는 바 등과 같이 복잡한 주제로 넘어가는 것이 좋다.

성관계에 대해 아이와 자유로이 소통할 수 있는 분위기를 확보한 상태라면 필요할 때 아이가 피임 도구를 구할 수 있도록 도와주기를 바란다. 만일 사전에 이런 분위기를 확보하지 못한 경우에는 간접적인 방법도 좋다. 임신이란 주제가 표면상에 떠오르면 이렇게 말해보자.

"누구든 주변 사람 아무도 모르게 피임 기구를 손에 넣을 수 있어. 약국에서 콘돔을 살 수 있고, 의사랑 상담을 할 수도 있어."

성병 예방에 대해서도 동일한 전술을 쓸 수 있다. 자, 에이미가 성병에 걸렸다고 가정하고 우리 가상의 인물 에이미가 대화 주제로 등장했을 때를 상상해보자.

"상대랑 같이 성병 여부를 체크해볼 수 있는 무료 병원이나 저가

병원이 있는데 아이들은 많이 모르는 것 같더라. 만약 성병에 걸렸다면 도움을 받을 수 있어."

성에 대한 대화는 여타 위험한 행동에 대한 대화를 나누다가 진행될 수도 있다. 딸이 친구들과 같이 술을 마신다고 생각되는 경우, 음주와 성관계는 아주 위험한 조합임을 지적해주자. 이렇게 말할 수 있겠다.

"어떤 애들은 성관계를 하기 위해 술을 마시더라. 그건 정말 바람직하지 않은 짓이야. 우선 성관계를 하고 싶지 않은데 억지로 한다는 걸 간접적으로 의미하는 것일 수 있고, 또 술에 취한 상태면 피임이나 성병을 예방하기 위한 조치도 하지 못할 수가 있거든."

이렇게 성관계에 대해 딸과 대화를 나누는 게 꼭 10대의 성관계를 조장하거나 승인하는 것으로 들리지 않을까 걱정할 필요 없다. 부모에 따라서 딸과 성에 대한 대화를 나누어야 할 필요를 못 느낄지도 모르며, 딸 입장에서도 시기상조라고 생각할 수도 있지만 10대의 성관계는 이제 삶의 일부이다. 전국적으로 실시한 설문 조사 결과 열세 살에서 스무 살 사이의 아이들 중 71퍼센트가 '16세 예비 엄마'를 한 편 이상 시청했다고 한다. 이 수치는 '10대 미혼모Teen Mom'라는 인기 있는 아류 프로그램의 시청률은 감안하지 않은 수치이다.[23] 즉, 우리 딸들은 여러 군데에서 성에 대한 정보를 얻고 있다. 당신도 그런 정보원 중 하나가 되어야 한다.

♥ 부모가 나서야 할 때

섭식장애를 앓을 때

여자아이들의 경우 섭식장애는 보통 청소년기에 시작되며 일단 섭식장애를 앓으면 그 회복 속도는 놀랍도록 더디다. 섭식장애를 앓게 된 사람들 중에서 3분의 1이 진단을 받은 후 최소 10년에서 20년 동안 지속적으로 고통받는다. 또한 모든 정신과 질환 중에서 가장 사망률이 높은 것이 바로 섭식장애이다.[24] 섭식장애에 걸린 사람들은 스무 명 중 한 명꼴로 자살하거나 영양 문제로 사망한다.[25]

만약 당신의 딸이 다이어트를 시작하거나, 건강식에 돌입하거나, 지나치게 음식 섭취를 제한하는 경우(예를 들어서 채식주의자가 되는 경우)에는 관심을 기울여야 한다. 다이어트를 하는 여자아이들이 모두 섭식장애에 걸리는 것은 아니지만 보통 섭식장애에 걸리는 여자아이들은 특정 음식만 섭취하거나 식습관 자체를 바꾸는 데부터 출발한다. 섭식장애는 서서히 진행되며 발생 초기에 여자아이들은 이를 숨기기 위해 최선을 다한다. 식사를 하지 않고도 부모에게는 이미 밥을 먹었다고 거짓말을 하거나 나중에 먹겠다고 둘러댄다. 과도하게 운동을 하거나, 음식을 먹은 다음에 토해버리는 방법을 쓰기도 하고, 설사를 유도하는 약을 먹기도 한다. 그리고 그 어떤 것보다 식단에 관련된 규칙을 가장 우선시하며, 친구 생일 파티에 가서 케이크를 안 먹겠다고 거절하기도 하고, 가족들과의 외식을 거부한다.

 당신의 딸이 섭식장애를 앓고 있다고 의심되거든 섭식장애 진단에 전문화된 의사에게 도움을 구하도록 하자. 섭식장애는 알코올중독이나 마약중독과 비슷한 점이 많다. 초기에 발견한다면 치료에 성공할 확률도 높아지지만 오랫동안 섭식장애를 앓아온 청소년의 경우에는 치료하기가 아주 어렵고 회복이 되었다 하더라도 평생을 금단 증상 때문에 괴로워하게 된다. 만약 당신의 딸이 식습관과 관련해서 문제가 있다고 생각되는 경우 즉각 전문가에게 도움을 구하기를 바란다. 평생을 자기 몸과 싸우면서 살아야 할 이유는 없기 때문이다.

어른이 될 준비가 되지 않았을 때

 고등학교 졸업과 자기 관리는 별개의 문제로 봐야 한다. 고등학교 시절 내내 아직은 독립할 준비가 되지 않았다고 몸소 보여주었던 아이들(술을 너무 많이 마시거나, 과제물을 제때 내지 못하거나, 자기가 해야 할 일을 못하는 경우)은 대학에 입학하면서 별 계획 없이 집을 떠나는 경우가 많다. 그렇게 집을 떠난 아이들은 결국 나를 찾아올 시점쯤 되면 상황이 아주 나빠져 있는 경우가 대부분이다. 기숙사에서 늦잠을 자느라 수업에 출석하지 못하고, 이에 따라 낙제를 받거나, 그 외 바보 같고 위험한 선택을 하기도 한다. 나와 상담을 하러 온 시점에 이미 경찰서를 방문한 아이들도 많았다. 이런 아이들을 원래 자리로 돌려보내는 일은 쉽지 않다.

1월의 어느 날 저녁, 이웃에 사는 한 학부모가 나에게 딸 문제로 조언을 구했던 사례를 이야기해보겠다. 지니의 엄마는 딸이 고등학교 1학년 때부터 인근에 사는 대학생들과 몰래 어울리기 시작했는데 어느 날 저녁 눈물이 그렁그렁해서는 임신을 한 것 같다며 털어놓았다고 했다. 서둘러 검사를 해본 결과 다행히 임신은 아니었지만 이 일이 있고 나서 부모는 지니에게 대학생 오빠들과의 관계를 당장 끊으라고 말했고 이후 지니가 누구랑 같이 다니는지를 계속 감시하게 되었다.

고등학교 2학년 중반쯤까지 상황은 좋아지는 것 같았다. 그러던 어느 날, 지니의 책상에서 마리화나가 발견되었다. 어떻게 된 일인지 물어보자 지니는 잠깐 친구의 것을 보관해주고 있었다고 답했다. 하지만 병원에 데려가 약물 검사를 한 결과 시니의 몸에서는 마리화나뿐만이 아니라 코카인까지 검출되었다. 부모는 즉각 지니를 마약 상담 프로그램에 등록시켰다. 그 이후 수개월 동안 지속적으로 소변 검사를 실시했는데 다행히 결과가 깨끗했다.

그런데 지난주, 마리화나 약물 검사에서 지니는 다시 양성 판정을 받았으며 엄마는 아이가 학교에서 중요한 과제물 몇 개를 제출하지 않았다는 전화를 받았다. 지니 엄마는 이렇게 말했다.

"제가 더 이해가 안 되는 건요, 지금 이렇게 상황이 엉망인데 지니는 이게 별문제가 아니라는 듯 신시내티에 있는 대학에 가겠다고 계속 떠들어대고 있다는 거예요. 우린 아이를 거기에 보내고 제발 아무 일도 없기를 기도나 하고 있으면 되나요? 아니죠? 이건 그냥 넘어가서는 안 되는 일이지요?"

나는 지니 엄마에게 그냥 넘어가서는 안 되는 일이 맞다고 말했고, 대화를 나눈 끝에 지니 엄마는 마약 테스트 결과 또 양성 반응이 나오거나 어떤 과목이든 C 이하의 학점을 받으면 대학 진학은 포기하라고 아이에게 통지하기로 했다.

"만약 아이가 간섭하지 말라면 이렇게 말하세요. '엄마 아빠도 더는 너의 일에 간섭하고 싶지 않아. 하지만 그러려면 너 스스로 일을 잘 해나가야지. 네가 자기 관리를 못하는데 엄마 아빠가 개입도 안 한다면 그건 부모로서 직무 유기밖에 안 되지 않겠니? 먼저 네가 마약을 완전히 끊고 학교 공부와 숙제도 잘하는 모습을 보여주기를 바란다. 그러면 엄마 아빠는 신경을 끄고 더 간섭 안 할게. 그게 우리도 바라는 바야.'"

지니의 엄마는 7월에 다시 전화를 주었다. 지니는 꽤 좋은 성적으로 고등학교를 졸업했지만 6월에 마리화나와 엑스터시 약물 검사에서 다시 양성 판정을 받았다고 했다. 그래서 대학에 납부했던 등록금을 회수하고 지니의 격한 반발에도 불구하고 집에 남아서 가게 일을 돕도록 시켰다. 그렇게 지니는 1년 동안 일하면서 등록금을 벌어야 했고 다시 마약 치료 프로그램에 등록했다. 그리고 그 치료 과정을 잘 이수하여 스스로 독립할 만한 준비가 되었다는 것을 증명해 보여주었다. 나는 지니 엄마가 어려운 상황을 슬기롭게 헤쳐 나간 것에 대해 격려해주었다. 지니를 대학에 그냥 보내는 것보다 준비를 시켜서 보내도록 한 것이 훨씬 현명한 처사였음은 두말할 필요도 없었다. 아이들은 스스로 자기 관리를 할 수 있는 준비가 되어 있을 때에만 안전하게 독립할 수 있기 때문이다.

10대 여자아이의 발달 과정을 알면 아이와의 엉킨 관계를 회복할 수 있다

우리는 지금까지 10대를 키우는 부모들이 겪게 되는 아이들과의 마찰이나 감정적인 대치 상황 등을 '10대의 발달 과정상 특징'으로 정리하여 풀어보았다. 나는 10대 여자아이들이 어른이 되기 위해서는 어떤 과정을 거치는지, 어른들 눈에는 때때로 매우 헷갈리고 짜증 나는 10대 여자아이들의 행동을 어떻게 이해해야 하는지에 대한 통찰력을 제시하고자 하였다. 사실 10대와 함께 살아가는 과정 자체가 주변 모든 사람에게 쉽지는 않은 일이지만 아이들이 아동기를 지나 성인으로 성장하기까지 수많은 전환기를 거친다는 사실을 깨닫기만 해도 우리의 10대 딸들을 새로운 시각에서 볼 수 있을 것이다.

나는 10대 딸과 감정적인 타래에 얽혀서 힘들어하는 독자들이 이 책을 통해서 딸과의 얽힌 관계를 풀어가는 데 도움이 되었으면 한다. 아이들이 사춘기를 거쳐가는 동안 어른들과의 관계는 긴장의 연속이 될 수도 있고, 아이들이 부모를 귀찮게 여기거나 원수 대하듯 할 때도 있을 것이다. 주변 가족들을 힘들게 하고, 정해놓은 집안 규칙을 어기고, 하지 말라고 한 짓을 부득부득 우겨서 할 때 부모는 심기가 언짢아질 것이다. 10대 아이들은 부모를 자기 쪽으로 끌어당겼다가 밀어내기를 반복하기 때문에 청소년기 아이를 키우는 것 자체가 부모에게는 형벌과 같다고 말하는 사람도 있다. 하지만 사실 이것은 아이들이 굉장히 힘든 발달 단계를 거치며 나름대로 분투하고 있기 때문이다.

다시 말해 청소년들이 부모에게 억하심정이 있거나 일부러 부모를 화나게 하려고 이런저런 행동을 하는 것은 아니라는 뜻이다. 심지어 부모가 스스로 단점을 가지고 있다는 사실을 시인만 해도 아이들은 부모의 단점으로 인한 고민에서 풀려나 더 큰 세계로 나아갈 수 있다. 이를 위해서라도 어른들은 자신의 단점을 인정해야 한다.

"그래, 맞아. 나는 네가 바라는 그런 완벽한 존재는 못 돼. 하지만 그것 때문에 네가 다른 일을 못 하거나 방해를 받아서는 안 돼. 세상에는 네가 해결하고 넘어야 할 산들이 산적하단다. 엄마의 단점이 네가 세상을 헤쳐 나가는 데 걸림돌이 되지 않기를 바란다."

우리가 청소년기 딸들의 행동에 대해 잘 받아들이고 언짢아하지 않는다면 아이들도 부모의 단점에 대해서 속상해하는 부분이 줄어들고, 또 그렇게 함으로써 우리는 더 나은 부모가 될 수 있다. 우리 딸들이 자기에게 주어진 일을 잘 해낼 때, 우리는 아이가 사춘기의 발달 과정을 성공적으로 완수한 것으로 여기고 축하해주어야 한다. 또한 아이가 시행착오를 겪고 있다면 각 발달 단계를 완성하기 위해 노력하고 있다는 증거로 간주하면 된다. 당신은 이제 10대 아이들이 어려움을 스스로 헤쳐 나가도록 조용히 지켜봐야 할 때와 부모가 나서서 도와주어야 할 때를 구분할 수 있게 되었다.

딸을 성숙한 여인으로 키우는 작업 자체가 결코 쉽지 않고, 때로는 고달프기도 하지만 세상에 살면서 했던 어떤 일보다 기쁘고 보람된 일이기도 하다. 힘들지만 기쁘기도 한 여러 가지 복잡한 감정을 때로는 하루 안에 다 느낄 때도 있을 것이다. 아이를 키우는 일은 모든 조건이 최상으로 다 갖추어진 상황에서도 힘들다. 그리고 이렇게 힘든 일을 하는 사람들은 당연히 누군가의 도움을 받을 자격이 있다. 다른 사람에게 도움을 받으며 우리 아이들의 청소년기 모든 발달 과정을 잘 이해한다면 우리들은 아이를 키우는 과정을 진정으로 즐길 수 있게 될 것이다.

주석

1) Freud, A. (1958). Adolescence. *The Psychoanalytic Study of the Child* 13, 255-278, p. 276.

프롤로그

1) Arnett, J. J. (1999). Adolescent storm and stress, reconsidered. *American Psychologist* 54 (5), 317-326. Arnett, J. J. 박사는 이 논문을 통해 여러 연구에 대해 다음과 같이 말했다. "폭풍과 스트레스를 이루는 여러 가지 요소에는 각각의 절정이 있다. 사춘기 초기에는 부모와의 갈등이 절정을 이루고(Paikoff&Brooks-Gunn, 1991), 사춘기 중반에는 기분이 분열되는 상태가 절정을 이루며(Petersen et al., 1993), 사춘기 후반 및 성인 초반에는 위험한 행동이 절정을 이룬다(Arnett, 1992, 1999)." (p.319)

2) Freud, A. (1965). *Normality and Pathology in Childhood: Assessments of development.* New York: International Universities Press. Freud, A.는 이와 같은 발달 과정상의 특징을 "발달 진행 방향(developmental lines)"이라 불렀다.

3) Erikson, E. H. (1950). *Childhood and Society.* New York: Norton.

제1장 아동기와 결별하는 단계

1) Freud, A. (1958). Adolescence. *The Psychoanalytic Study of the Child* 13, 255-278, p. 269.
2) Hawk, S. T., Hale, W. W., Raaijmakers, Q. A. W., and Meeus, W. (2008). Adolescents' perceptions of privacy invasion and reaction to parental solicitation and control. *Journal of Early Adolescence* 28 (4), 583-608.
3) 일부 전문가들은 가족이 함께하는 저녁 식사가 사람들이 떠들어대는 것만큼 마법과 같은 역할은 못 할지도 모른다고 인정했지만 이런 견해를 감안해서 연구 결과를 살펴보아도 부모와 아이가 함께 정기적으로 무엇인가를 같이 할 시간을 갖는 것은 단연코 아이에게 좋은 영향을 준다. Musick, K., and Meier, A. (2012). Assessing causality and persistence in associations between family dinner and adolescent well-being. *Journal of Marriage and Family* 74 (3), 476-493.
4) Luthar, S. S., and Latendresse, S. J. (2005). Children of the affluent: Challenges to well-being. *Current Directions in Psychological Science* 14 (1), 49-53.
5) Renée Spencer와 나눈 사적인 대화. October 24, 2013.
6) Furman, E. (1992). *Toddlers and Their Mothers*. Madison, CT: International Universities Press.
7) Freud, S. (1917, 1966). Some thoughts on development and regression-aetiology. *Introductory Lectures in Psychoanalysis*. New York: W. W. Norton & Company, Inc., 423-424.
8) Biro, F. M., Galvez, M. P., Greenspan, L. C., et al. (2010). Pubertal assessment method and baseline characteristics in a mixed longitudinal study of girls. *Pediatrics* 126 (3), e583-590.
9) Bellis, M. A., Downing, J., and Ashton, J. R. (2006). Trends in puberty and their public health consequences. *Journal of Epidemiological and Community Health* 60 (11), 910-911.
10) Greenspan, L., and Deardorff, J. (2014). *The New Puberty*. New York: Rodale.
11) Davis, K. (2013). Young people's digital lives: The impact of interpersonal relationships and digital media use on adolescents' sense of identity. *Computers in Human*

Behavior 29 (6), 2281-2293.

12) Tolstoy, L. (1876, 1981). *Anna Karenina*. (J. Carmichael, trans.). New York: Bantam, p. 1.

13) Allen, J. P., Schad, M. M., Oudekerk, B., and Chango, J. (2014). What ever happened to the "cool" kids? Long-term sequelae of early adolescent pseudomature behavior. *Child Development* 85 (5), 1866-1880.

14) Lammers, C., Ireland, M., Resnick, M., and Blum, R. (2000). Influences on adolescents' decision to postpone onset of sexual intercourse: A survival analysis of virginity among youths aged 13 to 18 years. *Journal of Adolescent Health* 26 (1), 42-48; Tucker, J. S., Orlando, M., and Ellickson, P. L. (2003). Patterns and correlates of binge drinking trajectories from early adolescence to young adulthood. *Health Psychology* 22 (1), 79-87; Schinke, S. P., Fang, L., and Cole, K. C. A. (2008). Substance use among early adolescent girls: Risk and protective factors. *Journal of Adolescent Health* 43 (2), 191-194.

15) Dodge, K. A., Pettit, G. S., and Bates, J. E. (1994). Socilization mediators of the relation between socioeconomic status and child conduct problems. *Child Development* 65 (2), 649-665.

16) Luthar, S. S., and Latendresse, S. J. (2005). Comparable "risks" at the socioeconomic status extremes: Preadolescents' perceptions of parenting. *Development and Psychopathology* 17 (1), 207-230, p. 207.

17) Luthar, S. S., and D'Avanzo, K. (1999). Contextual factors in substance use: A study of suburban and inner-city adolescents. *Developmental Psychopathology* 11 (4), 845-867.

18) Ward, M. L., and Friedman, K. (2006). Using TV as a guide: Associations between television viewing and adolescents' sexual attitudes and behavior. *Journal of Research on Adolescence* 16 (1), 133-156.

제2장 '10대'라는 새로운 부족'에 합류하는 단계

1) Cillessen, A. H. N., and Rose, A. J. (2005). Understanding popularity in the peer

system. *Current Directions in Psychological Science* 14 (2), 102-105.

2) Cillessen, A. H. N., and Mayeux, L. (2004). Sociometric status and peer group behavior: Previous findings and current directions. In J. B. Kupersmidt and K. A. Dodge (eds.), *Children's Peer Relations*. Washington, DC: American Psychological Association, 3-36.

3) Parkhurst, J. T., and Hopmeyer, A. (1998). Sociometric popularity and peer-perceived popularity: Two distinct dimensions of peer status. *The Journal of Early Adolescence* 18 (2), 125-144.

4) Rose, A. J., Swenson, L. P., and Waller, E. M. (2004). Overt and relational aggression and perceived popularity: Developmental differences in concurrent and prospective relations. *Developmental Psychology* 40 (3), 378-387.

5) de Bruyn, E. H., and Cillessen, A. H. N. (2006). Popularity in early adolescence: Prosocial and antisocial subtypes. *Journal of Adolescent Research* 21 (6), 1-21.

6) Mankoff, R. (November 16, 1992). One politician talking to another. *The New Yorker*.

7) Waldrip, A. M., Malcolm, K. T., and Jensen-Campbell, L. A. (2008). With a little help from your friends: The importance of high-quality friendships on early adolescent development. *Social Development* 17 (4), 832-852. 본 주제에 대한 연구는 복잡하며 사회적으로 인간관계가 넓은 경우에도 탄탄한 일대일 우정 관계를 형성할 가능성이 높다는 것을 보여주는 증거가 있다(Nangle, D. W., Erdley, C. A., Newman, J. E., et al. (2003). Popularity, friendship quantity, and friendship quality: Interactive influences on children's loneliness and depression. *Journal of Clinical Child and Adolescent Psychology* 32 (4), 546-555). 또 Waldrip 등은 연구를 통해 "자기를 지원해주고 보호해주는 친밀한 친구가 최소한 한 명 정도 있는 청소년은 친구의 수뿐 아니라 다른 중요한 요인을 모두 통제해도 문제를 겪게 될 확률이 낮았다. 이 연구 결과를 볼 때 우정의 질은 청소년기의 사회 적응 여부를 보여주는 독특한 예측 인자로 보인다"라고 했다((2008), p. 847).

8) Weisner, T. S. (1998). Human development, child well-being, and the cultural project of development. In D. Sharma and K. Fisher (eds.), *Socio-emotional Development*

Across Cultures. *New Directions in Child Development*, vol. 81. San Francisco: Jossey-Bass, 69-85.

9) Adams, M. (2009). *Slang: The People's Poetry*. New York: Oxford University Press.

10) Gardner, M., and Steinberg, L. (2005). Peer influence on risk taking, risk preference, and risky decision making in adolescence and adulthood: An experimental study. *Developmental Psychology* 41 (4), 625-635.

11) Gardner와 Steinberg가 진행한 연구 등을 통해 고등학교 졸업 후에야 운전면허를 취득할 수 있도록 법으로 정하는 경우 청소년들의 치명적인 자동차 사고가 감소할 것을 예상할 수 있다. Masten, S. V., Foss, R. D., and Marshall, S. W. (2011). Graduated driver licensing and fatal crashes involving sixteen-to nineteen-year-old drivers. *Journal of the American Medical Association* 306 (10), 1098-1103.

12) Steinberg, L. (2008). A social neuroscience perspective on adolescent risk-taking. *Developmental Review* 28 (1), 78-106.

13) Steinberg, L. (2008). A social neuroscience perspective on adolescent risk-taking. *Developmental Review* 28 (1), 78-106, p. 92.

14) Damour, L. K., Cordiano, T. S., and Anderson-Fye, E. P. (2014). My sister's keeper: Identifying eating pathology through peer networks. *Eating Disorders* 23 (1), 76-88.

15) Costanza, K. (March 11, 2014). "Teens and Social Media? 'It's Complicated.'" http://remakelearning.org/blog/2014/03/11/teens-and-social-media-its-complicated/

16) Selfhout, M. H. W., Branje, S. J. T., Delsing, M., et al. (2009). Different types of Internet use, depression, and social anxiety: The role of perceived friendship quality. *Journal of Adolescence* 32 (4), 819-833.

17) Valkenburg, P. M., and Peter, J. (2011). Online communication among adolescents: An integrated model of its attraction, opportunities, and risks. *Journal of Adolescent Health* 48 (2), 121-127.

18) Pea, R., Nass, C., Meheula, L., et al. (2012). Media use, face-to-face communication,

media multitasking, and social well-being among 8-to 12-year-old girls. *Developmental Psychology* 48 (2), 327-336.

19) Hall-Lande, J. A., Eisenberg, M. E., Christenson, S. L., and Neumark-Sztainer, D. (2007). Social isolation, psychological health, and protective factors in adolescence. *Adolescence* 42 (166), 265-286.

20) Black, S. (2003). An ongoing evaluation of the bullying prevention program in Philadelphia schools: Student survey and student observation data. Paper presented at Centers for Disease Control's Safety in Numbers Conference, Atlanta, GA.

21) Evans, C., and Eder, D. (1993). "No exit": Processes of social isolation in the middle school. *Journal of Contemporary Ethnography* 22 (2), 139-170.

22) Fekkes, M., Pijpers, F. I. M., and Verloove-Vanhorick, S. P. (2004). Bullying: Who does what, when, and where? Involvement of children, teachers and parents in bullying. *Health Education Research* 20 (1), 81-91; Wang, J., Iannotti, R. J., and Nansel, T. R. (2009). School bullying among US adolescents: Physical, verbal, relational, and cyber. *Journal of Adolescent Health* 45 (4), 386-375.

23) Copeland, W. E., Wolke, D., Angold, A., and Costello, E. J. (2013). Adult psychiatric outcomes of bullying and being bullied by peers in childhood and adolescence. *JAMA Psychiatry* 70 (4), 419-426; Teicher, M. H., Samson, J. A., Sheu, Y., et al. (2010). Hurtful Words: Exposure to peer verbal aggression is associated with elevated psychiatric symptom scores and corpus callosum abnormalities. *American Journal of Psychiatry* 167 (12), 1464-1471.

24) Olweus, D. (1993). *Bullying at School: What we know and what we can do*. Boston, MA: Blackwell.

25) Merrell, K. W., Buchanan, R., and Tran, O. K. (2006). Relational aggression in children and adolescents: A review with implications for school settings. *Psychology in the Schools* 43 (3), 345-360, p. 348.

26) Copeland, W. E., Wolke, D., Angold, A., and Costello, E. J. (2013). Adult psychiatric outcomes of bullying and being bullied by peers in childhood and

adolescence. *JAMA Psychiatry* 70 (4), 419-426.

제3장 감정 조절에 어려움을 겪는 단계

1) 로르샤흐 정신분열 테스트에서 긍정 오류(false positive) 판정이 빈번하게 나오는 것에 대한 설명은 다음 논문에 나온다. Smith, S. R., Baity, M. R., Knowles, E. S., and Hilsenroth, M. J. (2001). Assessment of disordered thinking in children and adolescents: The Rorschach Perceptual-Thinking Index. *Journal of Personality Assessment* 77 (3), 447-463.

2) Freud, A. (1958). Adolescence. *The Psychoanalytic Study of the Child* 13, 255-278, p. 276. Italics added.

3) Wenar, C., and Kerig, P. (2006). *Developmental Psychopathology*. 5th ed. Boston, MA: McGraw-Hill.

4) Casey, B. J., Jones, R. M., and Hare, T. A. (2008). The adolescent brain. *Annals of the New York Academy of Sciences* 1124 (1), 111-126.

5) Hare, T. A., Tottenham, N., Galvan, A., et al. (2008). Biological substrates of emotional reactivity and regulation in adolescence during an emotional go-nogo task. *Biological Psychiatry* 63 (10), 927-934.

6) Siegal, D. J. (2013). *Brainstorm: The power and purpose of the teenage brain*. New York: Penguin Group.

7) Steinberg, L., and Morris, A. S. (2001). Adolescent development. *Annual Review* of *Psychology* 53, 83-110; Brooks-Gunn, J., Graber, J. A., and Paikoff, R. L. (1994). Studying links between hormones and negative affect: Models and measures. *Journal of Research on Adolescence* 4 (4), 469-486. 흥미롭게도 Marceau, K.와 Dorn, L. D. 그리고 Susman, E. J.가 발표한 연구 결과, 남자아이들은 사춘기 초기 동안 스트레스에 대한 호르몬 반응이 증가하기 때문에 이 시기에는 부정적인 감정이 증가하고 가족과도 상당히 문제를 겪는다는 것을 발견했다(여자아이들은 예외). 이를 통해 스트레스에 반응하여 사춘기 호르몬이 치솟는 "호르몬 반응성"이 외상성 사건과 같은 환경적 스트레스 요인에 의해 형성되는 것일지도 모른다는 증거를 제시하고 있

다. 즉 사춘기 호르몬, 청소년의 감정, 어린 시절에 겪은 사건, 현재 사건 간의 관계는 아주 복잡하게 얽혀 있어서 아이가 감정적으로 폭발할 때 "호르몬이 치솟아 발생하는 문제"로만 규정하기에는 많은 어려움이 있다(Marceau, K., Dorn, L. D., and Susman, E. J. (2012). Stress and puberty-related hormone reactivity, negative emotionality, and parent-adolescent relationships. *Psychoneuronendocrinology* 37 (8), 1286-1298).

8) D. Barrett과 나눈 사적인 대화. September 2002.

9) Sacks, O. (1998). *The Man Who Mistook His Wife for a Hat*. New York: Touchstone.

10) Baumeister, R. F., Bratslavsky, E., Muraven, M., and Tice, D. M. (1998). Ego depletion: Is the active self a limited resource? *Journal of Personality and Social Psychology* 74 (5), 1252-1265.

11) Hampel, P., and Petermann, F. (2006). Perceived stress, coping, and adjustment in adolescents. *Journal of Adolescent Health* 38 (4), 409-415.

12) Rood, L., Roelofs, J., Bogels, S. M., and Nolen-Hoeksema, S. (2009). The influence of emotion-focused rumination and distraction on depressive symptoms in non-clinical youth: A meta-analytic review. *Clinical Psychology Review* 29 (7), 607-616; Tompkins, T. L., Hockett, A. R., Abraibesh, N., and Witt, J. L. (2011). A closer look at co-rumination: Gender, coping, peer functioning and internalizing/externalizing problems. *Journal of Adolescence* 34 (5), 801-811.

13) 남자아이들의 정서에 대해서는 학자들 간에 열띤 논쟁이 계속되고 있다. 이 논쟁을 간략하게 정리해보면 William Pollack과 같은 학자들은 남자아이들이 "정서적으로 눈이 먼 소년들의 행동 방식"을 따르도록 교육받으며 이에 따라서 Dan Kindlon 및 Michael Thompson의 표현대로 "감정적인 문맹(emotionally illiterate)" 상태가 된다고 한다(Kindlon, D., and Thompson, M. (2000). *Raising Cain: Protecting the emotional lives of boys*. New York: Ballantine Books, 197). 반면 Niobe Way와 Margarita Azmitia와 같은 학자들은 청소년기 초반과 중반까지만 해도 남자아이들도 여자아이들만큼 정서적으로 예민하며 청소년기 후반까지 "감정적인 문맹" 상태에 이르지 않는다고 주장한다(Way, N. (2011). *Deep Secrets: Boys' friendships and the*

crisis of connection. Cambridge, MA: Harvard University Press, 18). 양측 학자들은 남자아이들에게는 여자아이들만큼 감정에 대해 말할 분위기를 만들어주지 않는다는 점에는 모두 동의하며, 남자아이들이 "감성적"이라는 것을 부정적인 의미에서 동성애 또는 여성성과 동일시한다는 것에도 일치된 의견을 보였다.

14) Kindlon, D., and Thompson, M. (2000). *Raising Cain: Protecting the emotional lives of boys*. New York: Ballantine Books, 197.

15) Rose, A. J., and Rudolph, K. D. (2006). A review of the sex differences in peer relationship processes: Potential trade-offs for the emotional and behavioral development of boys and girls. *Psychological Bulletin* 132 (1), 98-131.

16) Hinduja, S., and Patchin, J. W. (2008). Cyberbullying: An exploratory analysis of factors related to offending and victimization. *Deviant Behavior* 28 (2), 129-156.

17) Thapar, A., Collishaw, S., Pine, D. S., and Thapar, A. K. (2012). Depression in adolescence. *Lancet* 379 (9820), 1056-1067.

18) Blader, J. C., and Carlson, G. A. (2007). Increased rates of bipolar disorder diagnoses among U.S. child, adolescent, and adult inpatients, 1996-2004. *Biological Psychiatry* 62 (2), 107-114.

19) Costello, E. J., Mustillo, S., Erkanli, A., et al. (2003). Prevalence and development of psychiatric disorders in childhood and adolescence. *Archives of General Psychiatry* 60 (8), 837-844.

제4장 어른의 권위에 도전하는 단계

1) Inhelder, B., and Piaget, J. (1958). *The Growth of Logical Thinking from Childhood to Adolescence: An essay on the construction of formal operational structures*. New York: Basic Books.

2) 이 역동적인 상황에 대한 세부적이고 해박한 기술은 다음 도서에서 찾아볼 수 있다. Fraiberg, S. H. (1959). *The Magic Years*. New York: Charles Scribner's Sons, 64-65.

3) T. Barrett과 나눈 사적인 대화. November 2001.

4) Lamborn, S. D., Mounts, N. S., Steinberg, L., and Dornbusch, S. M. (1991). Patterns

of competence and adjustment among adolescents from authoritative, authoritarian, indulgent, and neglectful families. *Child Development* 62 (5), 1049-1065.

5) Steinberg, L., Albert, D., Cauffman, E., et al. (2008). Age differences in sensation seeking and impulsivity as indexed by behavior and self-report: Evidence for a dual systems model. *Developmental Psychology* 44 (6), 1764-1778.

6) 위험한 상황에서 청소년들이 판단을 내릴 때 "청소년의 인지 과정"이 어떤 영향을 미치는지에 대한 요약된 내용을 보려면 다음 논문을 참조하길 바란다. Albert, D., and Steinberg, L. (2011). Judgment and decision making in adolescence. *Journal of Research on Adolescence* 21 (1), 211-224.

7) Steinberg, L. (2001). We know some things: Adolescent-parent relationships in retrospect and prospect. *Journal of Research on Adolescence* 11 (1), 1-19.

8) Fonagy 교수와 그 연구진은 "감성지능"이란 표현 대신 "심성화(mentalizing)"라는 표현을 사용했지만 나는 대중에게 더 친근한 용어인 "감성지능"이라는 표현을 사용했다. Fonagy 교수와 연구진이 진행한 여러 가지 연구는 다음 책에 잘 정리되어 있다. *Affect Regulation, Mentalization, and the Development of the Self*. Fonagy, P., Gergely, G., Jurist, E. L., and Target, M. (2002). New York: Other Press.

9) Asen, E., and Fonagy, P. (2012). Mentalization-based therapeutic interventions for families. *Journal of Family Therapy* 34 (4), 347-370, p. 347.

10) 여기에서 "거의"라는 표현을 사용한 이유는 자폐 질환을 염두에 두었기 때문이다. 감성지능이 선천적으로 결여된 것이 자폐 질환의 특징이다.

11) Gallagher, H. L., and Frith, C. D. (2003). Functional imaging of "theory of mind." *Trends in Cognitive Science* 7 (2), 77-82; Fine, C., Lumsden, J., and Blair, R. J. (2001). Dissociation between "theory of mind" and executive functions in a patient with early left amygdala damage. *Brain* 124 (2), 287-298.

12) Sharp, C., Ha, C., Carbone, C., et al. (2013). Hypermentalizing in adolescent inpatients: Treatment effects and association with borderline traits. *Journal of Personality Disorders* 27 (1), 3-18.

13) 애착 기제가 경험적으로 부정적 감정을 잠재워주는 역할을 한다는 것은 이미 입

증되었다(Sroufe, L. A. (1996). *Emotional development: The organization of emotional life in the early years*. New York: Cambridge University Press). Fonagy 교수는 심성화(이 책에서는 "감성지능"이라고 썼다)에 큰 어려움을 겪는 사람들은 아동기 초기에 중대한 외상을 겪어서 내적인 정신 상태를 반추할 능력이 발달하지 못해 그런 것이라고 추측하였는데 이 추측은 매우 타당하다 하겠다.

14) Wang, M. T., and Kenny, S. (2014). Longitudinal links between fathers' and mothers' harsh verbal discipline and adolescents' conduct problems and depressive symptoms. *Child Development* 85 (3), 908-923.

15) Zahn-Waxler, C., Crick, N. R., Shirtcliff, E. A., and Woods, K. E. (2006). The origins and development of psychopathology in females and males. In D. Cicchetti and D. J. Cohen (eds.), *Developmental Psychopathology, Volume 1: Theory and Method*. Hoboken, NJ: John Wiley & Sons, Inc., 76-138.

16) Laursen, B., and Collins, W. A. (2009). Parent-child relationships during adolescence. In R. Lerner and L. Steinberg (eds.), *Handbook of Adolescent Psychology*. 3rd ed., vol. 2. New York: Wiley, 3-42, p. 21.

17) Steinberg, L. (2001). We know some things: Adolescent-parent relationships in retrospect and prospect. *Journal of Research on Adolescence* 11 (1), 1-19.

18) Jacobs, J. E., Chhin, C. S., and Shaver, K. (2005). Longitudinal links between perceptions of adolescence and the social beliefs of adolescents: Are parents' stereotypes related to beliefs held about and by their children? *Journal of Youth and Adolescence* 34 (2), 61-72.

19) Burke, J. D., Hipwell, A. E., and Loeber, R. (2010). Dimensions of oppositional defiant disorder as predictors of depression and conduct disorder in preadolescent girls. *Journal of the American Academy of Child and Adolescent Psychiatry* 49 (5), 484-492; Loeber, R., Burke, J. D., Lahey, B. B., et al. (2000). Oppositional defiant and conduct disorder: A review of the past 10 years, part 1. *Journal of the American Academy of Child and Adolescent Psychiatry* 39 (12), 1468-1484.

20) "폭풍과 스트레스"라는 용어는 심리학이라는 학문의 시조라 할 수 있는 G.

Stanley Hall이 처음 만든 표현이다. 이에 대해서는 다음 책을 참조하길 바란다. Hall, G. S. (1904). *Adolescence: Its psychology and its relation to physiology, anthropology, sociology, sex, crime, religion, and education*. Vols. 1 and 2. Englewood Cliffs, NJ: Prentice Hall. Jeffrey Arnett는 본 책에서 주장하고 있는 바와 같이 "청소년기란 부모와의 갈등, 정서 교란, 위험 행동이 증가하는 시기"라고 기술했다. 하지만 "연구를 보면 이러한 측면에서 개인별로 많은 차이가 있으며 폭풍과 스트레스가 절대 보편적이며 불가피한 것은 아니다"라고 덧붙였다(Arnett, J. J. (1999). Adolescent storm and stress, reconsidered. *American Psychologist* 54 (5), 317-326, p. 323).

제5장 미래에 대한 계획을 세우는 단계

1) Klettke, B., Hallford, D. J., and Mellor, D. J. (2014). Sexting prevalence and correlates: A systematic literature review. *Clinical Psychology Review* 43 (1), 44-53.

2) Freeman, C. E. (2004). *Trends in Educational Equity of Girls and Women: 2004* (NCES 2005-16). U.S. Department of Education, National Center for Education Statistics. Washington, DC: U.S. Government Printing Office; Kena, G., Aud, S., Johnson, F., et al. (2014). *The Condition of Education 2014* (NCES 2014-2083). U.S. Department of Education, National Center for Education Statistics. Washington, DC: U.S. Government Printing Office; Cornwell, C., Mustard, D. B., and Van Parys, J. (2013). Noncognitive skills and the gender disparities in test scores and teacher assessments: Evidence from primary school. *Journal of Human Resources* 48 (1), 236-264.

3) Else-Quest, N. M., Hyde, J. S., Goldsmith, H. H., and Van Hulle, C. A. (2006). Gender differences in temperament: A meta-analysis. *Psychological Bulletin* 132 (1), 33-72.

4) Reiner, R. (1987). *The Princess Bride*. Twentieth Century Fox Film Corp.

5) Cassady, J. C., and Johnson, R. E. (2002). Cognitive test anxiety and academic performance. *Contemporary Educational Psychology* 27 (2), 270-95; Chapell, M. S., Blanding, Z., Silverstein, M. E., et al. (2005). Test anxiety and academic performance in undergraduate and graduate students. *Journal of Educational Psychology* 97 (2), 268-

274.

6) Keeley, J., Zayac, R., and Correia, C. (2008). Curvilinear relationships between statistics anxiety and performance among undergraduate students: Evidence for optimal anxiety. *Statistics Education Research Journal* 7 (1), 4-15.

7) Dunlosky, J., Rawson, K. A., Marsh, E. J., et al. (2013). Improving students' learning with effective learning techniques: Promising directions from cognitive and educational psychology. *Psychological Science in the Public Interest* 14 (1), 4-58.

8) Larsen, D. P., Butler, A. C., and Roediger, H. L. (2013). Comparative effects of test-enhanced learning and self-explanation on long-term retention. *Medical Education* 47 (7), 674-682.

9) Steele, C. M., and Aronson, J. (1995). Stereotype threat and the intellectual test performance of African Americans. *Journal of Personality and Social Psychology* 69 (5), 797-811.

10) Schmader, T. (2002). Gender identification moderates stereotype threat effects on women's math performance. *Journal of Experimental Social Psychology* 38 (2), 194-201.

11) Spencer, S. J., Steele, C. M., and Quinn, D. M. (1999). Stereotype threat and women's math performance. *Journal of Experimental Psychology* 35 (1), 4-28.

12) Beyer, S., and Bowden, E. M. (1997). Gender differences in self-perceptions: Convergent evidence from three measures of accuracy and bias. *Personality and Social Psychology Bulletin* 23 (2), 157-172.

13) Henderson, V., and Dweck, C. S. (1990). Adolescence and achievement. In S. S. Feldman and G. R. Elliott (eds.) (1991). *At the Threshold: The developing adolescent*. Cambridge, MA: Harvard University Press, 197-216.

14) Freud, A. (1966). *The Ego and Mechanisms of Defense*. Madison, CT: International Universities Press, Inc., p. 168.

15) M. McConville와 나눈 사적인 대화. January 2001.

16) Undheim, A. M., and Sund, A. M. (2005). School factors and the emergence of depressive symptoms among young Norwegian adolescents. *European Child and*

Adolescent Psychiatry 14 (8), 446-53; Verboom, C. E., Sijtsema, J. J., Verhulst, F. C., et al. (2014). Longitudinal associations between depressive problems, academic performance, and social functioning in adolescent boys and girls. *Developmental Psychology* 50 (1), 247-57; Wiklund, M., Malmgren-Olsson, E., Ohman, A., et al. (2012). 10대 후반 청소년의 주관적인 건강상의 문제나 불평은 스트레스나 불안 및 성별과 연관이 있다(Subjective health complaints in older adolescents are related to perceived stress, anxiety and gender-a cross-sectional school study in Northern Sweden. *BMC Public Health 12* (993), 1-13).

제6장 연애 세계에 입문하는 단계

1) Kann, L., Kinchen, S., and Shanklin, S., et al. (2014). Youth Risk Behavior Surveillance-United States, 2013. *MMWR Surveillance Summaries* 63 (4), 1-178.
2) Fine, M., and McClelland, S. I. (2006). Sexuality education and desire: Still missing after all these years. *Harvard Educational Review* 76 (3), 297-388.
3) Eder, D. (1993). "Go get ya a French!": Romantic and sexual teasing among adolescent girls. In D. Tannen (ed.), *Gender and conversational interaction*. Oxford studies in sociolinguistics, 17-31. New York: Oxford University Press.
4) Connolly, J. A., and Goldberg, A. (1999). Romantic relationships in adolescence: The role of friends and peers in their emergence and development. In W. Furman, B. B. Brown, and C. Feiring (eds.), *The development of romantic relationships in adolescence*. New York: Cambridge University Press, 266-290.
5) Lawrence, J. (2013, August 2). One Direction Could Be the First Boy Band Worth $1 Billion. *Business Insider*. http://www.businessinsider.com/one-direction-worth-1-billion-2013-8
6) Lyn Mikel Brown, Lisa Diamond, Michelle Fine, Carol Gilligan, Sharon Lamb, Sara McClelland, Deborah Tolman 등이 이러한 내용을 밝혀냈다.
7) Ward, M. L. (2003). Understanding the role of entertainment media in the sexual socialization of American youth: A review of empirical research. *Developmental Review*

23 (3), 347-388.

8) Impett, E. A., Schooler, D., and Tolman, D. L. (2006). To be seen and not heard: Feminist ideology and adolescent girls' sexual health. *Archives of Sexual Behavior* 35 (2), 131-44; Zurbriggen, E. L., Collins, R. L., Lamb, S., et al. (2007). *Report on the APA Task Force on the Sexualization of Girls, Executive Summary*. Washington, DC: American Psychological Association.

9) Fredrickson, B. L., Roberts, T. A., Noll, S. M., et al. (1998). That swimsuit becomes you: Sex differences in self-objectification, restrained eating, and math performance. *Journal of Personality and Social Psychology* 75 (1), 269-284.

10) M. Hicks와 나눈 사적인 대화. October 2009. Marybeth와 나는 정치적으로 매우 다른 성향을 가지고 있다(Marybeth는 뼛속까지 보수, 나는 뼛속까지 진보). 하지만 본문에 인용한 그녀의 말에는 100퍼센트 공감하는 바이다.

11) Peter, J., and Valkenburg, P. M. (2006). Adolescents' exposure to sexually explicit material on the internet. *Communication Research* 33 (2), 178-204.

12) Zillmann, D. (2000). Influence of unrestrained access to erotica on adolescents' and young adults' dispositions toward sexuality. *Journal of Adolescent Health* 27 (2), 41-44.

13) Brown, J. D., and L'Engle, K. L. (2009). X-Rated: Sexual attitudes and behaviors associated with U.S. early adolescents' exposure to sexually explicit material. *Communication Research* 36 (1), 129-151.

14) Häggström-Nordin, E. (2005). Association between pornography consumption and sexual practices among adolescents in Sweden. *International Journal of STD and AIDS* 16 (2), 102-107.

15) Brown and L'Engle (2009); Braun-Courville, D. K., and Rojas, M. (2009). Exposure to sexually explicit web sites and adolescent sexual attitudes and behaviors. *Journal of Adolescent Health* 45 (2), 156-162.

16) Barter, C., and Stanley, N. (2015). *Safeguarding Teenage Intimate Relationships*. Bristol: University of Bristol. http://www.bristol.ac.uk/news/2015/february/stir-study.html

17) Tarrant, M., North, A. C., Edridge, M. D., et al. (2001). Social identity in

adolescence. *Journal of Adolescence* 24 (5), 597-609.

18) Weinstein, N., Ryan, W. S., DeHann, C. R., et al. (2012). Parental autonomy support and discrepancies between implicit and explicit sexual identities: Dynamics of self-acceptance and defense. *Journal of Personality and Social Psychology* 102 (4), 815-832.

19) Waldner, L. K., and Magruder, B. (1999). Coming out to parents: Perceptions of family relations, perceived resources, and identity expression as predictors of identity disclosure for gay and lesbian adolescents. *Journal of Homosexuality* 37 (2), 83-100.

20) Olweus, D. (1993). *Bullying at School: What we know and what we can do*. Boston, MA: Blackwell.

21) Padilla, Y. C., Crisp, C., and Rew, D. L. (2010). Parental acceptance and illegal drug use among gay, lesbian, and bisexual adolescents: Results from a national survey. *Social Work* 55 (3), 265-275.

22) Padilla et al. (2010); Ryan, C., Russell, S. T., Huebner, D., et al. (2010). Family acceptance in adolescence and the health of LGBTQ young adults. *Journal of Child and Adolescent Psychiatric Nursing* 23 (4), 205-213.

23) Walsh, J. L., Ward, L. M., Caruthers, A., and Merriwether, A. (2011). Awkward or amazing: Gender and age trends in first intercourse experiences. *Psychology of Women Quarterly* 35 (1), 59-71.

24) Tanner, J. M. (1981). Growth and maturation in adolescence. *Nutrition Reviews* (39) 2, 43-55.

25) 이 주제에 대한 간략한 연구 결과를 보려면 다음 논문을 참조하기를 바란다. Haydon, A. A., and Halpern, C. T. (2010). Older romantic partners and depressive symptoms during adolescence. *Journal of Youth and Adolescence* 39 (10), 1240-1251.

제7장 자기 관리를 시작하는 단계

1) *Assessments of development*. New York: International Universities Press, pp. 75-76. 자기 몸을 스스로 챙기는 것은 Freud, A.가 말한 "자기 관리에 있어서 무책임에서 책임으로 가는" 발달 과정상의 연장선상에 있는 것이다. 하지만 Freud, A.는 10대의 자

기 관리 능력에 대해서 나보다 덜 낙관적이었다. 그녀는 이렇게 말했다. "아이들은 보건 문제에 관한 한 고집이 세다. 엄마들의 말을 들어보면 아이들은 자신의 건강을 해칠 권리라도 있는 듯 행동하며, 결국 아이들을 보호하는 것은 온전히 엄마의 몫이 된다. 이러한 태도는 종종 청소년기 말까지 계속되며 이것은 아이와 엄마 간의 원초적 공생 관계의 마지막 남은 흔적과도 같다."(p. 77)

2) Becker, A. E., Burwell, R. A., Herzog, D. B., et al. (2002). Eating behaviours and attitudes following prolonged exposure to television among ethnic Fijian adolescent girls. *British Journal of Psychiatry* 180 (6), 509-514.

3) Becker, A. E., Burwell, R. A., Herzog, D. B., et al. (2002). Eating behaviours and attitudes following prolonged exposure to television among ethnic Fijian adolescent girls. *British Journal of Psychiatry* 180 (6), 509-514. p. 513.

4) Stice, E., and Shaw, H. E. (1994). Adverse effects of the media portrayed thin-ideal on women and linkages to bulimic symptomatology. *Journal of Social and Clinical Psychology* 13 (3), 288-308.

5) Baker, D., Sivyer, R., and Towell. T. (1998). Body image dissatisfaction and eating attitudes in visually impaired women. *International Journal of Eating Disorders* 24 (3), 319-322.

6) Shroff, H., and Thompson, J. K., (2006). Peer influences, body-image dissatisfaction, eating dysfunction and self-esteem in adolescent girls. *Journal of Health Psychology* 11 (4), 533-551.

7) Kelly, A. M., Wall, M., Eisenberg, M. E., et al. (2005). Adolescent girls with high body satisfaction: Who are they and what can they teach us? *Journal of Adolescent Health* 37 (5), 391-396.

8) Roberts, R. E., Roberts, C. R., and Duong, H. T. (2009). Sleepless in adolescence: Prospective data on sleep deprivation, health and functioning. *Journal of Adolescence* 32 (5), 1045-1057; Johnson, E. O., Roth, T., Schultz, L., and Breslau, N. (2006). Epidemiology of DSM-IV insomnia in adolescence: Lifetime prevalence, chronicity, and an emergent gender difference. *Pediatrics* 117 (2), 247-256.

9) LeBourgeois, M. K., Giannotti, F., Cortesi, F., et al. (2005). The relationship between reported sleep quality and sleep hygiene in Italian and American adolescents. *Pediatrics* 115 (1), 257-265.

10) Higuchi, S., Motohashi, Y., Liu, Y., et al. (2003). Effects of VDT tasks with a bright display at night on melatonin, core temperature, heart rate, and sleepiness. *Journal of Applied Physiology* 94 (5), 1773-1776; Kozaki, T., Koga, S., Toda, N., et al. (2008). Effects of short wavelength control in polychromatic light sources on nocturnal melatonin secretion. *Neuroscience Letters* 439 (3), 256-259.

11) Swendsen, J., Burstein, M., Case, B., et al. (2012). Use and abuse of alcohol and illicit drugs in US adolescents. *Archives of General Psychiatry* 69 (4), 390-398.

12) Blum, R. W., Beuhring, T., Shew, M. L., et al. (2000). The effects of race/ethnicity, income, and family structure on adolescent risk behaviors. *American Journal of Public Health* 90 (12), 1897-1884.

13) Osgood, D. W., Ragan, D. T., Wallace, L., et al. (2013). Peers and the emergence of alcohol use: Influence and selection processes in adolescent friendship networks. *Journal of Research on Adolescence* 23 (3), 500-512.

14) Pascual, M., Boix, J., Felipo, V., and Guerri, C. (2009). Repeated alcohol administration during adolescence causes changes in the mesolimbic dopaminergic and glutamatergic systems and promotes alcohol intake in the adult rat. *Journal of Neurochemistry* 108 (4), 920-931.

15) Silveri, M. M. (2012). Adolescent brain development and underage drinking in the United States: Identifying risks of alcohol use in college populations. *Harvard Review of Psychiatry* 20 (4), 189-200.

16) Brown, S. A., Tapert, S. F., Granholm, E., and Delis, D. C. (2000). Neurocognitive functioning of adolescents: Effects of protracted alcohol use. *Alcoholism: Clinical and Experimental Research* 24 (2), 164-171.

17) Kann, L., Kinchen, S., and Shanklin, S., et al. (2014). Youth Risk Behavior Surveillance-United States, 2013. *MMWR Surveillance Summaries* 63 (4), 1-178.

18) Kearney, M. S., and Levine, P. B. (2014). Media Influences on Social Outcomes: The Impact of MTV's *16 and Pregnant* on Teen Childbearing. Presented at the NBER Working Paper Series, National Bureau of Economic Research.
19) *16 and Pregnant*. MTV, June 11, 2009.
20) Kearney and Levine (2014), 부록 B.
21) Blake, S. M., Simkin, L., Ledsky, R., et al. (2001). Effects of a parent-child communications intervention on young adolescents' risk for early onset of sexual intercourse. *Family Planning Perspectives* 33 (2), 52-61.
22) Mitchell, K., and Wellings, K. (1998). First sexual intercourse: Anticipation and communication. *Journal of Adolescence* 21 (6), 717-726.
23) Albert, B. (2010). *With One Voice 2010: America's Adults and Teens Sound Off About Teen Pregnancy*. Washington, DC: The National Campaign to Prevent Teen and Unplanned Pregnancy.
24) Keel, P. K., and Brown, T. A. (2010). Update on course and outcome in eating disorders. *International Journal of Eating Disorders* 43 (3), 195-204.
25) Smink, F. R. E., van Hoeken, D., and Hoek, H. W. (2012). Epidemiology of eating disorders: Incidence, prevalence, and mortality rates. *Current Psychiatric Reports* 14 (4), 406-414.

여자아이의 사춘기는 다르다

초판 1쇄 발행일 2016년 7월 25일
초판 5쇄 발행일 2023년 1월 30일

지은이 리사 다무르
옮긴이 고상숙

발행인 윤호권
사업총괄 정유한

발행처 ㈜시공사 **주소** 서울시 성동구 상원1길 22, 6-8층 (우편번호 04779)
대표전화 02-3486-6877 **팩스(주문)** 02-585-1755
홈페이지 www.sigongsa.com / www.sigongjunior.com

글 ⓒ 리사 다무르, 2016

이 책의 출판권은 ㈜시공사에 있습니다. 저작권법에 의해
한국 내에서 보호받는 저작물이므로 무단 전재와 무단 복제를 금합니다.

ISBN 978-89-527-7653-2 13590

*시공사는 시공간을 넘는 무한한 콘텐츠 세상을 만듭니다.
*시공사는 더 나은 내일을 함께 만들 여러분의 소중한 의견을 기다립니다.
*잘못 만들어진 책은 구입하신 곳에서 바꾸어 드립니다.